亚马逊
跨境电商运营
AIGC
应用实战

关键词分析、广告投放和listing优化

叶鹏飞（@旭鹏） 袁钰坤 ◎编著

中国铁道出版社有限公司
CHINA RAILWAY PUBLISHING HOUSE CO., LTD.

图书在版编目（CIP）数据

亚马逊跨境电商运营AIGC应用实战：关键词分析、广告投放和listing优化 / 叶鹏飞，袁钰坤编著. -- 北京：中国铁道出版社有限公司，2025.3. -- ISBN 978-7-113-31742-3

Ⅰ. F713.365.1-39

中国国家版本馆CIP数据核字第20247TB568号

书　　名	亚马逊跨境电商运营AIGC应用实战——关键词分析、广告投放和listing优化 YAMAXUN KUAJING DIANSHANG YUNYING AIGC YINGYONG SHIZHAN: GUANJIANCI FENXI GUANGGAO TOUFANG HE LISTING YOUHUA
作　　者	叶鹏飞　袁钰坤

责任编辑	张　丹	编辑部电话：（010）51873064		电子邮箱：232262382@qq.com	
封面设计	宿　萌				
责任校对	苗　丹				
责任印制	赵星辰				

出版发行	中国铁道出版社有限公司（100054，北京市西城区右安门西街8号）
网　　址	https://www.tdpress.com
印　　刷	河北宝昌佳彩印刷有限公司
版　　次	2025年3月第1版　2025年3月第1次印刷
开　　本	710 mm×1000 mm　1/16　印张：12.75　字数：271千
书　　号	ISBN 978-7-113-31742-3
定　　价	79.80元

版权所有　侵权必究

凡购买铁道版图书，如有印制质量问题，请与本社读者服务部联系调换。电话：（010）51873174
打击盗版举报电话：（010）63549461

推 荐

1

以大模型为代表的人工智能高速发展,为许多行业带来了赋能作用。本书深入剖析了人工智能在跨境电商运营中的实战应用,特别是针对关键词推荐、广告投放和listing优化这三个关键环节。书中不仅提供了丰富的理论知识和案例分析,还结合实际操作步骤,让读者能更好地掌握亚马逊跨境电商的运营精髓。无论你是新手还是有一定经验的运营者,都能从中获得宝贵的启示和实用的技巧,助力实现销售突破和业绩增长!

太平洋保险集团首席AI专家　徐国强

2

作为一名后来涉足AIGC领域的跨境业务人员,我起初尝试用AIGC合成项链的模特展示图,但结果不尽如人意,这让我对AIGC的应用效果产生了怀疑。直到有幸与业内专家大兵老师(紫鸟)交流后,我才对AIGC有了崭新的认识。在深入阅读本书后,我对AIGC的价值有了更为清晰和全面的理解,希望能借此帮助更多人正确看待AIGC的作用。

从商业逻辑来看,不是AIGC在所有领域都还不够成熟或强大,而是市场需求的规模直接影响了其在特定领域的优化程度。比如在服装行业,过去制作一张高质量产品图(包括模特拍摄、后期处理等)的成本可能高达几百元甚至上千元,而采用AIGC技术仅需极小的花费。由于服装市场庞大,不仅有像SHEIN这样的领军企业,还有众多在亚马逊平台上活跃的大卖家,在这样的市场环境下,AIGC因显著的成本优势和效率提升,自然而然地在这一领域得到了迅猛发展。

我们要关注的是,在那些具体的业务场景下,AIGC具备巨大的应用潜力和市场价值。本书就是为此而生,专为从事跨境电商的创业者和运营人员量身定制。作者凭借丰富的专业知识和实战经验,编写了这本包含理论、技术、实用工具及真实案例的实操手册。

全书围绕亚马逊店铺运营的核心流程展开,从商品上架、关键词优化、广告投放,到

A+页面的内容创作，详解如何巧妙利用 AIGC 技术，特别是借助 ChatGPT 的文字分析能力和 Midjourney 的图像生成能力，来降低成本、提高运营效率。书中特别强调了商品标签系统在亚马逊平台上的核心地位，引导读者从品类、商品特性、卖点到关键词，系统梳理并精准运用标签，以驱动销售增长。

本书不仅是跨境电商从业者在 AIGC 时代不可或缺的操作指南，更是对未来行业趋势的敏锐洞察。它激励每一位读者把握住 AIGC 技术的革新机遇，借助科技力量推动业务转型与业绩突破。我真诚地建议每一位从事亚马逊跨境电商的朋友，无论身处何种岗位，都能通过阅读此书，汲取宝贵知识，攀登职业高峰，共同描绘跨境电商新时代的成功之路。

笛卡尔数据创始人　Steve

3

亲爱的读者，作为叶鹏飞老师的多年好友及同行，我有幸在这本书的形成过程中提供支持与建议。本书深入探讨了 AIGC 应用实战的主题，这是一个对当今社会尤为重要的话题。在阅读过程中，我尤其被"AI 打标签引流"这一章所吸引，其中关于通过 AI 打标签引流的观点不仅独到，而且具有启发性，对我们中小卖家帮助极大。叶鹏飞老师不仅提供了深刻的分析，还用实例证明了其理论的实用性，使我对 AIGC 应用实战有了更全面的理解。

我诚挚推荐这本书给所有寻求亚马逊跨境电商知识的读者。不论是专业人士还是日常爱好者，都能从中获得宝贵的见解和实用的知识。

亚马逊卖家讲师 / 香港科学园 Ideator　钱浩德（雕哥）

4

很多人说跨境电商不好做了，我对此并不认同。跨境电商确实没有过去几年那么容易做了。创业，要做对的事，并且把事做对。我始终坚信，至少在未来十年，跨境电商依然是创业的正确选择之一。旭鹏老师这些年的所有著作，都是围绕"把事做对"展开，对我们小电商公司的很多业务流程起到了指导作用，让我们受益匪浅。如今新作面世，我们第一时间拥抱，期待结合管理，实现增长。电商的特征之一是，人人都觉得自己懂电商，这其实是一个误会，电商并非一个传统意义上的行业。电商的终局，或许是电商这个概念不再存在。创业者们，加油！

墨纳密（常州）国际贸易咨询服务有限公司创始人
常州市营销协会数字营销分会秘书长　肆毛

5

鹏飞是我多年的合作伙伴，在收到本书的初稿时我的心情是非常激动的，因为在此之前鹏飞已经出版过多本关于跨境电商及数据分析等方向的畅销书，那么这次他又将为读者带来哪些全新的知识呢？

首先，鹏飞是一位不可多得的同时具备技术精、业务强、讲课好的全面型人才。在业务层面，如跨境电商、广告等领域，他都拥有非常强的业务能力；在技术层面，如数据分析、数据挖掘、人工智能等方向，他同样拥有丰富的实战经验。

带着一丝好奇与学习的心态阅读了此书，全书以AIGC为技术支撑点，围绕着跨境电商的业务场景，从基础理论到业务实战环环相扣，在技术严谨的同时运用了通俗易懂的表达方式来讲解每一个知识点，相信一定会给读者带来全新的阅读感受。

与纯理论的讲解不同，书中的开篇就为读者提供了AdTron工具的免费体验权限，这让读者在学习的过程中，能够真正做到实操，做到学习与实践相结合。书中的每一个章节在理论讲解的同时都配备了真实的亚马逊实操案例，由此看得出来，这是鹏飞多年实操经验的总结。本书做到了让学习变得有乐趣，同时也做到了以项目驱动的方式来讲解知识。本书不仅内容丰富，通过阅读它，我获得了新的启发和思考。我相信，每一位读者都能够从中收获颇丰，同时，本书也会成为读者朋友们业务落地中的实操宝典。

北京猿之家科技有限公司创始人&CEO　周景阳

6

工作与学生时期于我而言很大的一个不同特点在于，学生时期的课程表在学期伊始就被编排好了，而工作中优先级排序的选择权归根结底总是掌握在自己手中。刚刚踏入行业初期的小白，常会出现很长一段时间的矛盾迷茫期，即认知不足与问题亟待解决之间的矛盾。职场小白如何快速突破认知局限，从而真正开始做事有自己的章法，这中间往往都需要一个"恰到好处"的引航人。

在与本书优秀作者之一叶鹏飞一同在共达地共事期间，我们常常讨论许多从执行层面来划分的"重"和"轻"的解决办法。所谓"轻"，在我看来，即能通过总结一次SOP（标准作业程序），就能大致解决问题，最好借助已有的内容来执行，减少创新的频率。所谓"重"，则正好相反，需要更多的创新，同时也会耗费更多的精力。在共达地这家以解决问题为导向、执行节奏极快的AI初创公司工作的这半年多以来，我发现如何"避重就轻"，甚至对"重"的任务进行拆解，成为加速我个人运营乃至我们市场部门飞轮运转的关键。很幸运，在这里遇到了年轻有活力、实操经验丰富、执行力极强的鹏飞。在同部门日常的工作中，他总是主动向我分享很多对部门及我个人运营工作中行事方法的见解和建议。他的阐述方式习惯于先搭建框架，再以自己的实际经验作为实例来举证，非常易于理解，常常抽丝剥茧般就化解了我当下的瓶颈。在我看来，这本书的行文结构与预期实现效果也很符合他的个人风格；理论搭配实操，对初学者的理解和执行产生卓有成效的帮助。

如果说叶鹏飞本人是我职业初期的引航人，那么我想在书籍世界里的旭鹏对于跨境电商从业者的指导更是超乎我想象。这本书将撰写内容聚焦收敛于亚马逊的日常运营，针对性极强，实操讲解极为详细。更重要的亮点是，贴合职场现状，真正做到了引入 AIGC 来赋能亚马逊电商运营。不同于市面上许多只谈 AI 表面认知的授课内容，而是手把手从 prompt 描述、对生成内容实际使用、调教的角度，一步一步指导如何用，甚至用好 AI 这个工具。

这些对于跨境从业者如何运营业务是真正有效的，在我看来也是这本书恰到好处的体现。它将亚马逊电商运营中很多很"重"的内容进行了拆解，这些拆解更是经过作者实操总结出来的最优解决方案。无论是对于正要踏入跨境电商行业，抑或是仍在行业中摸索方向的同行者而言，都是值得一看的。我相信经此一阅，你一定能够得到真正的指导与快速的提升！

共达地创新技术（深圳）有限公司SDR　赵薇薇

自序 1

献给所有在 AIGC 应用道路上奋斗的创业者们！

不知不觉已经进入跨境电商行业七年了，如果在 AIGC 技术诞生前，跨境电商赛道只是贸易型公司与品牌型公司"厮杀"的战场，那么如今随着各类 AIGC 应用的爆发，跨境电商行业则会逐渐成为更多科技型初创企业的选择。这一方面是因为中国有着世界上非常全面与经济实惠的供应链，这确保了海外零售业务的成本优势；而另一方面企业能够结合 AIGC 技术降低营销、运营和管理的成本，因此，即使是一家小型初创科技企业，其在亚马逊这类成熟平台上获取海外业绩的快速增长也并非天方夜谭。

与 AIGC 技术大热的背景不同，亚马逊跨境电商领域专业的 AIGC 教程与书籍则寥寥无几，很多运营者只能通过参考其他行业的落地案例，以及在各类论坛上搜索 AI 的内容，来尝试将 AIGC 的技术应用到业务中，这既是对卖家和运营者心力的损耗，也会导致 AIGC 执行的效果不尽如人意。因此，为了满足亚马逊跨境电商行业广大从业者的 AIGC 学习诉求，笔者与好友袁钰坤一同撰写了本书，该书从亚马逊运营日常涉及的工作内容（例如 listing 上架、关键词优化、广告投放、A+ 图文创作等）为切入点，分别从理论、技术、工具、案例四个角度阐述了 AIGC 赋能业务的方法和技巧，希望能帮助业界更多的卖家朋友解决业务+AI 转型的困扰。

本书既适合毫无技术经验的亚马逊业务人员阅读，也适合有一定技术能力的跨境电商从业者阅读。在一些涉及编程代码的内容上，笔者会在电子文档附件（下载链接在本序末尾）中提供相关代码，读者可以根据自身需求下载查看。

如果有读者发现本书内容有纰漏，可以通过 yohouhi@sina.com 邮箱，或者 "AdTron" "旭鹏跨境电商前哨战" 公众号联系。除此之外，还为每位读者提供 AdTron 工具一个月的免费体验码，大家可以在 AdTron 官网选择"兑换优惠码"，并在其中输入"WISY3O"获取体验资格，AdTron 工具应用了 ChatGPT 目前最新的接口和技术，可以帮助大家自动生成精准的 listing 文案，并智能优化关键词、标题、五点描述、A+ 素材。

最后，感谢好友袁钰坤一同创作本书的内容，也感谢广大亚马逊跨境电商从业者多年来对笔者书籍内容的认可。感谢邱翊博、罗梓婵对 AdTron 创业的支持，感谢赵丛、李苏南、赵薇薇、侯博维、姚程栋、温进豪、刘乃源、吴道奕、程蓓、东君、严熙杰、徐叶丹、王顺对 AI 机械臂的支持。希望大家能通过本书的内容，在 AI 的浪潮下获得属于自己的成功！

AdTron 关键词工具创始人 & AI 机械臂发明人　叶鹏飞

2024 年 12 月 28 日于深圳威斯汀酒店

下载链接：http://www.m.crphdm.com/2025/0121/14828.shtml

自序 2

在翻开这本书的第一页之前，我想先与您分享一段旅程——一段思想、情感和探索的旅程，它最终凝结成了您手中的这部书籍。

本书的诞生，起源于笔者对人工智能领域的浓厚兴趣与持续关注。近年来，笔者逐渐意识到，想要使人工智能真正广泛发挥作用，还是需要与业务场景深度融合，方能创造更多的价值。机缘巧合之下，笔者与深耕跨境电商业务领域多年的好友叶鹏飞一拍即合，我们希望通过此书，将各自领域的所学、所思、所悟以系统化、理论化的方式呈现出来，为读者提供一个全面而深入的理解视角，同时也希望以此契机，激发更多人对这一领域的热爱与探索。

全书围绕以人工智能赋能跨境电商业务的主题，围绕关键词分析、广告优化和 listing 优化等重要业务场景，从基础概念到前沿理论，从实践经验到深度思考进行介绍，力求做到既有严谨的学术性，又不失生动的可读性，尽可能地用通俗易懂的语言，翔实丰富的案例，为读者带来一丝启发。

在撰写过程中，笔者深感学海无涯，每一章节、每一段落的完成都离不开爱人杜女士的关心，父母的支持，领导徐刚总和李霄总的指导，叶鹏飞等诸多朋友的帮助，在此表示由衷的感谢。同时，笔者也深知书中可能存在不足之处，恳请广大读者朋友在阅读过程中不吝赐教，以便在后续修订中不断完善。

谨以此书献给所有热爱学习、追求真理的读者们。

2024 年 7 月 25 日
袁钰坤 记于北京

前言

AIGC技术爆发背景下的亚马逊运营

在没有AIGC技术加持的背景下，亚马逊跨境电商运营的操作技巧可能需要大量内容才可以讲述清楚，包括供应链管理、选品、listing精细化上架、产品生命周期运营、广告投放等，这里面每个细分模块又都涉及无数的细节需要运营人员去学习。但上述这些模块无论怎么去拓展，都离不开"运营"两个字，因为一家跨境电商企业除了运营的职能外，还有采购、财务、美工、技术、仓储等多个职能的参与，而这些职能里，美工、技术这两个职能曾经因为门槛高、需求量大而不得不依赖外部招聘（见下图），很难让运营人员自己执行。

图　杭州关于亚马逊美工与技术（数据分析师）的招聘信息

随着亚马逊流量费用的增加，很多卖家及运营者从原本做贸易的"中间商"，慢慢转变成了拥有生成能力的"供应商"。同时，许多跨境企业为了能降低人员成本，逐渐把负责图片优化的"美工"职能，负责数据分析和技术开发的"技术"职能，慢慢转移到"运营"职能上，从而实现业务的降本增效，而AIGC工具的诞生则为这样的转型提供了可能性。

在本书中，笔者会从底层拆解各类AI工具的应用背景和效果，例如如何拆分亚马逊的文本信息变成基础的标签（第1~3章），如何用体系化的标签与prompt语句生成优质的标题与文案（第4章），如何用标签+AI技术优化广告投放（第5章），如何制定标准化的标签体系和使用ChatGPT辅助生成及优化高质量标题（第6章）。

所有的一切，都是为了让更多的亚马逊中小卖家，成功地在平台上以更强的竞争力生存下去，从而实现从"贸易型企业"到"品牌型企业"的转型，最终实现中国品牌出海的目标。

本书的篇幅有限，笔者没法将与AIGC技术弱相关的业务经验分享在书中，如果读者对实战运营、数据化运营感兴趣，可以购买笔者曾经出版的书籍《亚马逊跨境电商运营实战》《亚马逊跨境电商数据化运营指南》《亚马逊跨境电商精细化运营实战宝典》进行学习，在此感谢广大从业者对笔者内容的认可。

笔 者

2025年1月

目录

第1章 亚马逊平台商品标签的分类与体系

1.1 亚马逊商品标签分类的链路 /1
1.2 亚马逊商品标签体系 /6
1.3 亚马逊商品关键词标签体系：如何梳理"关键词"的"多形式"和"近义词" /8

第2章 标签业务应用前提——打标签

2.1 打标的对象 /11
 2.1.1 listing 标题 /11
 2.1.2 ABA 搜索词 /15
 2.1.3 review 文本 /17
2.2 打标的方法 /19
 2.2.1 人工操作打标 /19
 2.2.2 AI 技术打标 /24
 2.2.3 ChatGPT 与相关工具打标 /40

第3章 标签业务应用基础——标签归类

3.1 巧用词干算法，优化商品标题提升业务效率 /57
 3.1.1 巧用词干算法提升业务效率 /57
 3.1.2 巧用词干算法提取技术 /58

3.1.3 巧用词干算法提升文本处理效率 /59

3.1.4 巧用词干算法优化商品标题关键词 /59

3.2 文本相似度归类方法 /63

3.2.1 文本相似度分析助力商品优化 /63

3.2.2 文本相似度分析的不同种类及应用 /63

3.2.3 利用工具及方法处理文本相似度 /65

第 4 章 标签业务应用进阶——标签分析

4.1 标签关联度分析 /69

4.1.1 关联分析的核心 /69

4.1.2 贝叶斯关联算法 /71

4.1.3 贝叶斯关联度计算的业务价值 /72

4.1.4 不同卖点标签的关联分析 /77

4.1.5 微词云与 AdTron 工具的落地方法 /79

4.2 标签文本位置分析 /86

4.2.1 listing 标题关键词优化分析方法 /87

4.2.2 listing 标题标签高置信度区间范围分析与技术 /88

第 5 章 标签体系 + ChatGPT 在广告中的应用

5.1 广告体系搭建与 ChatGPT 生成 /100

5.1.1 标签体系与协同过滤方法 /100

5.1.2 漏斗模型与广告架构 /103

5.1.3 运营目标与广告效果 /105

5.2 标签体系与广告投放优化 /107

5.2.1 广告标签体系 /107

5.2.2 广告投放优化 /113

5.3 ChatGPT 与广告关键词优化 /116

5.3.1 ChatGPT 与关键词获取 /116

5.3.2 ChatGPT 与否定关键词 /124

第6章 标签体系 + ChatGPT 在 listing 优化中的应用

6.1 listing 标题优化与 ChatGPT 生成 /129
    6.1.1 标签体系 + listing 标题优化方法 /129
    6.1.2 ChatGPT + listing 标题生成方法 /142

6.2 listing 五点描述优化与 ChatGPT 生成 /145
    6.2.1 标签体系 + listing 五点描述优化方法 /145
    6.2.2 ChatGPT + listing 五点描述生成方法 /148

6.3 listing 图文 A+ 优化与 ChatGPT+Midjourney 生成 /151
    6.3.1 A+ 文本优化与 ChatGPT 生成 /151
    6.3.2 A+ 图片的 Midjourney 生成方法 /153
    6.3.3 商品背景图生成 + 融合实战 /167

附录 相关工具的实操方法

附录 A　AI 图像增强工具的实操方法 /177
    A.1 模糊图像素提升 /177
    A.2 商品自动扣白 /178
    A.3 背景图扩展 / 更换 /180
    A.4 模特更换 /182

附录 B　第三方数据采集器的实操方法 /185

第 1 章

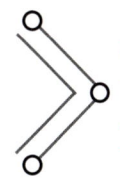

亚马逊平台商品标签的分类与体系

在了解AI应用前，先要了解其应用的基础——标签，因为后续内容中无论是ChatGPT的文本分析，还是Midjourney的图像生成，都离不开标签的梳理。因此，针对亚马逊平台的标签体系，本章节将通过三个小节来向读者梳理亚马逊平台各个维度的标签含义。

1.1 亚马逊商品标签分类的链路

亚马逊作为电商平台之一，必然存在不同行业、品类、商品之间的归属关系，例如，"白色沙滩短裙"（white beach skirt）属于女士短裙（skirts），女士短裙归属于女装（women），女装归属于服装（clothing），服装归属于时尚品类（Clothing, Shoes & Jewelry），其逻辑关系如图1-1所示。

其中，"skirts"属于一个细分品类，而"white beach skirt"则是细分品类"skirts"下"白色沙滩短裙"的一组关键词，而类似的关键词组合有很多个，组合的数量取决于商品卖点的数量，以及卖点本身"多形式"与"近义词"的数量，如图1-2所示。

一个卖点可以有多种关键词的外语形态，其实涉及"多形式"和"近义词"的分类，以"白色"卖点为例，就存在solid white（纯白色）、light white（浅白色）、white（白色）、pure white（洁白的）、creamy off white（乳白色）、ivory milky white（象牙白）、pearl white（珍珠白）等多种形式，具体分类标准请读者参考本章1.3节内容。本节后续内容将结合亚马逊平台"Best Sellers"（畅销商品榜）板块对"品类→商品→卖点→关键词"的逻辑链路进行梳理。

亚马逊平台本身在"Best Sellers"栏目下会展示在销售的行业、大类目、细分类目的从属关系和名称，用户可以点击首页的"Best Sellers"板块进行查看，如图1-3所示。

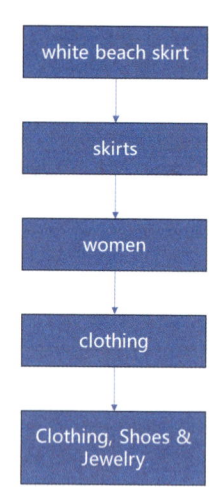

图1-1 不同层级的逻辑归属关系

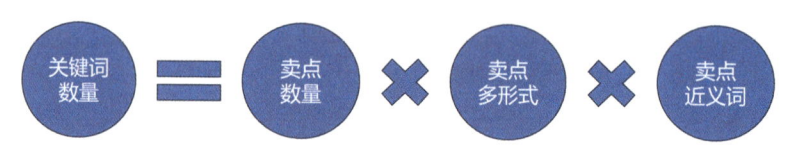

图1-2 商品关键词数量的计算公式

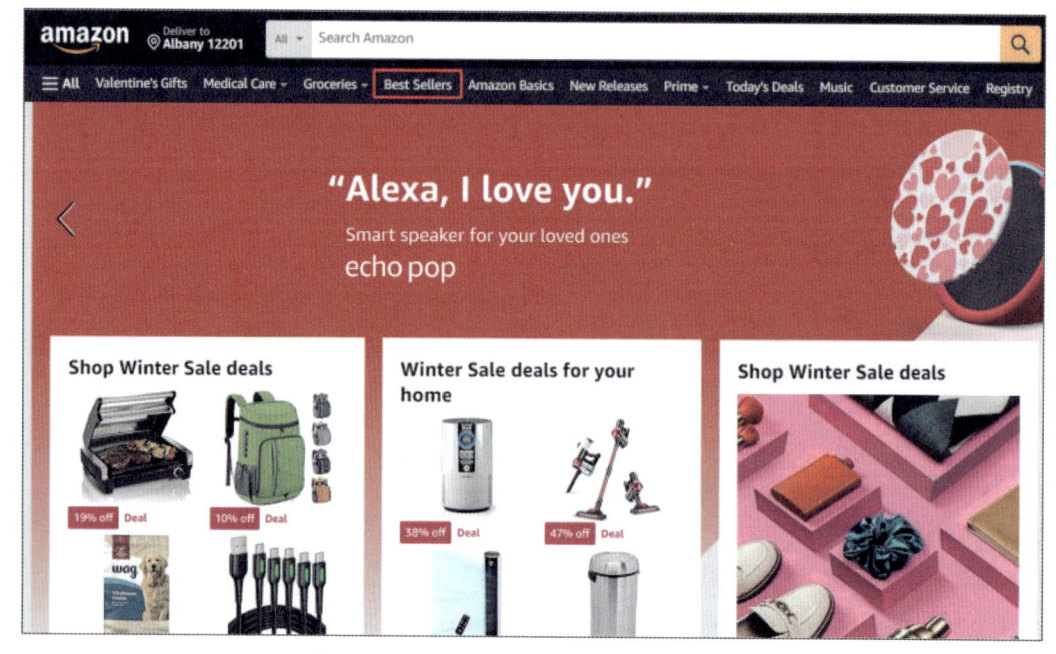

图1-3 亚马逊平台的"Best Sellers"板块

点击该板块后，就可以浏览在亚马逊上销售的品类信息，如图1-4左侧导航栏中"Any Department"（全品类）所示。

第 1 章 亚马逊平台商品标签的分类与体系

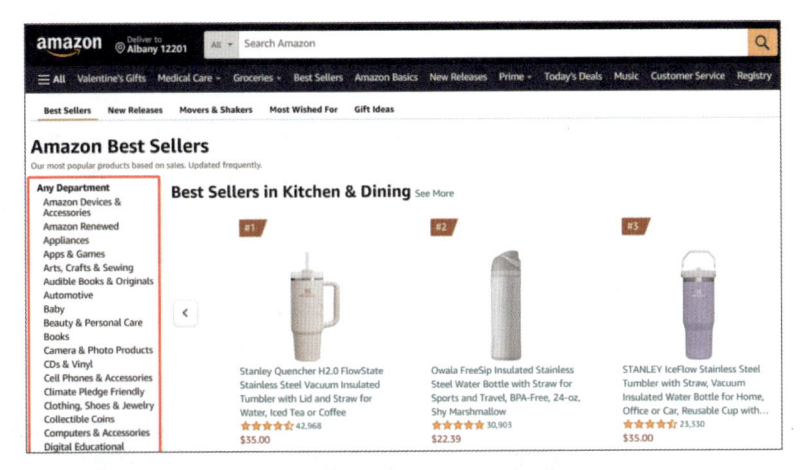

图1-4 亚马逊"Best Sellers"中的类目明细

这些类目中只有部分类目是亚马逊卖家会涉及的,将图1-4所示的类目整理成图1-5所示的表格,其中用颜色标注出来的部分为国内商家较多的类目。

ID	一级类目	翻译
1	Amazon Devices & Accessories	亚马逊设备及配件
2	Amazon Launchpad	亚马逊启动板
3	Amazon Renewed	亚马逊更新
4	Appliances	家电
5	Apps & Games	应用程序和游戏
6	Arts, Crafts & Sewing	艺术、手工艺和缝制
7	Audible Books & Originals	有声书和原创书
8	Automotive	汽车用品
9	Baby	婴幼儿
10	Beauty & Personal Care	美容和个人护理
11	Books	书籍
12	Camera & Photo Products	照相机和照片产品
13	CDs & Vinyl	CD和黑胶唱片
14	Cell Phones & Accessories	手机及配件
15	Clothing, Shoes & Jewelry	服装、鞋和珠宝
16	Collectible Coins	收藏品硬币
17	Computers & Accessories	电脑及配件
18	Digital Educational Resources	数字教育资源
19	Digital Music	数字音乐
20	Electronics	电视音响品类
21	Entertainment Collectibles	娱乐收藏品
22	Gift Cards	礼品卡
23	Grocery & Gourmet Food	杂货和美食
24	Handmade Products	手工制作的产品
25	Health & Household	健康和家居
26	Home & Kitchen	家庭和厨房
27	Industrial & Scientific	工业和科学
28	Kindle Store	Kindle商店
29	Kitchen & Dining	厨房和餐饮
30	Magazine Subscriptions	杂志订阅
31	Movies & TV	电影和电视
32	Musical Instruments	音乐器材
33	Office Products	办公室用品
34	Patio, Lawn & Garden	天井、草坪和花园
35	Pet Supplies	宠物用品
36	Software	软件
37	Sports & Outdoors	体育和户外用品
38	Sports Collectibles	体育收藏品
39	Tools & Home Improvement	工具和家庭装修
40	Toys & Games	玩具和游戏
41	Video Games	视频游戏

图1-5 亚马逊"Best Sellers"中的41个品类及国内商家较多的品类

在以上41个品类中，每个品类下又存在无数个细分类目，比如Electronics（电子产品）如图1-6所示。

图1-6　Electronics品类下的细分类目

对不同品类的细分类目进行汇总后，将其汇总到Excel表格里，例如Electronics→Computers&Accessories→DataStorage就被列为："Electronics/Computers&Accessories/DataStorage"的格式，其样式如图1-7所示。

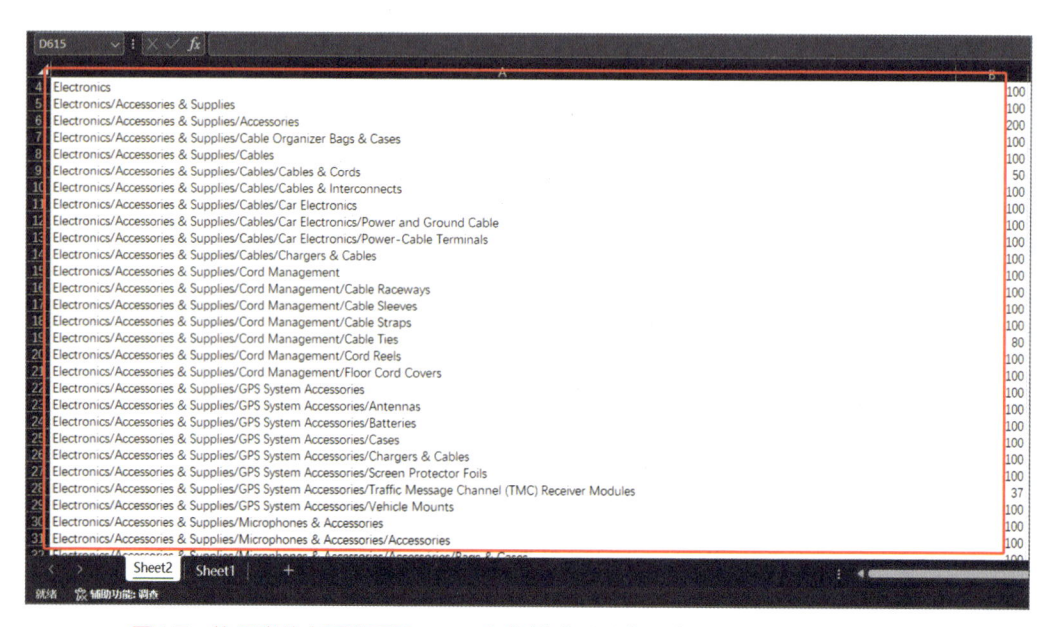

图1-7　将品类信息汇总后的Excel表格样式（以电子产品"Electronics"为例）

如果读者想要对相关品类数据表格进行处理，可以下载书籍电子文档进行查看（电子文档的下载链接在本书序言部分）。

第 1 章　亚马逊平台商品标签的分类与体系

在了解了"品类"的归属关系后，运营者就可以把目光转移到"商品"上来。所谓的"商品"，就是指在每个细分品类下的ASIN（Amazon Standard Identification Number，亚马逊标准识别号），例如图1-8中红框标注所示。

图1-8　细分品类下具体的"商品"

运营者如果想销售"商品"，就需要提前了解"商品"的"卖点"，而"卖点"则意味着该"商品"的特别之处，或者对消费者有价值的地方。"卖点"划分的角度很多，基础维度包含词根、性别、颜色、尺寸、材质、价格、使用场景等，如图1-9所示。

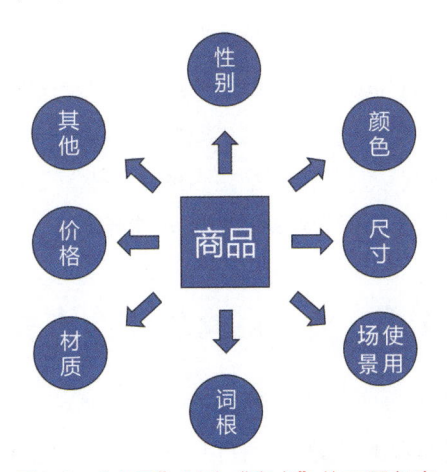

图1-9　"商品"划分"卖点"的不同角度

5

当确定了"商品"具体的"卖点"后,就可以选择该"卖点"对应的"关键词"是什么。以"尺寸"这个卖点为例,"1.5英寸"可以有多种"关键词"的文本形式:

关键词	文本形式
1.5英寸	1.5 inch　1.5"　1.5 in　1.5inch　1.5in　1.5 inches　1.5inch　1+ inch　1+ in 1.50 inch　1.50in　1.50inch　1.50 inches　1.50inches　1.5 inchlength　1.5inchlength 1.5inlength　1.5 inlength　1.5" length　1.5 incheslength

以上20种关键词都是对"1.5英寸"这个卖点的表达形式,而其他的"卖点"也有类似的多形式表达,如图1-10所示展现了"颜色"卖点中"black(黑色)"、"场景"卖点中"outdoor(户外)"、"功能"卖点中"wireless(无线)"、"材质"卖点中"knit(针织)"的多形式表达。

颜色	场景	功能	材质
black	outdoor	wireless	knit
pure black	outdoors	bluetooth & wireless	knitted
black colored	outdoorsy	bluetooth and wireless	cable knit
solid black	for outdoor	wireless & bluetooth	cable-knit
plain black	outdoors set	non wired	cable knitted
black color	out doors	wireless&bluetooth	cable-knitted
dark black	out door	ultra wireless	
light black	outdoors sets	wirelessly	
natural black	outdoor products	unwired	
coal black		wireless and bluetooth	
black series		bluetooth&wireless	
		wirelesss	
		wirelesses	

图1-10　不同维度卖点的多形式表达

一个"商品"的"关键词"组合,其本质就是多个"卖点"的文本组合,而"关键词"涵盖的"卖点"越多,就越容易被亚马逊A9算法采集收录到,从而获取更大的流量。那么,亚马逊运营者怎么做才可以尽可能匹配更多的"关键词"组合呢?这时候就要先理解"商品"与"词根"的差异,下面将会对两者的差异进行讲述。

1.2　亚马逊商品标签体系

很多运营者对"商品"与"词根"的概念是很模糊的,以至于很多运营人员以为两者是一个含义。但其实两者的差异巨大,以"长裙"(见图1-11)这个"商品"为例,"dress""gown"都是"长裙"的"词根",且"dresses""gowns"则为两者的多形式变体(复数形式),因此,描述"长裙"可以有4个"词根"形式。

图1-11　亚马逊平台上销售的"长裙"示例

千万不要忽略了4个"词根"形式带来的"蝴蝶效应"[1]，假设运营者现在想在亚马逊平台销售"休闲长裙"这个产品，其"休闲"卖点可以用英语"casual"来表达，那么"休闲长裙"可以写成4种形式：

- casualdress（休闲连衣裙，单数形式）；
- casualdresses（休闲连衣裙，复数形式）；
- casualgown（休闲长袍，单数形式）；
- casualgowns（休闲长袍，复数形式）。

如果运营者只知道"dress"这一种"词根"形式，那么就只能选择"casualdress"这一种形式，从而错失了大量长尾流量（关于长尾流量的把握技巧，读者可以参考本书第5~7章）。在这个案例中，"gown""dress""gowns""dresses"都属于"长裙"这个"商品"的"词根"，其中"gown"和"dress"是**"近义词"**，"dresses"和"dress"是**"多形式"**，其概念如图1-12所示。

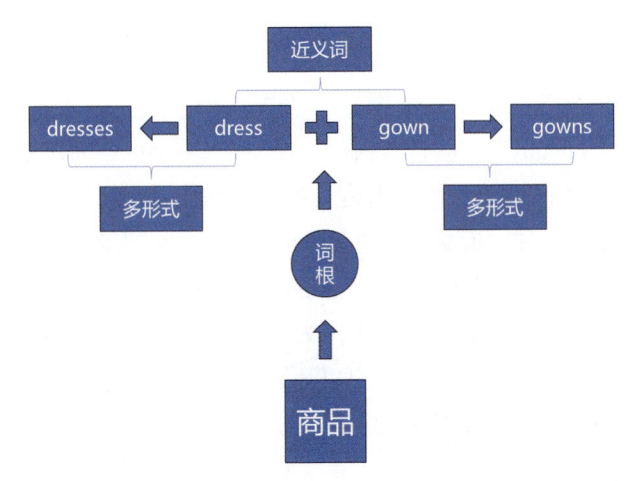

图1-12　"商品""词根""多形式""近义词"的概念区分示意图

---

[1] 任何事物发展均存在定数与变数，事物在发展过程中其发展轨迹有规律可循，同时也存在不可测的"变数"，有时还会适得其反，一个微小的变化能影响事物的发展。

这里又新引入了两个概念——"多形式"与"近义词",理解这两个概念对精选、筛选"关键词"组合至关重要,相关内容将在1.3节进行阐述。

1.3 亚马逊商品关键词标签体系:如何梳理"关键词"的"多形式"和"近义词"

在1.2节中,运营者发现"裙子"可以分为4种"词根",其中"gown"和"dress"是"近义词","dresses"和"dress"是"多形式",而"近义词"与"多形式"的应用除了在"词根"维度有所体现外,在其他"卖点"维度都有所体现。例如,"purewhite"和"white"属于"多形式"关系,而"creamy"与"white"则属于"近义词"关系。两者的差异如下:

近义词指的是几乎不存在任何字母重合度,但语义基本相似的"卖点"文本集合。

来看"多形式"的第一个特征,即"字母重合度较高"。以"white"和"pure white"为例,两者都存在"w""h""i""t""e"这5个字母,存在较高的重合度,因此可以归类到"多形式"中,符合这一规律的还有"solid white""light white""pure white""off white""milky white""pearl white"等多种形式。

除了"字母重合度较高"这一特征外,"多形式"的另一个特征是"关键字排列顺序相同且语义相同",例如"pajamas"与"pjs"虽然两者从文本形式上差异很大,但是两者都表达了"睡衣"的意思(即"语义相同"),而且"p""j""s"的关键字母排列顺序一致,类似的"多形式"还有"bohemian"与"boho",它们都表达了"波希米亚(风格)"这个语义,且关键字母"b""o""h"排列顺序相同。

与上述"多形式"词汇不同的是,"creamy""ivory"则与"white"几乎不存在任何字母重合度,例如"creamy"的字母组合是"c""r""e""a""m""y",而"white"的字母组合是"w""h""i""t""e",两者毫无字母组合的相似性,但在语义上,两者表达的含义却又近似相同,"creamy"可表达乳白色,"white"则是白色的含义,与之相似的还有"ivory",其含义为象牙白色,像这类文本集合就被定义成"近义词"。

综上所示,"多形式"和"近义词"的差异是显著的,为了更方便读者归纳和整理相关词汇,笔者自行整理了一份"多形式"词汇的Excel表单供大家参考,读者可以搜索并关注"AdTron"公众号回复:卖点词表,就可以下载该表格进行参考,如图1-13所示。

在理解了上文中的各个概念后,读者可以开始思考以下几个问题:

(1)自己的"商品"是什么,它有哪些"词根","词根"又是否存在"多形式"与"近义词"?

(2)自己listing的埋词是否全面,是否把不同"卖点"涵盖的"多形式"与"近义词"都覆盖了?

(3)不同"卖点"的"多形式"与"近义词"应该如何应用,投放广告与后台keyword

（关键词）设置有什么差异？

先不用急着解答上述疑问，因为在理解了各个标签的概念后，还需要带着这些概念去"打标签"。只有完成了数据标注，才可以对业务有应用价值，在第2章将结合"打标签"这一基础AI应用工作环节进行讲述。

	人群	人群	材质	数量	数量	容量	容量	容量	人群
3	women	men	knit	10 tablet	120 tablet	2000 mah	2200 mah	3000 mah	kids
4	white women	teen man	knitted	10 tablets	120 tablets	2000mah	2200mah	3000mah	big kids
5	woman.	mens)	cable knit	tablet 10	tablet 120	2000+ mah	2200+ mah	3000+ mah	for kids ages 4-8
6	womens	man'	cable-knit	tablets 10	tablets 120	2000+mah	2200+mah	3000+mah	little kids
7	woman,	man s	cable knitted			2,000 mah	2,200 mah	3,000 mah	kids 6-14
8	muslim women	men)	cable-knitted			2,000mah	2,200mah	3,000mah	4-5 big kid
9	women'	man)				2,000+ mah	2,200+ mah	3,000+ mah	forts for kids 8-12
10	hood women	for men				2,000+mah	2,200+mah	3,000+mah	for kids age 4-12
11	elderly women	black man'							kids 10-12 girls
12	womens)	man-							for kids 6 7 8 9 10 year old boys girls
13	women s	black man							for kids 5 to 12 years
14	for woman	young man							for kids girl 10-12
15	woman'	african men							kids)
16	black women	mens,							for kids 1-3
17	tall women	teen men							kids 9-10
18	large women	mens'							kids,
19	woman's	young mens							for kids 10-14
20	old women	young mans							for kids ages 8-12
21	easter women	for man							for kids ages 10-12
22	women's	men'							little kid
23	blazer women	men-							kids 6-12
24	black woman	mens							for kids ages 3-5
25	pro women	black mens'							kids 8-10
26	older womens	black men							kids and
27	black womens	large men							for kids ages 8-12 girls
28	womans'	man's							for kids room
29	older women	man							for 3-7 year old girls boys
30	office women	men s							for kid
31	women-	black men's							for kids ages 12-16
32	womans	mans							for kids ages 3-6
33	women,	young men							for kids ages 5-8
34	woman)	men's							for kids 2-4
35	womens,	black mens							kids'
36	women-womens	man,							for big kids 8-10
37	women.	men.							for kids ages 8-12 to drive
38	designer women	gentlemen							for kids ages 9-12

图1-13 常用"卖点"文本"多形式"Excel表格

第 2 章

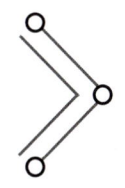

标签业务应用前提——打标签

2.1 打标的对象

亚马逊存在多个可以打标的对象,其中对业务有较大价值的为**listing标题**(**listing**指商品详情页面)、**ABA搜索词**(**Amazon brand analytics**,亚马逊品牌分析)、**review文本**(**review**指评论、评价)三个,本节将结合三者的特点分别讲述打标的业务价值。

2.1.1 listing 标题

在亚马逊平台上,搜索不同关键词,就会展现不同的listing曝光顺序,这是因为不同的搜索词背后代表用户不同的需求,例如"cocktaildress"(正式社交场合穿的短裙)与"dress"(裙子)的搜索结果如图2-1所示。

从图2-1可以看到,"cocktaildress"的搜索结果大部分具备**v领**、**紧身**、**收腰**这类卖点,因此在listing标题中也会出现对应关键词,例如"v-neck""bodycon""the-waist"等。运营者如果可以对标题的内容进行标注,再统计不同卖点词出现的比例,就可以得到在"cocktaildress"搜索词下各类卖点词的分布规律。

在图2-2中,相比于"cocktaildress"的搜索结果,"dress"关键词的搜索结果其卖点分布更为随机,这是因为"dress"作为裙子的最大品类词包括了所有卖点的商品,但是"cocktaildress"作为礼裙类的搜索词之一,其卖点分布更有规律。因此,如果运营者销售的品类也是裙子类目,那么就可以通过listing标题的标签分布数据,来判断哪些关键词的搜索结果更符合产品卖点,从而把这些搜索词放到listing标题中。

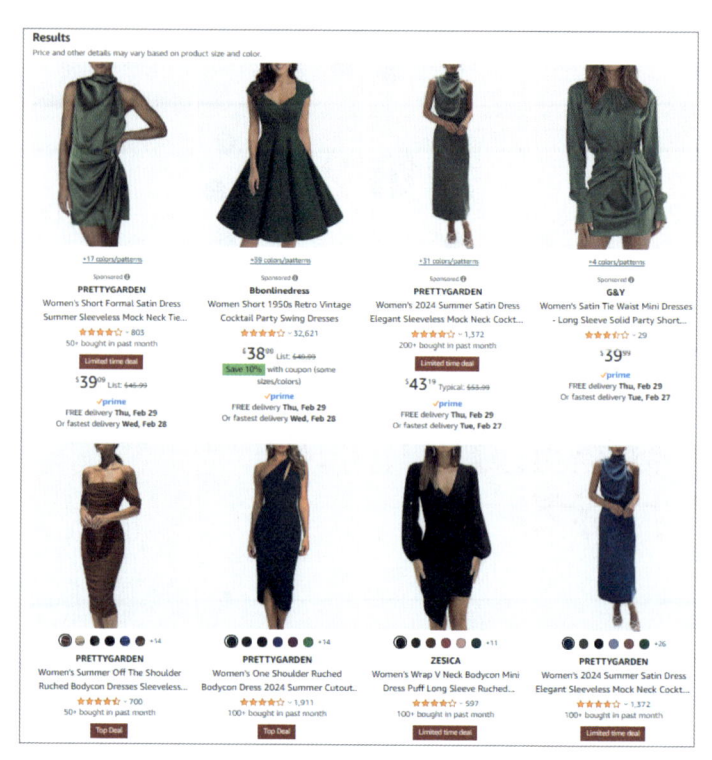

图2-1 "cocktaildress"的搜索结果

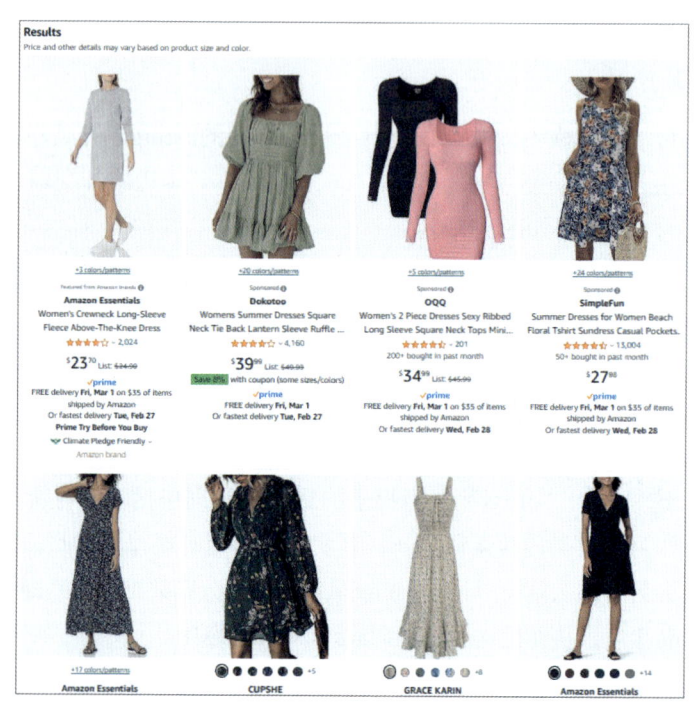

图2-2 "dress"的搜索结果

针对裙子的一些常见搜索词,对"v-neck"(v领)、"floral"(印花)、"a-line"(一线)三个卖点词在首页出现的比例进行统计,出现比例越高,色块颜色越深,统计数据如图2-3所示。

搜索词	首页v-neck相关卖点比例	首页floral相关卖点比例	首页a-line相关卖点比例
dresses for women 2023	10%	15%	12%
winter dresses for women 2023	5%	3%	3%
christmas dresses for women	8%	0%	8%
long sleeve dress for women	15%	8%	12%
black dresses for women	20%	3%	15%
fall dresses for women 2023	10%	15%	8%
holiday dresses for women 2023	15%	25%	10%
dresses	20%	10%	10%
christmas dress	8%	3%	3%
wedding guest dresses for women	13%	0%	5%
dress	20%	10%	5%
maternity dress	4%	3%	3%
cocktail dresses	23%	8%	20%
formal dresses for women	10%	3%	20%
velvet dress for women	8%	5%	10%
black dress	30%	10%	12%
holiday dresses for women	5%	5%	8%
winter dress	3%	5%	3%
sweater dresses for women 2023	3%	8%	0%
white dress	0%	10%	3%
cocktail dresses for women evening party	25%	15%	18%
long sleeve dress	7%	12%	8%
womens dresses	12%	15%	8%
sequin dress for women	12%	8%	3%
sexy dresses for women	33%	12%	15%

图2-3 多个"dress"搜索词下,不同卖点在首页的出现比例差异

通过图2-3的数据可以清晰地看出,"v-neck"卖点最高出现频次的搜索词为"sexy dresses for women",首页出现比例高达33%;其次是搜索词"black dress",首页出现比例为30%。与之形成对比的是,"floral"与"a-line"在所有搜索词下的出现比例都低于30%,但是在特定搜索词中,两者的出现比例都远大于"v-neck"卖点,例如"floral"卖点在"fall dresses for women 2023"中出现比例为15%,该数值是"v-neck"卖点出现频率的1.5倍,是"a-line"卖点出现频率的近两倍;与此同时,"a-line"卖点在"formal dresses for women"中出现比例为20%,该数值是"v-neck"卖点出现频率的两倍,是"floral"卖点出现频率的近七倍。

在listing标题具体打标规则上,可以参考电商行业"人货场"的逻辑进行标注,"人"指的是用户、使用者相关的关键词;"货"指的是具体产品相关的关键词(也被行业称为产品"词根");"场"指的是使用场景相关的关键词,这既包含节日的时间场合,也包含物理空间的具象场合,在具体执行中,还有一些产品卖点词,例如尺寸、材质、特征等关键词,也可以放入"场"相关的标签中。

如图2-4所示,用不同的色块标注出了一款母婴用品的卖点,这些关键词描述了不同年龄段的婴儿使用的咬牙玩具,如0~3个月、0~6个月、6~12个月等。

完成标注后,将不同标注的关键词通过"人货场"的逻辑进行归类,其中"人"为"人群词","场"为"场景词","货"为"词根词",如图2-5所示。

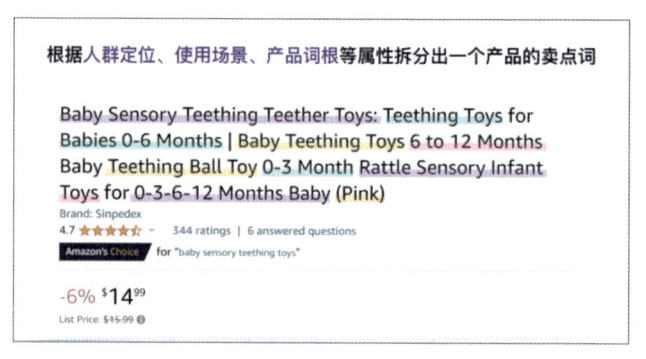

图2-4 对一款母婴用品listing的标题进行标注

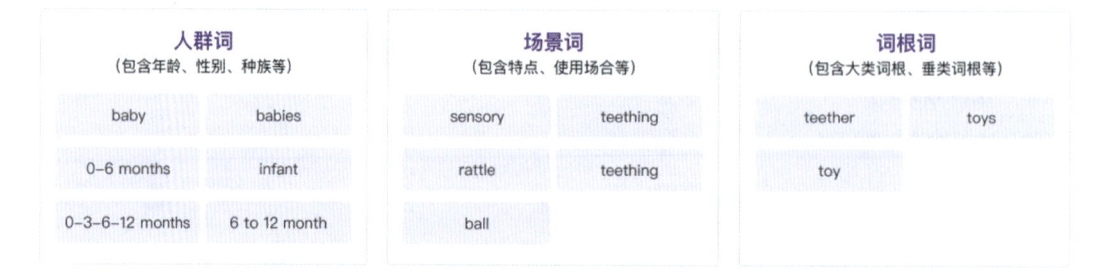

图2-5 在一款母婴产品listing标题中，"人货场"不同标签的归类

根据在本书1.3节中介绍的"多形式"和"近义词"的概念，在拆解完上述标签后，运营者就可以根据"多形式"表中的不同文本形式进行扩词，也可以根据"近义词"表中的近义词表添加关联词。如图2-6所示，对上述母婴产品listing标题中出现的部分关键词进行多形式扩词，可以看到"人群词"中的"6 month old"具有四种常见形式，而"词根词"中的"Teether"具有两种常见形式。

图2-6 不同关键词的多形式数据

运营者可以根据上述方法，对listing标题中出现的每个单词进行多形式+近义词的筛选，并重新将其进行排列组合，这样就可以获取多种组合方式，这些组合方式不仅可以应用在listing标题优化与后台关键词扩词，更可以用在广告埋词中，从而获得更多的广告曝光与中长尾流量。

举例而言，如果一个listing标题"词根词"包含4种变体（包含多形式与近义词），"人群词"包含20种变体，"场景词"包含12种变体，那么所有变体的排列组合将会高达960种，其计算方法如图2-7所示。

图2-7 不同关键词变体之间的排列组合数量

由此可见，通过对listing标题的标签拆解，不仅可以分析不同搜索结果下卖点的分布规律，还可以实现对自身产品关键词扩词，从而得到成百上千种关键词组合，最终辅助运营者完成"埋词""广告铺词"的业务目的。

在2.2节中，将会介绍具体的打标方法，其中既包含人工方法也包含技术方法，想要高效实现打标的读者，可以跳转对应章节进行阅读。

2.1.2 ABA搜索词

运营者除了可以对listing标题进行打标外，还可以针对ABA搜索词进行打标，其打标后的样式如图2-8所示（该表格附加在本书电子文档中，需要的读者可以查看本书前序末尾链接）。

如果说对listing标题打标，可以获得所有卖家listing卖点词的文本形式的话，那么对ABA搜索词打标，就可以获得所有用户搜索关键词的文本形式。举例而言，"women"卖点词在ABA中的文本形式就多种多样，如图2-9展示了4种不同形式的"women"卖点词。

类似于"women"的情况还有很多，例如"longsleeve"与"oversized"也存在多种ABA搜索词形式，笔者团队开发了AdTron工具来方便亚马逊运营查阅各类形式，ABA搜索词的多形式数据看板如图2-10所示（对工具感兴趣的朋友，可以关注"AdTron"公众号并通过跳转链接进行体验使用）。

搜索频率排名	搜索词	品牌词	词根	核心卖点1	核心卖点2	核心卖点3	核心卖点4	商品大类-词根	同义词-卖点1	行业品类	节日（定性判断）	场景（定性判断）	长度	搜索频率排名	#1 已点击的 ASIN	#1 商品名称	#1 点击共享	#1 转化共享
1	christmas decorations		decorations	christmas						居家日用品	1		21	1	B08B5PHMH6	Ivenf Christmas Decorations Outdoor Yard Front Porch Sign Set, Red Black Buffalo Plaid Door Banner, Hanging N	5.25%	4.85%
2	christmas tree		christmas tree					tree		居家日用品	1		14	2	B08J7JRJL3	Best Choice Products 6ft Pre-Lit Pre-Decorated Spruce Hinged Artificial Christmas Tree w/ 798 Tips, 29 Pinecone	6.59%	8.69%
3	black friday deals 2022		black friday deals 2022							活动促销	1		23	3	B0BKGQR2SV	Leggings For Women Fleece Lined Winter Warm Thick Velvet Tights Thermal High Waist Pants Tummy Control W	4.40%	4.83%
4	yellowstone	yellowstone	yellowstone					tv series		音像版权制品			11	4	B0B75VN8V9	One Hundred Years is Nothing	20.83%	41.37%
5	squishmallow	squishmallow	squishmallow					plush		玩具爱好			12	5	B08CGCH5Q2	Squishmallows Official Kellytoy Plush 8 Plush Mystery Box Three Pack - Styles Will Vary in Surprise 8 Plush Box Th	8.45%	10.83%
6	thanksgiving outfit women		outfits	thanksgiving	women			clothes		服装	1		25	6	B09FXHL254	Shein Women's V Neck Sleeveless Pocket Corduroy Button Pinafore Overall Mini Dress	3.58%	1.34%
7	yellowstone season 5	yellowstone	yellowstone	season 5				tv series		音像版权制品			20	7	B0B75VN8V9	One Hundred Years is Nothing	30.23%	52.96%
8	sweaters for women		sweater	women				sweater		服装			18	8	B08FLSJHZD	Ugerlov Women's Oversized Sweaters Batwing Sleeve Mock Neck Jumper Tops Chunky Knit Pullover Sweater	3.30%	2.15%
9	my orders		my orders							功能搜索			9	9	B0BKYD3F1G	Womens Sweatshirt Graphic Color Block Crewneck Sweatshirts Animal Print Tops for Women Gradient Long Slee	3.45%	2.93%
10	nintendo switch	nintendo	switch							3C数码及其配件			15	10	B098RL6SBJ	Nintendo Switch – OLED Model w/ Neon Red & Neon Blue Joy-Con	16.18%	19.74%
11	sweater dress for women		sweater	dress	women			sweater		服装			23	11	B07SVMZN16	Chang Yun Women's Long Maxi Sweater Dresses Sexy Wrap Batwing V Neck Slit Open Back Holiday Bodycon Dr	2.12%	0.00%
12	christmas lights		light	christmas						居家日用品	1		16	12	B075LQ4WTF	Prextex Christmas Lights (20 Feet, 100 Lights) - Clear White Christmas Tree Lights with Green Wire - Indoor/Outc	5.54%	9.12%
13	womens sweaters		sweater	women				sweater		服装			15	13	B08FLSJHZD	Ugerlov Women's Oversized Sweaters Batwing Sleeve Mock Neck Jumper Tops Chunky Knit Pullover Sweater	2.20%	1.28%
14	lego	lego	lego					toys		玩具爱好			4	14	B09Q4GWMZQ	LEGO Icons Succulents 10309 Building Set for Adults (771 Pieces)	4.35%	4.40%
15	boots for women		boots	women						箱包鞋靴			15	15	B09RXHQSQV	Amazon Essentials Women's Tall Block Heel Boots	5.06%	4.99%
16	iphone 14 pro max case		case	iphone	14 pro max					3C数码及其配件			22	16	B0B569YDZZ	Simtect Ultra Clear Designed for iPhone 14 Pro Max Case, [Non-Yellowing] [10 FT Military Drop Protection] Slim	7.11%	9.84%
17	advent calendar 2022		advent calendar	2022						玩具爱好	1		20	17	B09YVTV39F	LEGO Friends 2022 Advent Calendar 41706 Building Toy Set: 24 Gifts and Holiday Toys, Including Santa's Sleigh:	7.54%	8.39%
18	uggs boots for women	ugg	shoes	boots	women					箱包鞋靴			20	18	B01MTYA675	UGG Women's Classic Mini II Winter Boot	6.20%	5.28%
19	crocs	crocs	crocs					shoes		箱包鞋靴			5	19	B0B6B4XCKS	Crocs Unisex-Adult Classic Clogs	21.26%	25.35%
20	womens fall fashion 2022		clothes	women	fall	fashion	2022	fashion		服装			24	20	B09HC3TWXY	AUTOMET Womens Casual Plaid Shacket Wool Blend Button Down Long Sleeve Shirt Fall Jacket Shackets	1.84%	1.04%
21	ipad		ipad							3C数码及其配件			4	21	B09G9CJM1Z	2021 Apple 10.2-inch iPad (Wi-Fi, 64GB) - Silver	26.28%	45.98%
22	gifts for men		gifts	men				gifts		礼品			13	22	B09HP72PG5	Gifts for Men Dad, Kishan Bedding Tactical Pen 12-in-1 Christmas Stocking Stuffers for Men Cool Tool Gadget fc	12.72%	0.00%
23	gifts for women		gifts	women						礼品			15	23	B0B76DDS36	Aromatherapy Shower Steamers Christmas Gifts Set Lavender - Swcandy 8 Pcs Bath Bombs Gifts for Women, Shc	29.82%	0.93%
24	laptop		laptop							3C数码及其配件			6	24	B0B74JGNSG	SGIN Laptop 15.6 Inch Laptops 4GB RAM 128GB ROM SSD Windows 11 Laptops with FHD 1366x768 Display, 2.	25.93%	0.43%
25	ps5		ps5					playstation		3C数码及其配件			3	25	B0BCNKKZ91	PlayStation 5 Console	48.46%	32.56%
26	christmas pajamas for family		pajamas	christmas	family			pajamas		服装	1		28	26	B09XFZTWM3	The Children's Place Family Matching Christmas Holiday Pajamas Sets, Snug Fit 100% Cotton, Adult, Big Kid, Todc	9.45%	11.08%
27	ugly christmas sweater for women		sweater	ugly	christmas	women		sweater	funny	服装	1		32	27	B0BHD5FPGT	My Day I'm Booked Funny Sweatshirt With Knitting Pattern Fake Ugly Christmas Sweater	5.95%	4.21%
28	gaming chair		chair	gaming						家电家具及其配件			12	28	B09JP2K7HW	YSSOA Backrest and Seat Height Adjustable Swivel Recliner Racing Office Computer Ergonomic Video Game Cha	12.33%	15.29%
29	christmas gifts		gifts	christmas						礼品	1		15	29	B0B2DMMFF1	Bluetooth Beanie,Wireless Beanie Headphones Hat Unique Christmas Tech Gifts for Men Women Him Adults Tee	4.53%	0.14%
30	apple watch	apple	iwatch							3C数码及其配件			11	30	B0BDJBG74R	Apple Watch Series 8 [GPS 41mm] Smart Watch w/ Midnight Aluminum Case with Midnight Sport Band - S/M, F	13.86%	17.40%
31	womens boots		boots	women						箱包鞋靴			12	31	B08KHT8VMT	Soda Pilot ~ Women Luo Sole Low Heel Chelsea Fashion Ankle Bootie w/Double Elastic Gore	3.73%	2.12%

图2-8　进行数据标注后的ABA搜索词表

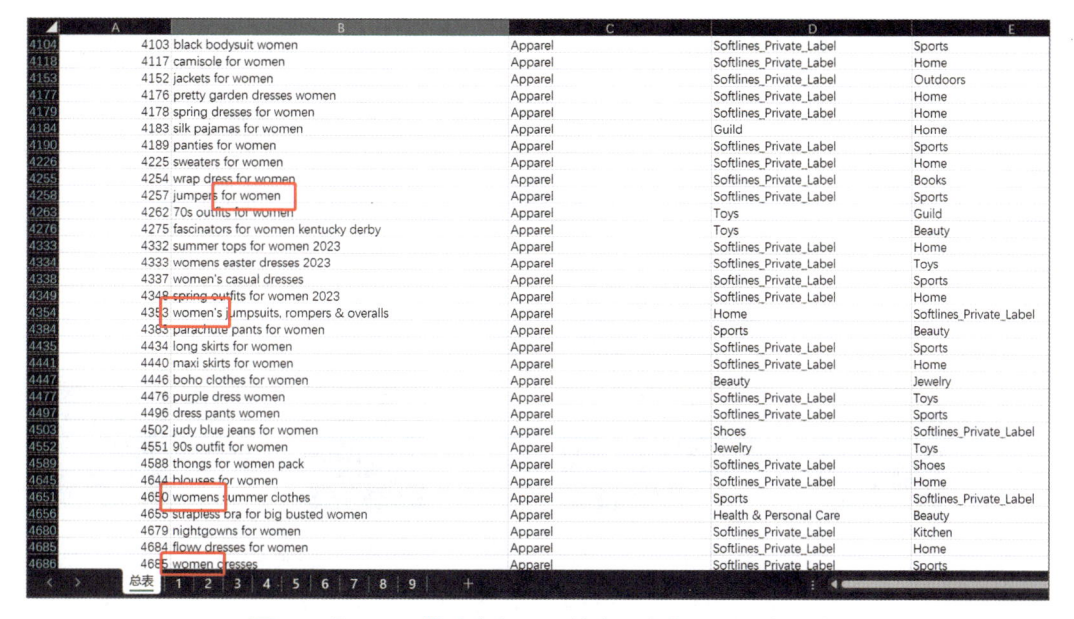

图2-9 "women"卖点在ABA搜索词中的不同形式示例

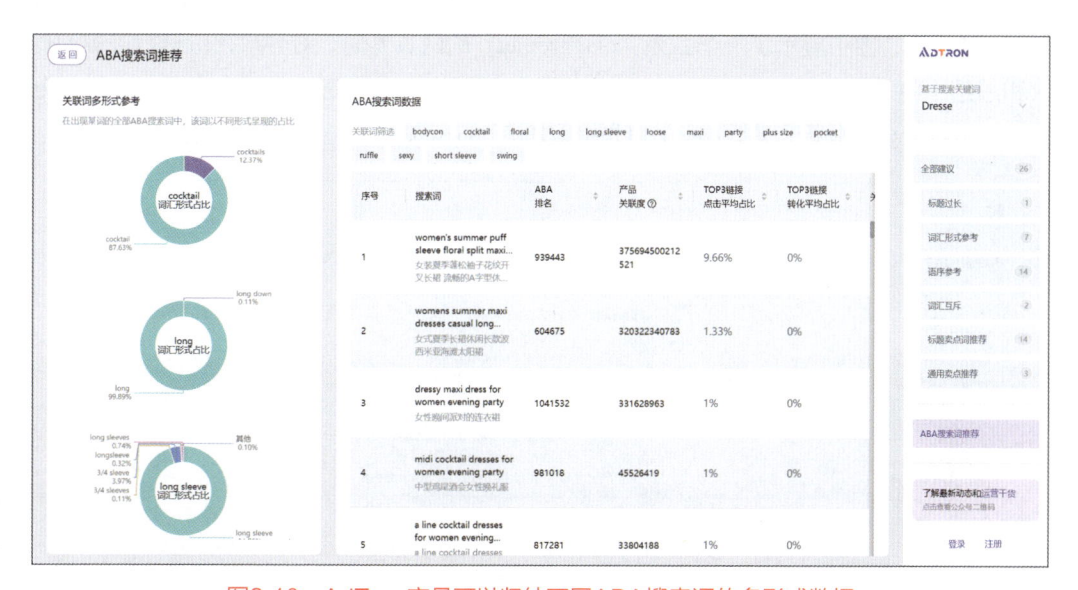

图2-10 AdTron产品可以归纳不同ABA搜索词的多形式数据

在2.2节中，将会介绍具体的打标方法，其中既包含人工方法也包含技术方法，想要高效实现打标的读者，可以跳转对应章节进行阅读。

2.1.3　review 文本

"选品"环节是亚马逊运营者在工作中最重要的环节之一，而针对市场产品的review分析则是"选品"中的关键。许多消费者在购买产品后，会把产品的优点、特色或者缺陷体现在review评价里，这时运营者就可以针对review文本的有价值信息进行提取，然后对自身产品进行改进，从而提升市场竞争力。

review文本在进行分析前，需要通过工具批量获取（这里笔者推荐使用"八爪鱼""爬山虎""后羿"一类的第三方采集器）。运营者只需要在采集工具里输入对应listing的链接，就可以在工具分析的网页结构中选择并批量采集review信息，其链路如图2-11所示。

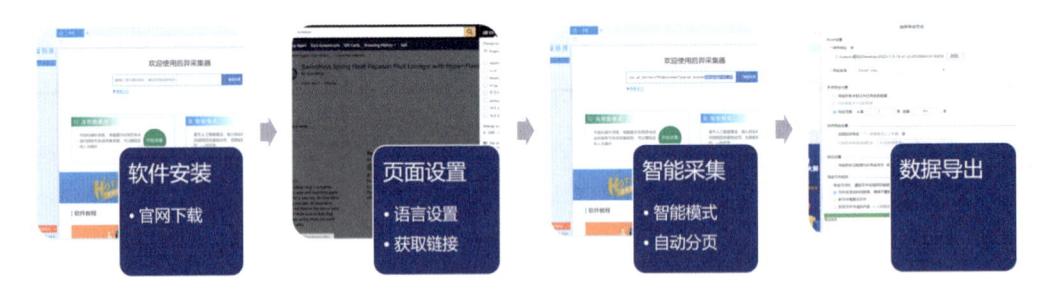

图2-11 review数据的爬虫采集链路（以"后羿"采集器为例）

针对采集的review内容，可以从不同的维度进行打标，例如产品的优点、缺点、顾客购买动机、使用场景等。运营者可以借助ChatGPT工具辅助打标，其prompt（提示）语句，如图2-12所示，图中展示了一个名为"playground"的网页界面，对客户评价进行关键词提取和总结（将采集到的review输入，注意字符长度限制，一般选取最近50条review进行分析，如需进行全量分析，建议接入API先提取所有review关键词，再进行二次分析）。

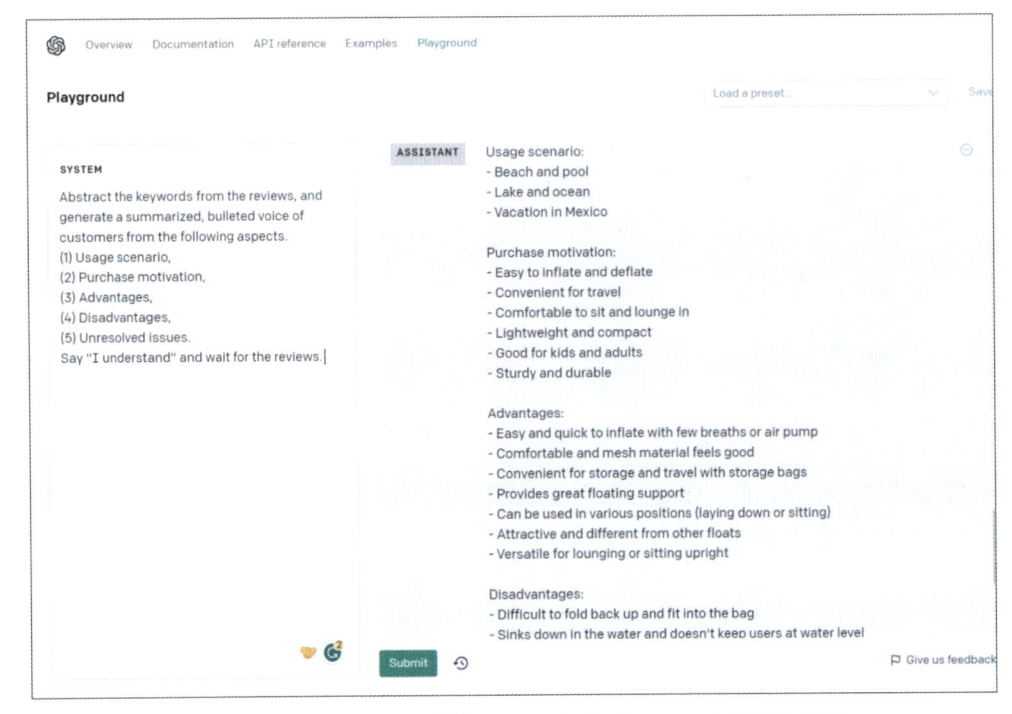

图2-12 使用ChatGPT结合prompt语句对review内容进行打标

除此之外，运营者还可以使用一些AI工具来对标签结果进行可视化，其中比较经典的工具是VOC（voice of the customer，客户之声工具）读者也可以搜索亚马逊VOC工具进行了解，它主要收集来自客户的反馈数据，如图2-13所示，VOC工具通过对review文本中的信息进行提取，对不同维度（例如人群特征、使用时刻、行为等）进行可视化分析，帮助运营者高效提取review价值信息。

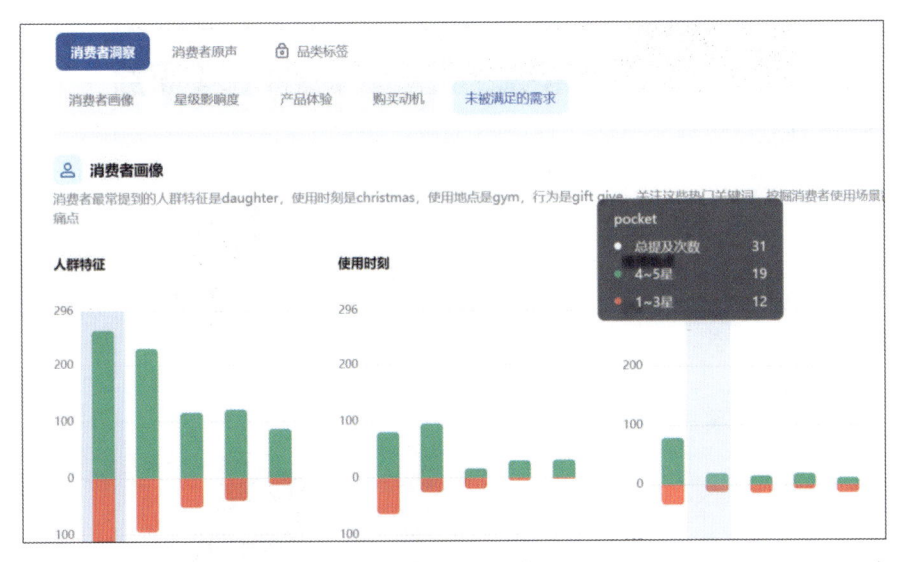

图2-13　亚马逊review的VOC工具

2.2　打标的方法

在理解了对标对象后，笔者将会开始介绍打标的方法，其中既包含基础的人工操作打标，也涵盖AI技术打标和ChatGPT打标。

2.2.1　人工操作打标

人工操作打标是数据标注最简单的执行方法，以亚马逊平台提供的ABA数据（也被称为品牌分析数据）为例，假设运营者每月下载100万个搜索词，那么每年就可以获取总计1200万个用户搜索词（其中包括100万个左右的用户搜索词组，以及这些词组对应的最靠前三个链接的相关数据），这些用户搜索词包括了亚马逊所有品类、词根、品牌、卖点、人群等，因此，针对这些维度先进行人工打标可以帮助运营者梳理标签数据。

可能有的运营者会担心人工打标的速度太慢，执行如此庞大的标注工作是否可行？其实这个问题并不用太担心，这是因为所有的ABA搜索词数据都遵循"二八分布"即20%的搜索词占据了80%以上的流量，这意味着运营者只需要完成前5%~10%的标注即可。假设一个月ABA搜索是100万个，符合自身品类的搜索词是20%即20万个，那么20万搜索词的5%

就是1万个，运营者只需要完成1万多的标注工作即可进行应用。

ABA搜索的人工打标，一共分为**词根**、**品牌**、**行业**品类三个维度。

1．词根维度

词根维度为一个词组中重要的词汇文本，以"**uggs boots for women**"（女士UGG靴子）词组为例，其搜索结果如图2-14所示。

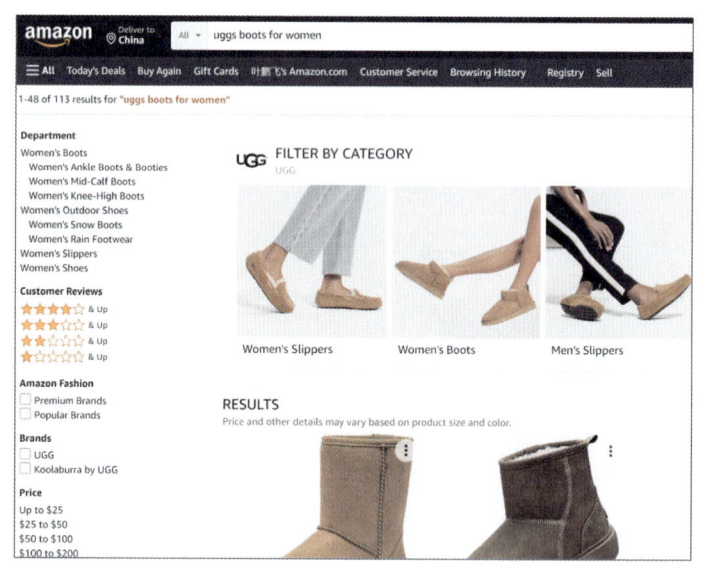

图2-14 "uggs boots for women"的搜索结果

如果剔除掉词组中的后面两个单词，"uggs boots"（UGG靴子）的搜索结果如图2-15所示。

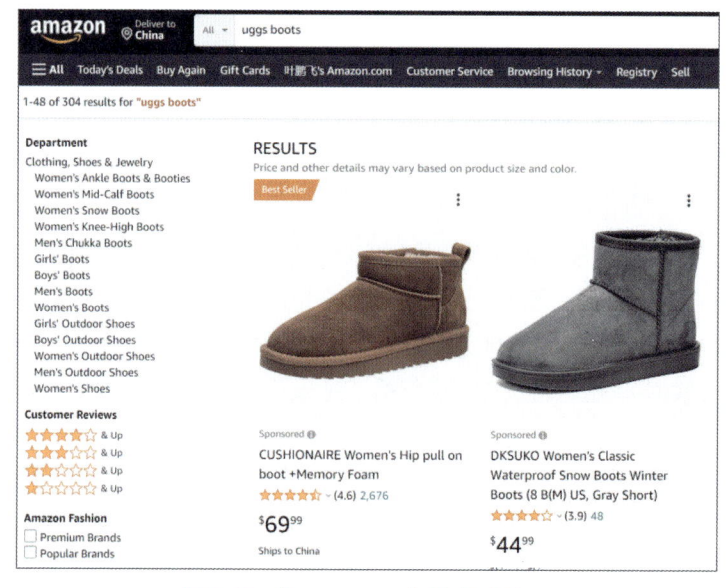

图2-15 "uggsboots"的搜索结果

如果剔除"uggs boots"的第二个词，"uggs"的搜索结果如图2-16所示。

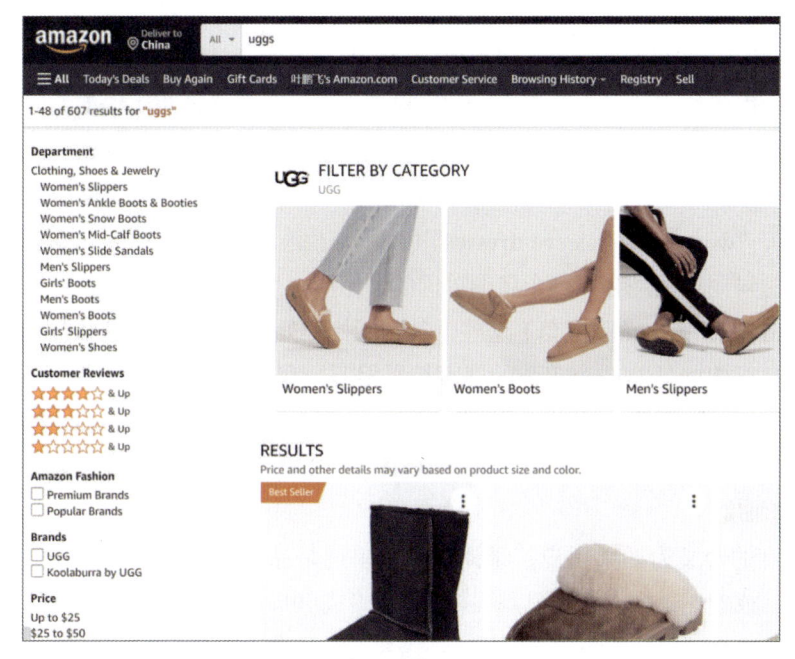

图2-16 "uggs"的搜索结果

如果剔除"uggs boots"的第一个词，"boots"的搜索结果如图2-17所示。

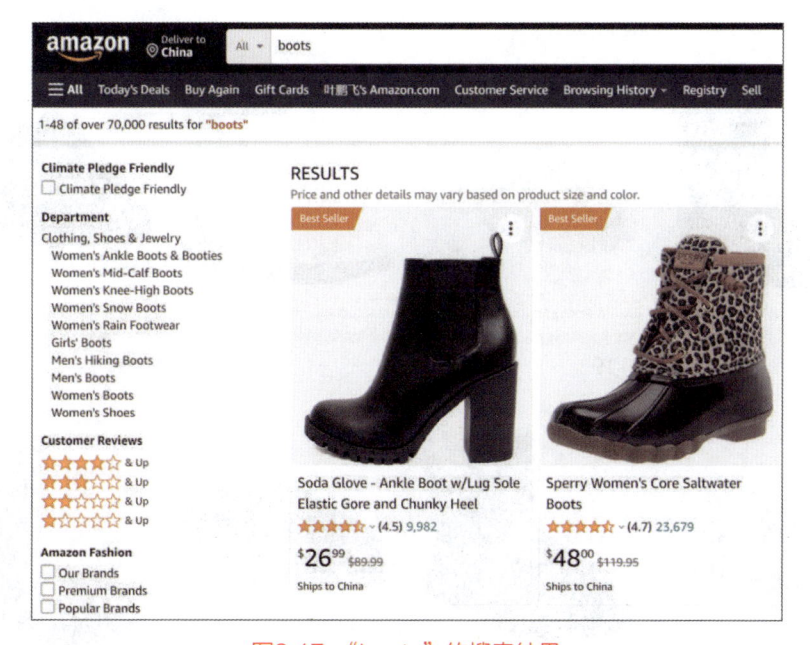

图2-17 "boots"的搜索结果

对比以上4个搜索结果，可以发现"uggs boots for women""uggs boots""uggs"三个单词的搜索结果相似，但是"boots"的搜索结果完全不一样。因此"boots"不属于词根，"uggs"属于词根（如果深究网站信息可以发现，"ugg"属于品牌词，因此可以标注品牌）。

除了以上用各种排列组合的方式测试词根外，也可以适当使用英语的语法来判断，因为所有的词组都是"修饰词+名词词根+场景/人群/功能词"的组合，例如"casual **sweater** for women"（女士休闲毛衣），"**dress** with pocket"（带口袋的连衣裙），"**juice** for party"（派对用的果汁），"women long sleeve **dresses**"（女士长袖连衣裙）这些词的词根都已经用红色标注了，有时候词根也是会以两个名词单词的词组形式出现的，例如"sweater dress"（毛衣裙），"ipad case"（ipad保护套）这些，其判断标准如果发现一个双词词组的搜索结果，无法与组成其词组的任意一个单词的搜索结果相似，那么这两个名词都属于名词性词根。（以"sweater dress"为例就是"sweater"与"dress"的搜索结果与"sweaterdress"的搜索结果都不一样，那么"sweterdress"就是一种固定组合）

2. 品牌维度

品牌维度的含义为如果用户搜索词中某个单词是品牌词，则要单独标注出来（例如Apple公司），或者说某个词是和品牌强相关的（例如iPhone、iPod、iPad、macbook这些），那么在标注这些商品的具体词根词之后，还需要备注品牌词。

需要注意的是，品牌词一般在界面上链接的标题上面，以"ugg"为例，可以看到如图2-18所示的界面。

图2-18 "ugg"的搜索结果

3．行业品类维度

行业品类维度包含如下主流标签：宠物用品、服装、箱包鞋靴、母婴用品、3C数码及其配件、家电家具及其配件、汽车汽配、居家日用品、厨房用品、医药护理、个人护理、户外运动、美妆护肤、生鲜快消及食品保健、书籍、音像版权制品、办公与文具用品（不包括家具类）、枪支配件、玩具爱好、配饰、园艺用品、原材料+建筑材料及工业用品、礼品、活动促销、功能搜索、其他。

除了以上标准，还存在一些特殊打标规则：

（1）医药护理指的是比较严肃场景下对身体的医护用品/设备/药物，例如呼吸机、血压仪、血糖测试器、死皮剥离药品/设备、口罩、防护服等；

（2）个人护理则是在日常场景/非严肃场景下对身体的物品，例如眼镜清洁剂、手部护理仪、眼疗仪/霜、身体沐浴乳、植发养发剂等；

（3）美妆护肤则是与容貌与面部/手部皮肤保养有关，例如洗面奶、各类化妆用品、手部/面部保湿乳等。需要注意的是，如果是美妆相关的家具、仪器，比如美妆台，或者吹风机，都需要被划分到家电家具及其配件中；

（4）原材料+建筑材料及工业用品既包括了原材料本身（除了可以吃的原材料，所有非食用原材料都是这个归类，可食用的原材料归类到生鲜快消及食品保健中），也包括了处理原材料的相关用品（包括可食用原材料的处理器和非食用原材料的处理器），例如热巧克力融化塑性盒，蛋糕奶油挤压器等；

（5）如果一个搜索词的搜索结果下没有明显的规律，且品类复杂，那么可以归类到"其他"中；

（6）如果一个搜索词带有"deals""clearance""under ×××dollars"这些词，那么属于活动促销类，如图2-19所示。

2 christmas tree	christmas tree	居家日用品
3 black friday deals 2022	black friday deals	活动促销
4 yellowstone	yellowstone	音像版权制品

1141 calvin klein underwear for men	underwear	服装
1733 cheap stuff under 5 dollars	cheap stuff under 5 dollars	服装
1807 period underwear for women	underwear	服装

945 warehouse clearance	warehouse clearance	活动促销
1322 clearance items	clearance items	活动促销
6129 overstock items clearance all	overstock items clearance all	活动促销

图2-19　属于活动促销类的搜索词文本

（7）如果一个搜索词搜索后，有亚马逊平台相关的信息回复以及功能提示，则属于功能搜索，如图2-20所示。

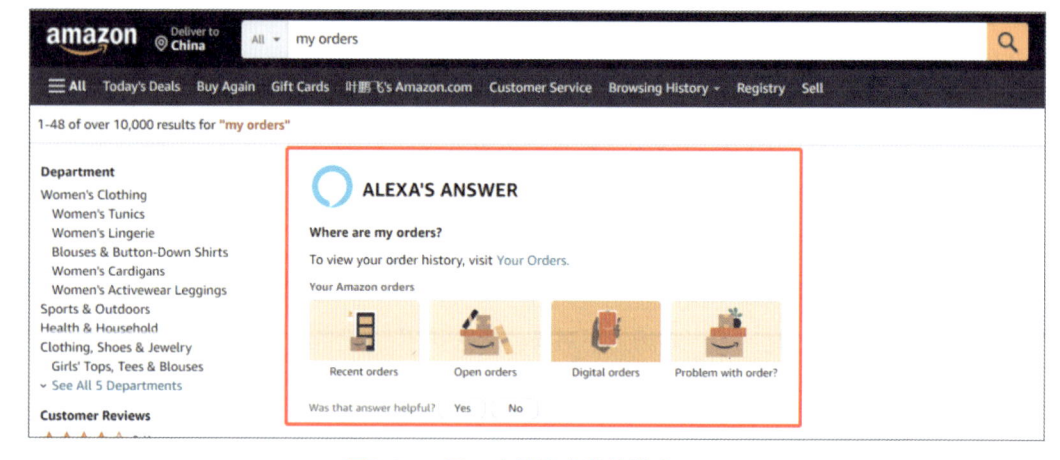

图2-20 属于功能搜索类的搜索界面

以上就是人工操作打标的一些标准，读者可以参考上述标准对ABA搜索词、listing标题、review文本进行打标，接下来将会介绍AI技术打标的方法（AI技术打标的技术门槛较高，如果读者觉得理解困难，可以跳转到2.2.3节阅读ChatGPT打标的内容）。

2.2.2 AI技术打标

随着大数据时代的到来，大数据和人工智能技术在多个业务领域逐渐得到广泛应用，本节立足于文本识别场景，基于亚马逊商品标题数据，介绍了如何应用RNN（recurrent neural network，循环神经网络）和Bert（后详细介绍）等深度学习算法，实现对商品类型自动识别的目标。

1．业务数据概况

本次数据挖掘过程所使用的数据选取的是：亚马逊官方提供的搜索排名靠前的5万条ABA搜索词文本数据，以及搜索文本对应的商品listing关键词标签。其中，数据统计的时间为2022年12月，数据体量共计约4万条文本行，用于算法模型学习的训练集约占90%，用于验证模型效果的测试集约占10%。其中，标题文本中涉及产品的主体名称和多个特征属性的描述（如颜色、尺寸、品牌、行业品类等）。

2．分析工具的介绍

随着大数据时代发展，数据分析工具种类繁多，使用难度、场景、效率不一。在日常的数据分析中，常用的有Excel、数据库管理系统（如MySQL，Oracle，Teradata等）、BI工具（如Tableau，PowerBI，FineBI等）、统计分析软件（如SPSS，Stata，Eviews等）和用于数据分析的语言（Python，Matlab，R等），这些数据分析工具基本可满足绝大多数数据分析和挖掘的工作需要如图2-21所示。

图2-21 数据分析常用工具（来源：ShowMeAI知识社区）

本案例研究中，所使用的数据分析工具主要是Python语言。Python在诞生之初，因其运转功率低，不支持多核和并发，甚至不为大多数人熟知。但是，随着技术革新，物理硬件功能不断提高，大数据与人工智能的高速发展，当今Python已经成为数据分析和挖掘领域中热门的编程语言。Python还有很多优秀的量化、数据分析、机器学习工具包，如NumPy（Python中用于科学计算的一个基础库）、Pandas（Python中大数据处理和分析库）、Scikit-Learn（机器学习库）和Matplotlib（数据可视化库）等。除了少数业务场景之外，绝大部分工作Python都能胜任。

3. 算法相关概念及应用介绍

本节中涉及的智能打标算法主要是基于神经网络的语言模型。这里包含两个概念：神经网络和语言模型。下面，将主要针对相关算法和模型的概念和原理进行介绍。（**注意，本节技术内容阅读门槛较高，对于技术比较薄弱的读者可以当作拓展知识来阅读也可以跳读至2.2.3 ChatGPT打标内容**）

（1）神经网络和语言模型

1 什么是神经网络

神经网络是一类人工智能模型，涉及很多种不同结构，模型主要由大量的节点（或称神经元）之间相互联接构成，每两个节点间的连接都代表一个对于通过该连接信号的加权值，称之为权重，这相当于人工神经网络的记忆，常说的神经网络模型训练过程就是通过一定的数学逻辑寻找更优的权重数值。

具体来说，神经网络算法主要是将特征值构造成矩阵形式输入到神经网络，每个神经元有一个特征值。如图2-22所示三层神经网络，从左到右可分成三层，输入层，竖向堆叠起来的输入特征向量；隐藏层，抽象的非线性的中间层；输出层，输出预测值。当运营者计算网络的层数时，通常不考虑输入层。可以看成图中隐藏层是第一层，输出层是第二层。

输入层　　　　隐藏层　　　　输出层

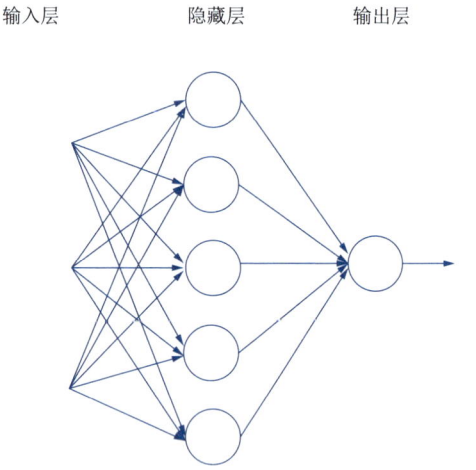

图2-22　神经网络示例

2 什么是语言模型

语言模型是自然语言处理中最基本和最重要的任务之一。即使到今天大家看到很多新型神经网络模型训练使用的基础任务之一都还是语言模型。举例来说，运营者用算法进行语音识别时，一句语音可能有以下两种识别结果：

结果一： 亚马逊跨境电商业务。

结果二： 亚犸讯跨径店商夜雾。

在具备一定认识的基础上，运营者能轻易判断第一句话更有可能是正确的识别结果。语言模型就是一个可以计算出这两句话各自的出现概率的模型，比如预估第一句的概率为百分之一，第二句话的概率为万分之一。在语音识别的场景下，运营者就可以利用语言模型判断各词句的概率，选择概率最大的语句作为正确的识别结果。

（2）RNN简介

1 RNN是什么

RNN，即循环神经网络，作为语言模型中常用的一种算法，它是一种具有记忆功能的特殊神经网络，它能够利用序列数据的时间依赖性，对每一个时刻的输入数据进行处理，并将前面时刻的信息传递给后续时刻，从而在处理序列数据时表现出很好的效果。

传统的机器学习算法大部分都是输入和输出的一一对应，也就是一个输入得到一个输出，如图2-23所示。

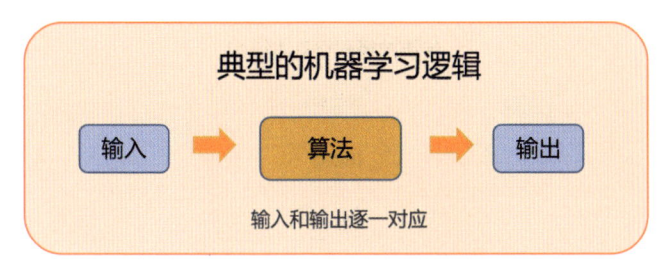

图2-23　典型机器学习逻辑

在这种输入输出一一对应的情况下，不同的输入之间是没有联系的，但是在某些场景中，一个输入就不够了。例如，当运营者的输入是"the category of dress is"（裙子所属的类别是），希望得到的输出是"clothes"。为了完成图2-24中完形填空，取输入中的任何一个词都不合适。这种情况下，运营者不但需要知道前面所有的词，还需要知道词之间的顺序，从而得到最后的填空答案。

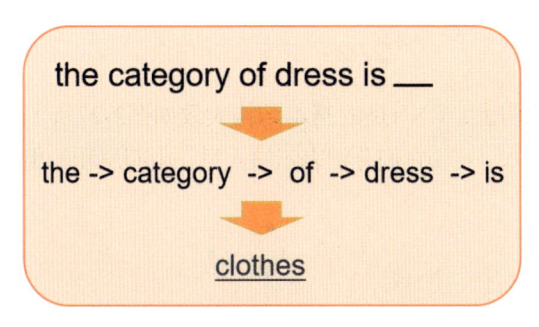

图2-24　RNN典型应用示例

因此，为了解决上述序列数据（即一串相互依赖的数据流）处理的需求，RNN应运而生。典型的序列数据如下：

一是，文章里的文字内容。

二是，语音里的音频内容。

2 RNN是怎么运作的

循环神经网络RNN的命名已经说明了其原理的宏观思路，即按顺序按步骤循环读取数据。这与人类理解文字的道理差不多，阅读是一个字一个字，一句话一句话地去理解。下面，笔者将由浅入深，逐步分析RNN的运作原理。

首先，RNN是一种相对复杂的神经网络。传统基础的神经网络的结构比较简单，即"输入层—隐藏层—输出层"，如图2-25所示。

相较之下，RNN跟传统神经网络最大的区别在于每次都会将前一次的输出结果，带到下一次的隐藏层中，一起训练。如图2-26所示，模型训练所需的数据先从输入层进入，再经过隐藏层的多次循环后输出数据。

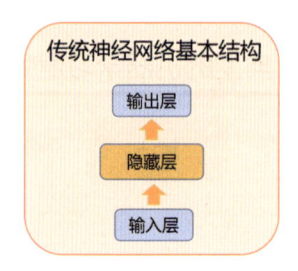

图2-25　传统神经网络基本结构

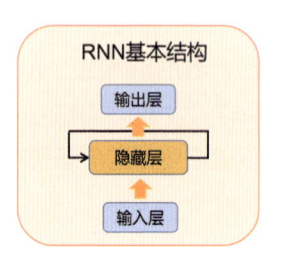

图2-26　RNN基本结构

细化到模型算法结构上，RNN是的基本结构大致如图2-27所示，它由输入层、隐藏层和输出层组成。图2-27中 *x*、*s*、*o* 它们分别表示输入层、中间层和输出层的数据。

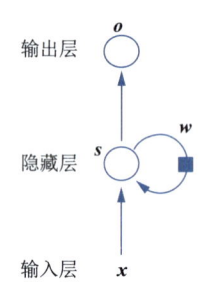

图2-27　RNN单元结构示意图

单独看RNN这个结构，其实就是在简单的全连接神经网络基础上增加了一个 *W*，这对于算法形成记忆功能具有重要意义。下面，运营者将RNN的单元结构进行展开，如图2-28所示。

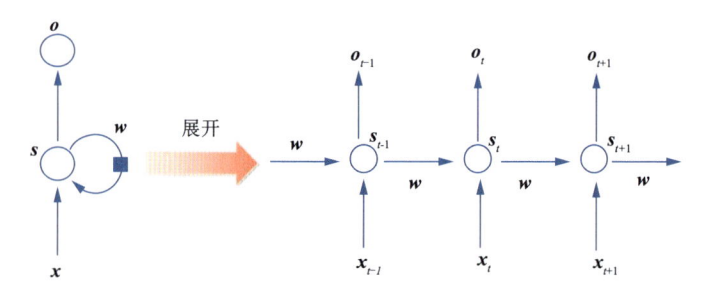

图2-28　RNN展开结构示意图

通过这种计算逻辑，RNN可以将当前时刻的输入和上一时刻的输出进行结合，以作为新一次的输入，这种循环结构使得RNN能够处理任意长度的序列数据，并且能够捕捉到序列之间的依赖关系。下面用一个具体的案例来看看RNN是如何工作的。

假如需要判断一句文本的意图："The category of dress is？"运营者需要按照顺序输入RNN，运营者先将"the"作为RNN的输入，得到输出不同词汇的概率[1]，如图2-29所示。

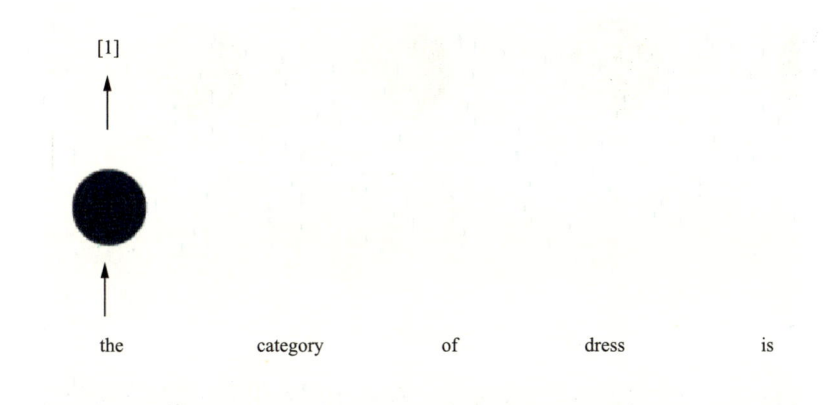

图2-29 第一次输入RNN

然后，运营者按照顺序，将"category"输入到RNN网络，得到输出[2]。这个过程运营者可以看到，输入"的"时，前面"the"的输出也产生了影响（隐藏层中有一半是黑色的），如图2-30所示。

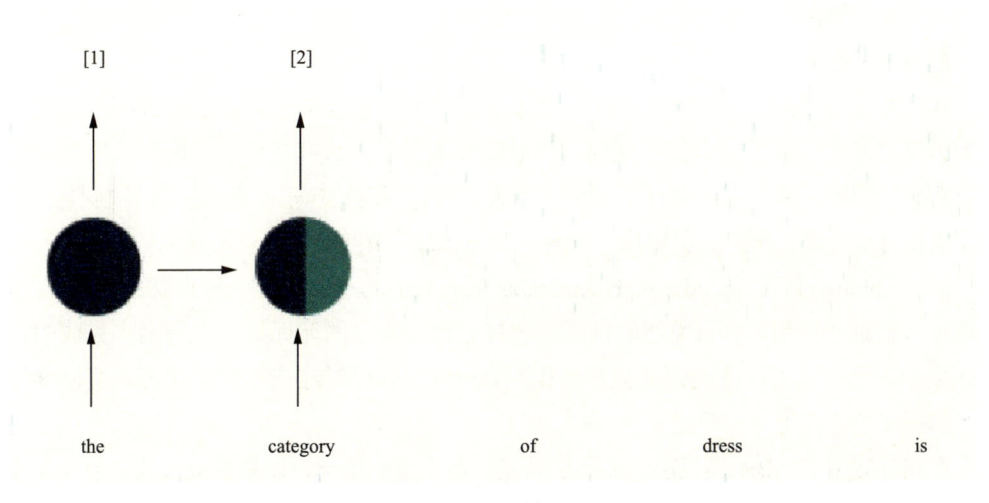

图2-30 第二次输入RNN

依此类推，前面所有的输入都对未来的输出产生了影响，可以看到圆形隐藏层中包含了前面所有的颜色。最后，运营者通过训练希望输出的[5]中"clothes"的概率是最大的，从而实现文本生成的目标，如图2-31所示。

$$[1] \quad [2] \quad [3] \quad [4] \quad [5]$$

the　　　　category　　　　of　　　　dress　　　　is

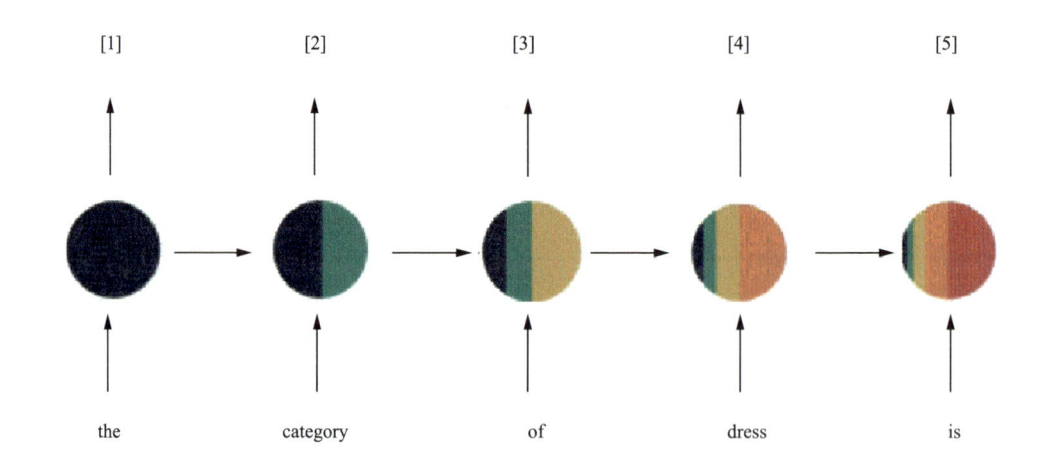

图2-31　RNN全句输入示例

在训练过程中，一般会在数据输出端给予提前设定好的标签数据，用于模型判断自身预测的结果与标签展示出的预期结果的差距，这个差距一般用损失函数表示，这个函数具有多种类型，常用的有均方差损失（MSE）和对数损失（二元交叉熵损失）。通过在每轮训练过程中对损失函数求导，基于微积分中的梯度下降算法，获得将损失降低到最低的调整方向，寻找到合适的权重矩阵与以最小化损失函数值。从而实现对模型中的权重矩阵的调整，使其最好地拟合样本数据。

（3）Bert介绍

1 Bert是什么

在自然语言处理（NLP）领域中，文本表示是至关重要的一环，它能够将原始文本转化为计算机可处理的数值向量。然而，传统的文本表示方法存在着很多问题，比如无法捕捉长距离的依赖关系、无法处理语义相似但表达方式不同的句子、无法进行零样本学习等。为了解决这些问题，研究人员提出了一种名为Bert的新型自然语言处理模型。

Bert（bidirectional encoder representations from transformers）是一种自然语言处理模型，它是一种预训练模型。Bert模型的预训练过程是通过大量的无标签文本数据来完成的，这些数据中不包含人工标注的语义信息，但是Bert模型通过对这些数据的训练，可以学习到语言的语义特征和上下文信息。

在实际应用中，Bert模型通常需要在特定任务上进行微调，以获得更好的性能。与传统的NLP模型相比，Bert模型的优势在于它能够处理更长、更复杂的文本，同时具有可扩展性和灵活性，适用于多种语言和任务。目前，Bert模型已经成为NLP领域的研究热点，并在多个NLP任务上性能领先。

2 Bert是怎么运作的

Bert模型的原理主要是基于一种叫"Transformer"的结构,它使用了Transformer的编码器来对输入的文本进行学习。Bert是在大量的未标注文本上预训练得到,包括整个Wikipedia(有25亿个单词)和图书语料库(8亿个单词)。Bert的基本结构如图2-32所示。

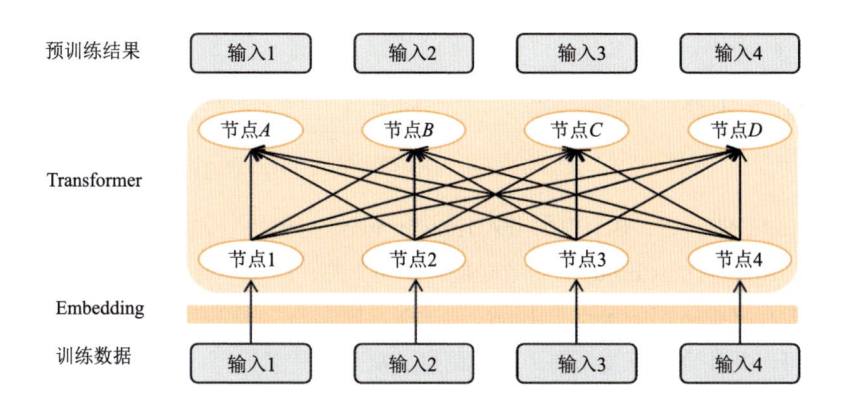

图2-32 Bert模型简易视图

在图2-32中可以看出,训练模型所需的数据首先将在输入端经过一个叫"Embedding"的数据处理环节,该环节的目的是将数据处理编程模型所需的形式。在Embedding环节会进行三个嵌入的叠加处理,即基于同样的文本形成三种不同的数据向量并进行叠加处理:

位置嵌入: Bert通过学习并使用位置嵌入来表达单词在句子中的位置。添加该嵌入是为了捕获单词在句子中的"序列"或"顺序"信息。

片段嵌入: Bert通过将不同句子进行标注,如第一个句子A是0,第二个句子B是1,依此类推,如果只有一个句子,那就都使用索引0,添加该嵌入是为了帮助模型区分不同片段句子。

令牌嵌入: Bert通过把输入句子中每个字通过查询字向量表的方式转换为向量,并作为模型的输入。同时,还会添加特殊标记符如[CLS]和[SEP]用以表示句首和句尾。

例如将"my dog is cute"(我的狗很可爱)和"he likes playing"(他喜欢玩)两句话作为文本数据输入到Bert模型中,输入的数据将以令牌嵌入、片段嵌入和位置嵌入的三种向量叠加的形式进入模型,其数据Embedding过程如图2-33所示。

通过上述Embedding的步骤,可以将输入文本的单词自身信息、不同词语的位置信息以及不同句子差异信息一起输入到模型中,这对Bert模型来讲是至关重要的。正是通过这种文本向量化的方法,模型可以在庞大的语料库上进行训练和积累,实现对文本更深入、更准确提取,通过此过程提取到的知识对所有自然语言处理任务来说都是"万金油"。

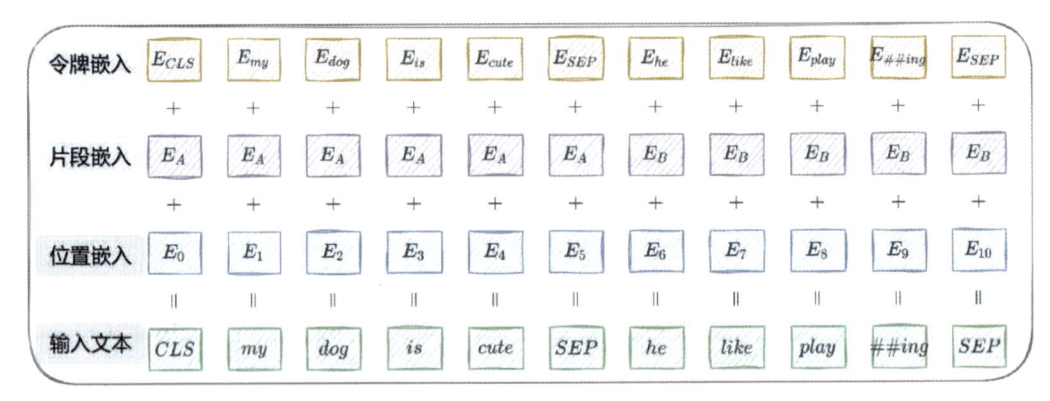

图2-33　文本数据在Bert模型中的Embedding过程

在经过Embedding后，Bert模型进入Transformer结构模块。如图2-34所示，运营者可以清晰地发现，Bert的Transformer中间结构是"多向"的，即每个时间节点（1，2，3，4）进入的词向量会在将要输出的节点（A，B，C，D）中经过，通过这种训练方式，模型的每个输出节点均可以关注到上下文所有单词的信息，从而拥有了记忆能力。

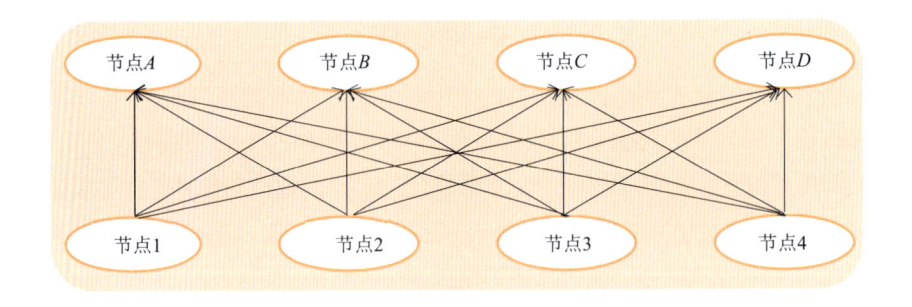

图2-34　Transformer模块结构

最终Bert模型将根据不同的任务选择相对应的输出方式，从而满足业务需求。比如：

文本分类任务： 对于文本分类任务，Bert模型在文本前插入一个[CLS]符号，并将该符号对应的输出向量作为整篇文本的语义表示，就可用于文本分类。运营者可以理解为，与文本中已有的其他字或者词相比，这个无明显语义信息的符号会更"公平"地融合文本中各个字/词的语义信息，从而用于文本分类。

语句对匹配任务： 该任务的实际应用场景包括问答（判断问题与答案是否匹配）、语句匹配（判断两句话是否表达同一含义）等。对于该任务，Bert模型除了添加[CLS]符号并将对应的输出作为文本的语义表示，还对输入的两句话用一个[SEP]符号作分割，并分别对两句话附加两个不同的文本向量以作区分，最终基于[CLS]符号对应的输出向量判断语句对匹配。

序列标注任务： 该任务的实际应用场景包括中文分词、新词发现（标注每个字是词的首字、中间字或末字)、答案抽取(答案的起止位置)等。对于该任务，Bert模型利用文本中每个字对应的输出向量对该字进行标注(识别)。

运营者可以认识到，Bert模型具有很好的可扩展性和灵活性，可用于多种文本分析的业务场景。同时，Bert还可以在多种语言和任务上进行应用，可以跨越语言的障碍。

4．智能识别建模流程解析

（1）需求分析

需求分析是数据分析的第一步，是确认探索过程和最终结果"要做什么"的必经之路，该步骤往往关系到整个探索过程的效率甚至成败。需求分析的首要任务，即是解决"做什么"的问题，就是要全面理解各项业务要求，并准确地、具有实操性地表达所接受的需求。具体来说，需求分析就是分析运营者要达到什么样的目标，如果投入大量的人力、物力、财力、时间，开发出的模型或者系统却无人问津，那么所有的投入都是徒劳的。因此，建议在需求分析阶段，多问自己几个问题，其思维导图如图2-35所示。

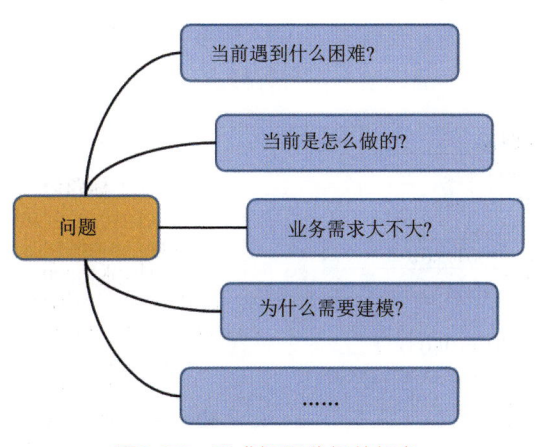

图2-35　需求问题分析的视角

在本研究中，运营者的需求是基于亚马逊官方提供的搜索排名靠前的5万条ABA搜索词文本数据，以及搜索文本对应的商品主体关键词标签，通过构建一套机器学习模型，实现对标题中的关键词智能打标签，从而帮助用户深入了解亚马逊商品买卖双方的用词、搜词习惯及偏好，更高效地辅助解决SEM的选词、SEO的识别及推词功能等问题，提高商品的曝光率。

（2）数据预处理

在明确需求后，下一步数据分析的关键是数据的预处理工作。因为现实世界中数据大体上都是不完整、不一致的脏数据，无法直接进行数据挖掘，或者挖掘结果差强人意。脏数据产生的主要成因包括：篡改数据、数据不完整、数据不一致、数据重复、异常数据等。为了提高模型构建的效果，数据预处理是十分必要的，常见的数据预处理办法如图2-36所示。

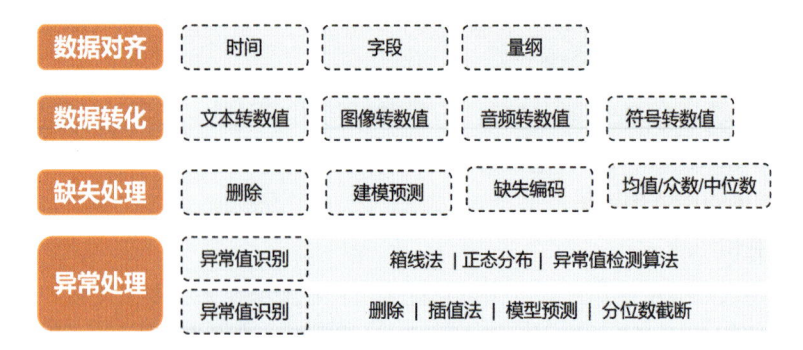

图2-36　常见数据预处理方法

在本次研究中，运营者对亚马逊商品标题文本进行了预处理操作，将数据集中重复的、空缺的、乱码的文本均进行提炼和删除操作，同时对标题数据进行数据转化，将其从文本转化成数值化的向量形式，为后续的特征工程和模型构建环节打好基础。

例如，如图2-37展示了部分运营者对ABA搜索词文本数据（图中命名为"标题词"）预处理的前后情况，表2-1为商品标题中英文解释。

图2-37　商品标题数据预处理前后过程

表2-1　商品标题中英文解释

英文	中文
protein drinks	蛋白质饮料
craftsman tool set	工匠工具套装
thinking putty	创意橡皮泥
cr123a 3v lithium battery	cr123a 3v 锂电池
ascade platinum dishwasher pods	亮碟白金洗碗凝珠

续表

英文	中文
samsung galaxy s20	三星 Galaxy S20
aplenty	大量、丰富地
xbox series x accessories	Xbox Series X 配件
wall mount tv bracket	壁挂电视支架
small desks for small spaces	适合小空间的小书桌

（3）特征工程

在完成数据预处理后，运营者将进入特征工程环节，该环节的目的是将原始数据中的有用信息进行提炼，以更加方便、高效的形式放入模型。特征工程一般指的是利用领域知识和现有数据，创造出新的特征，使得特征能在机器学习算法上发挥更好作用的过程。

在业界有一个很流行的说法：数据与特征工程决定了模型的上限，改进算法只不过是逼近这个上限而已。这是因为，在数据建模上，理想状态和真实场景是有差别的，很多时候原始数据并不是规矩干净含义明确充分的形态，而特征工程处理，相当于对数据做一个梳理，结合业务提取有意义的信息，以干净整齐的形态进行组织。

本章在这个环节主要采用了文本向量化的处理方式，将标题文本转化成由一串数值组成的向量。具体的，运营者会将所有文本转化成0/1的词向量形式，向量的维度是词汇量的个数。

例如商品标题"long sweater dress"会被拆分成"long ""sweater ""dress"等。其中，词库有10个单词，假如"long"一词在词库处于第二个位置，则它的词向量表示为一个十维的向量，向量在第二个位置为1，其他位置为0。最后，将词向量统一输入模型中。

在整个模型的参数优化过程中，运营者会使用到已经标注了关键词标题文本数据。然后根据关键词在各个标题文本中的所在的位置，运营者形成相应的标签向量。例如，商品标题"merry and bright sweatshirt"（欢乐明快的运动衫）中，有4个单词，运营者首先会形成一个四维向量；然后，"sweatshirt"是运营者要识别的关键词，且其在标题中的位置为4，所以运营者会在标签中的第四个维度标注1，即[0,0,0,1]。

在运营者为每一个标题文本构建对应的向量后，由于不同的标题中会存在不同的单词数量，从而造成标题向量的长度不一致。例如有的单词数量是5个，对应构建的向量有五维，以此类推。但是，输到模型中数据在维度上需要保持一致，所以运营者会将所有的向量统一长度，以最长的向量为基准，其他的向量采用0补足剩余的向量维度。假设长度为7，对于"merry and bright sweatshirt"这一标题，则构建形式应为：[0,0,0,1,0,0,0]。

这些向量将作为模型的标签数据，用以训练和优化模型。部分数据特征工程代码如图2-38所示，运营者首先会读取标题数据，之后对样本进行标注，最后清理样本集，以便更好地进行模型训练。

```python
### 清理样本, 样本打标, 训练集&评估集
with open(filename_v2, "r", encoding='gbk') as f:
    lines = f.readlines()[1:]  # 去掉第一行标题
    first_split_words_null_cnt = 0
    first_split_words_not_in_search_words_cnt = 0
    search_words_not_en = 0
    search_word_cnt = len(lines)
    labels = []
    words = []
    words_and_labels = []
    for line in lines:
        search_words = line.split("\t")[search_word_index].split()
        first_split_words = line.split("\t")[first_split_word_index].split()
        label = []
        # 没有一次拆词的搜索词去除, 并跳过
        if len(first_split_words) == 0:
            first_split_words_null_cnt += 1
            continue
        for i, word in enumerate(search_words):
            # 单复数
            if word in first_split_words:
                label.append(1)
            elif (word[:-1] in first_split_words) or ((word + 's') in first_split_words) \
                    or (word[:-2] in first_split_words) or (word + "es" in first_split_words):
                label.append(1)
```

图2-38　部分数据特征工程处理代码

（4）模型构建

完成数据特征工程后就是正式编写程序脚本并运行。针对不同的问题，运营者需要挑选最合适的模型算法。另外，数据样本和信息量，数据本身的形式及特点，这些都决定了最终选择哪一种模型算法。总体来说，编程建模人员要求具有良好的编码能力，将模型落实到程序脚本的能力，同时还需要使用顺手的编程工具和算法。模型训练过程如图2-39所示。

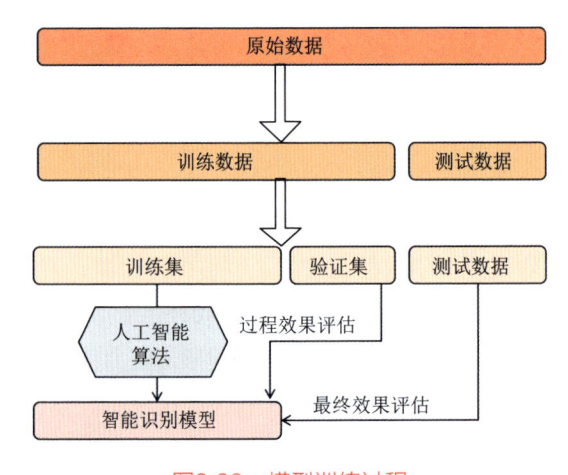

图2-39　模型训练过程

运营者本次采用的主要是RNN和Bert两种方法进行模型构建。首先，将5万条ABA搜索词原始数据按照9:1的比例划分出训练数据和测试数据，其中训练数据中一部分将被用于训练模型，剩下的将作为验证数据模型训练过程中的效果进行评估，而测试数据将作为最终的模型效果评估数。

以如图2-40所示的两行代码以创建Bert模型为例，将所需的模型参数加载进来。

```python
from transformers import BertModel
model = BertModel.from_pretrained("bert-base-Chinese")
```

图2-40　创建Bert模型

BertModel在PyTorch框架下属于torch.nn.Module这个类，BertModel里的forward()方法实现了将商品标题文本词语转化为词向量，再将词向量数传入多层的Transformer结构进行复杂的变换。forward()方法的入参有input_ids、attention_mask、token_type_ids等，如图2-41所示。

```python
bert_output = model(input_ids=batch['input_ids'])
```

图2-41　获取Bert模型输出

在得到Bert模型预训练的输出结果后，可以进行很多下游任务，比如单文本分类、文本识别、命名实体识别等。在Python语言工具库中有一个叫作transformers的库提供了相应的功能，如图2-42所示。

```python
class BertForSequenceClassification(BertPreTrainedModel):
    def __init__(self, config):
        super().__init__(config)
        self.num_labels = config.num_labels
        self.config = config

        self.bert = BertModel(config)
        classifier_dropout = ...
        self.dropout = nn.Dropout(classifier_dropout)
        self.classifier = nn.Linear(config.hidden_size, config.num_labels)

        ...

    def forward(
        ...
    ):
        ...

        outputs = self.bert(...)
        pooled_output = outputs[1]
        pooled_output = self.dropout(pooled_output)
        logits = self.classifier(pooled_output)
        ...
```

图2-42　用Bert进行分类的代码结构示例

在上述这段代码中,"BertForSequenceClassification"在"BertModel"基础上,增加了更复杂的架构。在预测时,可将"BertModel"的输出放入"nn.Linear",即可完成一个分类任务,通常需要经过适当的处理和进一步的操作除了"BertForSequenceClassification",还有"BertForQuestionAnswering"工具用于问答,"BertForTokenClassification"工具用于序列标注,比如命名实体识别等。"transformers"工具包中还有很多其他参数设置,可以访问相关的API文档查看使用方法。

运营者在模型训练过程中,使用了"BertForTokenClassification"来进行模型训练。为了更好地观测模型效果的变化,会对通过代码实现模型的可视化,即将模型中途的精度和模型训练误差定期输出来,相关代码和中间输出结果如图2-43所示。

```python
#模型训练可视化
start_time = time.time()
print("Loading data...")
print("Loading data...")
vocab, train_data, dev_data, test_data = build_dataset(config, args.word)
print("len(dev_data): {}".format(len(dev_data)))
train_iter = build_iterator(train_data, config)
dev_iter = build_iterator(dev_data, config)
test_iter = build_test_iterator(test_data, config)
time_dif = get_time_dif(start_time)
print("Time usage:", time_dif)

#模型主体调用
config.n_vocab = len(vocab)
model = x.Model(config).to(config.device)
if model_name != 'Transformer':
    init_network(model)

#模型参数输出
print(model.parameters)
train(config, model, train_iter, dev_iter, test_iter)
```

图2-43　模型主体调用和可视化模块代码

在图2-44中展示出模型的中途效果相关参数,如Iter表示模型训练已经当前迭代的次数,Train相关的指标参数表示模型在训练数据上的表现效果,如模型预测值与真实值之间的差距、模型的预测精度等,Val效果的指标参数则表示模型在验证数据集上的表现,最后与Time相关的则表示训练总体和当前周期训练的时间长度等。

```
Iter:    2300,
Train Loss: 0.054,  Train Acc: 98.12%,  Train Pos Acc: 98.91%,  Train Neg Acc: 97.35%,
Val Loss:  0.59,  Val Acc: 84.03%,  Val Pos Acc: 83.14%,  Val Neg Acc: 84.91%,
Time: 0:07:42 , Time usage: 0:00:21
```

图2-44　模型中途效果可视化展示示例

（5）评估和优化

在完成模型训练后，为了评价模型效果，需要引入精炼而有效的评价指标。性能度量是衡量模型泛化能力的数值评价标准，反映了当前问题，使用不同的性能度量可能会导致不同的评判结果。运营者采用了Accuracy来衡量模型的效果，其中Train Acc是模型在训练集数据上的效果精度，Val Acc是在验证集上的模型运行过程中的精度、Test Acc是模型最终在测试数据上的精度，见表2-2。

表2-2 RNN和Bert模型的效果示例

Algorithm	Train Acc	Val Acc	Test Acc
RNN	99.1%	86.3%	51.3%
Bert	99.5%	88.9%	62.3%

从表2-2可以看出，基于少量按样例数据上训练出来的RNN和Bert两个模型，在识别效果测试集上的精度达到了50%之上。模型的真实效果在实际中，通过增加数据集和调整参数进行优化后可以进一步提升效果。

5．模型的效果及其拓展性

（1）示例模型的效果分析

基于RNN和Bert模型，运营者实现了对亚马逊商品标题的关键词自动识别的功能，通过批量将文本输入到模型中，模型可以逐一输出对每个标题的关键词识别结果，见表2-3。

表2-3 ABA搜索词（图中命名为"标题词"）的识别结果

标题词	识别结果
protein drinks	drinks
craftsman tool set	tool
thinking putty	putty
crl23a 3v lithium battery	battery
cascade platinum dishwasher pods	platinum dishwasher pods
samsung galaxy s20	samsung
aplenty	aplenty
xbox series x accessories	xbox
wall mount tv bracket	tv bracket
small desks for small spaces	desks

从表2-3中可以看出，模型成功地将部分标题词中的关键词识别出来了，例如"cr123a 3v lithium battery"中的关键词"battery"、"samsung galaxy s20"中的关键词"samsung" "small desks for small spaces"中的关键词"desks"等。但是，模型对于某些标题的识别精度还不够准确，模型效果有待进一步提高。

（2）模型功能的可拓展性和进阶性

由于业务需求和数据分析技术分析都是不断更新的，构建的模型本身是具有一定的时效性，需要根据实际需求，以业务为导向持续地提升模型功能和表现效果，一般考虑从以下两个方面进行拓展和优化：一是功能点范围的拓展；二是模型性能的优化。

1 功能的拓展

在本次模型构建过程中，是以单个标签的识别为业务导向，模型主要是为了识别商品标题文本中的关键词，未识别品牌名称、修饰词名称。未来的模型优化方向之一就是功能的拓展，实现从单个标签的识别升级到多标签识别，在识别标题文本关键词的同时还能对其他关注的词语进行识别，大幅提升模型的识别功能和范围。

2 性能的优化

在模型效果分析过程中，运营者发现本章所展示的模型案例效果还不够理想。在实际产品中，运营者还可对模型的性能进行优化，包括单次模型的训练时间、模型的识别精度。

在改进优化效果的方法上，运营者一方面通过改变模型的结构复杂度、增加数据训练体量和时间长度，从而提高模型识别精度；另一方面根据需求升级软硬件基础设施，提高设备的计算能力，缩短单次训练模型所需要的时间。

在此基础上，建议运营者还要着重记录并保存每一次未优化完全的结果，并多加思考逐步优化至最优的详细路径，进行总结。这样的好处一是可有效优化，同时为该模型后续可能发生的下一步优化打好基础；二是人工智能技术的应用其实多是相通的，尤其是逻辑想法层面，记录下每一次的记录并总结可使得未来其他的探索研究工作事半功倍。

总体来说，文本智能标注是具备较强的业务有效性的，能够较好地结合亚马逊跨境电商的场景，对商品搜索词进行快速识别，大大提高业务人员分析效率。值得注意的是，本章所展示的模型效果仅仅是基于少量样本和基础算法，实际的模型效果在其基准上有更大的精度和更宽的功能范围。

下面笔者将会结合ChatGPT的打标方法做案例讲解，读者可以结合自身技术与需求，自行判断哪类打标方法更适合企业的业务发展。

2.2.3 ChatGPT与相关工具打标

1．ChatGPT打标

很多运营者已经开始使用ChatGPT作为自己日常使用的工具，无论是帮助分析review，还是生成五点描述或者A+文案，ChatGPT的功能都可以满足。考虑到很多ChatGPT的应用都需要使用者拥有较高的prompt能力，因此，本节将尽可能弱化prompt的复杂度，把更多的重心放在标签的自动梳理和应用上。

（1）ChatGPT对listing标题打标

在进行标题打标前，运营者首先需要采集一定量的标题文本集，具体文本集中的标题数量取决于业务的应用目的。举例而言，假设运营者现在需要从10个关键词中筛选出最适合自己产品卖点的关键词，可以把10个关键词依次输到亚马逊搜索引擎中，然后使用如"后羿""八爪鱼""爬山虎"一类的采集工具抓取搜索排序前100个listing的标题，再对这些标题不同卖点词的出现频率进行统计，最终挑选出与自身产品核心卖点最适配的关键词。

在具体操作中，以服装品类中的子品类——女装裙子为例，先采集100个标题后，在ChatGPT中输入如下prompt语句：

输入prompt

这是10个亚马逊的商品标题：

1.Women's Surplice Dress (Available in Plus Size), Black, Medium

2.Women's Wrap V Neck Short Flared Sleeve Wedding Guest Dress Smocked Elastic Waist Tiered Belted Ruffle Hem Mini Dress

3.Women's Striped Sleeveless Collar V Neck High Waist A Line Ruffle Long Dress Tiered Summer Dress

4.Women's Floral Print Chiffon A-Line Mini Dress Long Peasant Sleeves

5.Women's 2023 Summer Short Sleeve V-Neck Dress Floral Print A Line Casual Long Dresses Swing

6.Women's 2023 Summer Casual Flutter Short Sleeve Crew Neck Smocked Elastic Waist Tiered Midi Dress

7.Women's 2023 Summer Ruched Bodycon Dress Sleeveless One Shoulder Wrap Satin Belted Cocktail Midi Dress

8.Women's Casual V Neck Long Sleeve Smocked High Waist Ruffle A Line Tiered Mini Dress

9.Women's Summer Pleated Midi Dress Wrap V Neck Puff Sleeve Casual Chiffon A Line Flowy Dresses

10.Women Summer Dresses 2023 Spaghetti Strap Scoop Neck Smocked Ruffle Flowy Boho Maxi Dress

请把其中涉及领口款式、袖口款式、适配场景、风格（例如fall，fashion等）、颜色、尺寸、材质、制作工艺的英文单词或者词组进行归类，并帮我统计出领口款式、袖口款式、适配场景、风格、颜色、尺寸各个英文单词或者词组在100个标题出现的比例（比如领口款式"v neck"在10个标题中出现了，那么出现比例为10%），需要注意的是，如果有些卖点在语义上是近似关系，可以把它们归为一类（例如v neck, deep v neck, wrap v neck可以归为一类，knit与knitted可以归为一类）。

> **中文**

10个亚马逊的商品标题：
1. 女士斜襟连衣裙（有加大码可选），黑色，中号。
2. 女士裹身V领短喇叭袖婚礼宾客连衣裙，腰部有褶裥松紧带，系分层腰带，裙摆带褶边，为迷你连衣裙。
3. 女士条纹无袖立领V领高腰A字摆褶边长裙，是夏季分层连衣裙。
4. 女士印花雪纺A字摆迷你连衣裙，带有长款农妇袖。
5. 女士2023年夏季短袖V领印花A字摆休闲长款摇曳连衣裙。
6. 女士2023年夏季休闲褶边短袖圆领、腰部有褶裥松紧带的分层中长连衣裙。
7. 女士2023年夏季褶裥紧身连衣裙，无袖单肩，裹身缎面系腰带鸡尾酒会中长连衣裙。
8. 女士休闲V领长袖、腰部有褶裥的高腰褶边A字摆分层迷你连衣裙。
9. 女士夏季褶裥中长连衣裙，裹身V领泡泡袖，休闲雪纺A字摆飘逸连衣裙。
10. 女士2023年夏季细肩带深领口、有褶裥褶边的波希米亚风飘逸长款连衣裙。

ChatGPT在处理完信息后，会回复内容并整理成表2-4（无论选择ChatGPT 3.5，还是ChatGPT 4.0，都得到相似的回复，只是4.0的统计数据更精准）。

表2-4　ChatGPT内容整理

领口款式	袖口款式	适配场景	风格	颜色	尺寸	材质	制作工艺
V	Short	Wedding	Boho	Black	Plus size	Chiffon	Belted
Deep	Long	Cocktail	Floral print	Navy	Medium	Satin	Smocked
Wrap	Puff	Work	Ruffle	White	1X	French Terry	Ruched
Square	Flutter	Casual	Tiered	Red	S-XL	Velvet	Wrap
Scoop	Cap	Beach	Smocked	Pink	3X	Lace	Pleated
Crew		Bridesmaid	Pleated	Blue		Corduroy	Drawstring
High		Summer	Bodycon	Green		Vegan leather	Button down
Mock		Fall	Swing	Yellow		Cotton	Knit
Sweetheart		Date	A-line	Purple			Ribbed
Halter			Midi	Floral			Elastic waist
			Maxi				Tiered
			Mini				
			Elegant				
			Vintage				
			Sexy				

统计结果见表2-5（出现比例为百分比）：

表2-5 统计结果（百分比）

类型	卖点词出现比例	类型	卖点词出现比例
①领口款式	V: 15%	⑤颜色	Black: 9%
	Deep: 8%		Navy: 3%
	Wrap: 6%		White: 1%
	Square: 1%		Red: 1%
	Scoop: 3%		Pink: 1%
	Crew: 10%		Blue: 2%
	High: 1%		Green: 1%
	Mock: 1%		Yellow: 1%
	Sweetheart: 1%		Purple: 1%
	Halter: 2%		Floral: 4%
②袖口款式	Short: 18%	⑥尺寸	Plus size: 4%
	Long: 17%		Medium: 2%
	Puff: 9%		1X: 1%
	Flutter: 5%		S-XL: 5%
	Cap: 1%		3X: 1%
③适配场景	Wedding: 3%	⑦材质	Chiffon: 3%
	Cocktail: 6%		Satin: 3%
	Work: 3%		French Terry: 1%
	Casual: 10%		Velvet: 2%
	Beach: 2%		Lace: 4%
	Bridesmaid: 2%		Corduroy: 2%
	Summer: 12%		Vegan leather: 1%
	Fall: 5%		Cotton: 1%
	Date: 2%		
④风格	Boho: 6%	⑧制作工艺	Belted: 5%
	Floral print: 11%		Smocked: 4%
	Ruffle: 12%		Ruched: 3%
	Tiered: 11%		Wrap: 3%
	Smocked: 5%		Pleated: 4%
	Pleated: 6%		Drawstring: 3%
	Bodycon: 4%		Button down: 3%
	Swing: 6%		Knit: 3%
	A-line: 5%		Ribbed: 2%
	Midi: 9%		Elastic waist: 3%
	Maxi: 11%		Tiered: 5%
	Mini: 4%		
	Elegant: 5%		
	Vintage: 1%		
	Sexy: 3%		

由上述内容可以看到，ChatGPT可以有效地对listing标题集合做各类卖点出现频率的分析，运营者可以用上述prompt语句对不同关键词的搜索结果标题进行分析。销售的裙子类产品的核心卖点是波希米亚风格（boho），如果10个关键词搜索结果下，boho出现的比例分别为1%、5%、3%、6%、2%、0、2%、1%、7%、6%，出现比例5%及以上的关键词可重点考虑，剩下的则可放弃。

除了对卖点出现频率进行标注外，ChatGPT还可以帮助运营者对不同关键词在标题里出现的位置进行标注。

> 输入prompt

这是14个亚马逊的商品标题，标号分别为1~14：

①Women's Surplice Dress (Available in Plus Size), Black, Medium

②Women's Wrap V Neck Short Flared Sleeve Wedding Guest Dress Smocked Elastic Waist Tiered Belted Ruffle Hem Mini Dress

③Women's Striped Sleeveless Collar V Neck High Waist A Line Ruffle Long Dress Tiered Summer Dress

④Women's Floral Print Chiffon A-Line Mini Dress Long Peasant Sleeves

⑤Women's 2023 Summer Short Sleeve V-Neck Dress Floral Print A Line Casual Long Dresses Swing

⑥Women's 2023 Summer Casual Flutter Short Sleeve Crew Neck Smocked Elastic Waist Tiered Midi Dress

⑦Women's 2023 Summer Ruched Bodycon Dress Sleeveless One Shoulder Wrap Satin Belted Cocktail Midi Dress

⑧Women's Casual V Neck Long Sleeve Smocked High Waist Ruffle A Line Tiered Mini Dress

⑨Women's Summer Pleated Midi Dress Wrap V Neck Puff Sleeve Casual Chiffon A Line Flowy Dresses

⑩Women Summer Dresses 2023 Spaghetti Strap Scoop Neck Smocked Ruffle Flowy Boho Maxi Dress

⑪Women's Relaxed Fit French Terry Blouson Sleeve Crewneck Sweatshirt Dress (Available in Plus Size)

⑫Women's 2023 Floral Boho Dress Wrap V Neck Short Sleeve Belted Ruffle Hem A-Line Flowy Maxi Dresses

⑬Women's Ruched Midi Dress Off Shoulder Long Sleeve Asymmetrical Draped Wrap Bodycon Cocktail Dresses

⑭Women's Surplice Dress (Available in Plus Size), Navy, 1X

请把其中涉及领口款式、袖口款式、适配场景、风格（例如fall, fashion等）、颜色、尺寸、材质、制作工艺的英文单词或者词组的出现位置进行分析，并帮我统计出领口款式，袖口款式，适配场景，风格，颜色，尺寸各个英文单词或词组，在14个标题中不同位置出现的次数，出现位置的定义是：每个标题前4个单词为"靠前位"，每个标题第5~10个单词为"中间位"，每个标题第11个单词及之后位置为"靠后位"，在第1号标题"Women's Surplice Dress (Available in Plus Size), Black, Medium"中，"Women's Surplice Dress (Available"为"靠前位"，in Plus Size), Black, Medium"为"中间位"，该标题没有"靠后位"。

中文

①女士斜襟连衣裙（有加大码可选），黑色，中号。

②女士裹身V领短喇叭袖婚礼宾客连衣裙，腰部褶裥有松紧带，系分层腰带，裙摆带褶边，迷你连衣裙。

③女士条纹无袖立领V领高腰A字摆褶边长裙，夏季分层连衣裙。

④女士印花雪纺A字摆迷你连衣裙，长款农妇袖。

⑤女士2023年夏季短袖V领印花A字摆休闲长款摇曳连衣裙。

⑥女士2023年夏季休闲褶边短袖圆领褶裥松紧带腰部分层中长连衣裙。

⑦女士2023年夏季褶裥紧身连衣裙，无袖单肩，裹身缎面系腰带鸡尾酒中长连衣裙。

⑧女士休闲V领长袖褶裥高腰褶边A字摆分层迷你连衣裙。

⑨女士夏季褶裥中长连衣裙，裹身V领泡泡袖，休闲雪纺A字摆飘逸连衣裙。

⑩女士2023年夏季细肩带深领口褶裥褶边波希米亚风飘逸长款连衣裙。

⑪女士宽松版型法式毛圈布泡泡袖圆领运动衫连衣裙（有加大码可选）。

⑫女士2023年印花波希米亚风连衣裙，裹身V领短袖，系腰带，裙摆带褶边，A字摆飘逸长款连衣裙。

⑬女士褶裥中长连衣裙，露肩长袖，不对称褶皱裹身紧身鸡尾酒会连衣裙。

⑭女士斜襟连衣裙（有加大码可选），藏青色，1X码。

按照该定义，领口款式"v neck"在14个标题中出现了6次，分别在第2、3、5、8、9、12号标题中出现，6次中有2次是在标题前4个单词，分别为2、8号标题，有4次是在标题的5~10个单词，分别为3、5、9、12号标题，有0次是标题的11个单词及之后位置，那么"v neck"的"靠前位"次数为2，"中间位"次数为4，"靠后位"次数为0，需要注意的是，如果有些卖点在语义上是近似关系，可以把它们归为一类（例如v neck, deep v neck, wrap v neck可以归为一类，knit与knitted可以归为一类）。

ChatGPT在处理完信息后，会回复对标签所处位置的分析。

ChatGPT输出

根据您提供的要求，下面是对各个英文单词或词组在14个商品标题中不同位置出现的次数的统计结果：

①领口款式：

"V Neck"：靠前位2次，中间位4次，靠后位0次；

"Surplice"：靠前位2次，中间位0次，靠后位0次；

"Wrap V Neck"：靠前位0次，中间位0次，靠后位1次；

"Scoop Neck"：靠前位0次，中间位0次，靠后位1次；

"Off Shoulder"：靠前位0次，中间位1次，靠后位0次；

"Crew Neck"：靠前位0次，中间位1次，靠后位0次。

②袖口款式：

"Short Flared Sleeve"：靠前位0次，中间位1次，靠后位0次；

"Peasant Sleeves"：靠前位0次，中间位1次，靠后位0次；

"Puff Sleeve"：靠前位0次，中间位1次，靠后位0次；

"Blouson Sleeve"：靠前位0次，中间位1次，靠后位0次；

"Long Sleeve"：靠前位0次，中间位0次，靠后位1次。

③适配场景：

"Wedding Guest Dress"：靠前位0次，中间位1次，靠后位0次；

"Summer Dress"：靠前位0次，中间位2次，靠后位0次；

"Casual Dress"：靠前位0次，中间位1次，靠后位0次；

"Cocktail Dress"：靠前位0次，中间位1次，靠后位0次；

"Boho Maxi Dress"：靠前位0次，中间位1次，靠后位0次；

"Sweatshirt Dress"：靠前位0次，中间位0次，靠后位1次。

④风格：

"Floral Print"：靠前位0次，中间位2次，靠后位0次；

"Ruffle"：靠前位0次，中间位3次，靠后位0次；

"Smocked"：靠前位0次，中间位3次，靠后位0次；

"Tiered"：靠前位0次，中间位4次，靠后位0次；

"Flowy"：靠前位0次，中间位1次，靠后位0次；

"French Terry"：靠前位0次，中间位0次，靠后位1次；

"Boho"：靠前位0次，中间位1次，靠后位0次。

⑤颜色：

"Black"：靠前位1次，中间位0次，靠后位0次；

> "Navy"：靠前位0次，中间位0次，靠后位1次。
> ⑥尺寸：
> "Medium"：靠前位1次，中间位0次，靠后位0次；
> "Plus Size"：靠前位2次，中间位0次，靠后位1次；
> "1X"：靠前位0次，中间位0次，靠后位1次。

需要注意的是，这里没有涉及材质和制作工艺的单词或词组。

由此可见，ChatGPT可以有效读取每个listing标题中的文本，并把不同卖点标签根据所处的位置进行标注和统计，从而帮助运营者判断卖点词在标题里应该放置的区域（关于更多listing标题优化的细节内容，读者可查阅本书第6章）。

除了标签比例的识别、标签位置的判断，读者还可以使用ChatGPT尝试更多自定义的标签应用，在指定prompt语句的时候，需要注意以下几点：

1 给ChatGPT的定义需要非常明确。比如业务中常见的一些术语（"卖点词""词根""长尾词"等），需要向ChatGPT用相对或者绝对指标定义术语，如笔者在上文标签出现比例统计案例中提及的"领口款式、袖口款式、适配场景、风格（例如fall，fashion等）、颜色、尺寸、材质、制作工艺"就帮助GPT理解了什么是卖点。

2 为了确保ChatGPT的分析方向正确，需要向其举例分析的流程或方法。比如在上文标签出现位置统计案例中提及的领口款式"v neck"在14个标题中出现了6次，分别在第2、3、5、8、9、12号标题中出现，6次中有2次是在标题前4个单词，分别为2、8号标题，有4次是在标题的5~10个单词，分别为3、5、9、12号标题，有0次是标题的11个单词及之后位置，那么"v neck"的"靠前位"次数为2，"中间位"次数为4，"靠后位"次数为0就帮助GPT理解了如何分析每个标签具体位置的次数。

3 ChatGPT的prompt工程是一个不断迭代、循序渐进的过程。如果一开始GPT的回复不如预期，运营者可以先把GPT的版本切换到4.0版本，然后再进行测试，若结果还不尽如人意，就需要调整prompt语句的内容，例如优化定义，或者向ChatGPT提供更多的案例介绍。

类似的prompt语言，可以应用在如ABA搜索词、后台关键词、广告投放词等多种文本内容上，只要是文本类内容，且分析的目的相似（例如关键词打标，标签归类统计，标签位置判断等），ChatGPT的prompt语句都是基本通用的，只需要略微调整prompt中的细节即可。

（2）ChatGPT对review打标

在之前的章节中，已经提及review文本分析的重要性，且介绍如VOC的review分析工具，在本节中将会介绍一些实操的prompt方法。

亚马逊review分析不同于标题分析，因为每次ChatGPT输入的信息量有限（虽然输入量在陆续增加，但是有些listing的review动辄几千个，ChatGPT很难一次性能处理这么大信息），所以可以使用一些技巧对review内容进行分批处理。举例而言，在进行review分析前，可以先用prompt语句告知ChatGPT要做什么（这里使用英语作为prompt语句，读者也可使用中文）。

> **输入prompt**
>
> Abstract the keywords from the reviews, and generate a summarized, bulleted voice of customers from the following aspects.
> - Usage scenario,
> - Purchase motivation,
> - Advantages,
> - Disadvantages,
> - Unresolved issues.
>
> Say "I understand" and wait for the reviews.

> **中文**
>
> 从评论中提取关键词，生成一个总结性的、以项目符号形式呈现的客户声明。
> - 使用场景；
> - 购买动机；
> - 优点；
> - 缺点；
> - 未解决的问题。
>
> 回复"我明白"，然后等待评论内容。

为了确认ChatGPT理解了自身的任务，可以在prompt语句最后加一句Say "I understand" and wait for the reviews.（说"我明白"，然后等待反馈），ChatGPT在处理完信息后，会回复信息。

> **ChatGPT输出**
>
> I understand. Please provide the reviews so that I can generate a summarized voice of customers based on the given aspects.

> **中文**
>
> 我明白。请提供评论内容，以便我根据给定的方面生成客户声明的总结。

之后，就可以在以上对话的基础上，向ChatGPT输入相关的review文本（具体review文本的采集方法，已经在上文2.1.3节中讲述），并在每段review的开头用数字标注好（例如1，2，3…），如下为8条为亚马逊平台上采集的review信息。

1. I got this dress for a wedding and I loved it! The wedding was during a warmer fall day and it was breathable enough to keep me cool in the sun, but the long sleeves were nice for the cool evening. I'm a medium and curvier and it fits true to size. It did come a little wrinkled, but nothing ironing didn't fix. Color matched the picture too! The material other than the sleeves is doubled up and thick enough so it's not shear by any means. Would definitely get other colors as well! The only reason why I'm not giving 5 stars is because I wish the elastic band around the waist was a little more snug because I'm more hourglass shaped. But I could've maybe gotten away with ordering a size down to fix that. And the tie helped with support that as well. Overall great dress!

2. This was used for beach pictures after our wedding.

3. This is a beautiful dress with a liner. It would be great for date night or maybe a casual wedding. Definitely not beach wear.

This would be better for someone with broader shoulders. I think it would have been better if I had bought a size smaller than my regular size.

4. The dress is made of a light, breathable material. It's comfortable to wear. The Yellow is not the same shade as shown, its a little deeper in color.

5. I was very afraid that the back would show everything I didn't want out but it smoothed very well! It was all about placement of the skirt. I ordered beige and it has extra fabric in the chest to keep it from being see through. My only complaint is the fabric feels cheap for the price.

6. I loved this dress. I'm curvy, 5"4 about 250 (XXL) and always worry about ordering clothes online but I had no time to shop with my graduation just being days away. The dress came quickly and just needed a quick steam to get out all the wrinkles. I was able to go without a bra and nude underwear. It wasn't too sheer and the back hid all my rolls. Lol. I only didn't give it 5 starts because the end of the sleeves were tight and after wearing this all day it was beginning to hurt. Other than that it was perfect!

7. I like this dress overall, it is good quality and very comfortable. I did feel like it didn't look like or fit the way it's shown in the pictures.

I ordered a S and it was pretty loose on me, so I would have ordered an XS if that was an option (I am 5'3" 125lbs)

8. Bought this dress for my daughter and it is really nice quality, it's just color is kind of boring in the Tan. I would highly recommend this dress in a different color . It fit true to size and easy care.

中文

1. 我买这条裙子是为了参加一场婚礼,我很喜欢它!婚礼那天是较为暖和的秋日,这条裙子透气性很好,让我在阳光下也能保持凉爽,而长袖在凉爽的夜晚又正合适。我身材中等且比较有曲线,它的尺码很合身。裙子送来的时候有点皱,但用熨斗一熨就好了。颜色也和图片相符!除了袖子部分,裙子的面料是双层的,足够厚实,完全不会透。我肯定还会买其他颜色的!我没给它打五星的唯一原因是,我希望腰部的松紧带能再紧一点,因为我的身材更接近沙漏形。不过我当时或许可以买小一码来解决这个问题,而且那条系带也有助于改善这个情况。总体来说,这条裙子很棒!

2. 这是我们婚礼后用于拍沙滩照的。

3. 这是一条带衬里的漂亮裙子。它很适合约会之夜,或者一场休闲的婚礼。绝对不适合当作沙滩装穿。它更适合肩膀较宽的人穿。我觉得如果我买比平时穿的尺码小一号的话,会更合适。

4. 这条裙子是用轻薄、透气的面料制成的。穿着很舒服。黄色的色调和展示的不一样,颜色要深一点。

5. 我之前很担心后背会把我不想露出来的地方都暴露出来,但实际上它遮盖得很好!关键在于裙摆的摆放位置。我订购的是米色的,胸部那里有额外的布料,防止走光。我唯一不满的地方就是就这个价格来说,面料感觉有点廉价。

6. 我很喜欢这条裙子。我身材有曲线,身高5英尺4英寸(约162.6厘米),体重约250磅(约113.4千克),穿XXL码,我一直担心在网上买衣服,不过当时离我毕业典礼没几天了,我没时间去逛街购物。裙子很快就送到了,只需快速用蒸汽熨斗熨一下就能把所有褶皱去掉。我不穿胸罩、穿肉色内衣也没问题。裙子不是太透,后背也能把我身上的赘肉都遮住了。哈哈。我没给它打五星的唯一原因是袖口有点紧,穿了一整天后,开始觉得勒得疼了。除此之外,它堪称完美!

7. 总体来说,我喜欢这条裙子,质量不错,穿着也很舒服。但我确实觉得它看起来不像图片展示的那样,穿起来的效果也不太一样。我订购的是S码,穿在我身上挺宽松的,所以如果有XS码可选的话,我当时就会订购XS码,我身高5英尺3英寸(约160厘米),体重125磅(约56.7千克)。

8. 给我女儿买了这条裙子,质量真的很不错,只是棕褐色这个颜色有点单调。我强烈推荐买其他颜色的这条裙子。它尺码很标准,而且容易打理。

ChatGPT在读取完所有review文本后,会回复对这8条review的分析结果。

ChatGPT输出

Based on the given reviews, here is a summarized, bulleted voice of customers:

Usage scenario:

Wedding during a warmer fall day

Beach pictures after a wedding

Date night or casual wedding

Purchase motivation:

Needed a dress for a wedding

Beach photoshoot after wedding

Graduation ceremony

Advantages:

Breathable material for warmer weather

Fits true to size

Color matches the picture

Thicker material, not sheer

Smoothing effect on the back

Good quality and comfortable

Easy to care for

Disadvantages:

Dress came wrinkled but can be fixed with ironing

Elastic band around the waist could be more snug for hourglass shape

Yellow color is deeper than shown

Fabric feels cheap for the price

Sleeves can be tight and uncomfortable after wearing for a long time

Dress didn't fit or look like the pictures (loose fit)

Unresolved issues:

None mentioned in the given reviews

Please note that the above voice of customers is generated based on the keywords and information provided in the reviews.

运营者还可以让ChatGPT用中文翻译上述分析结果。

输入prompt

请用中文总结以上信息

输出ChatGPT

根据以上评论,以下是顾客的总结和意见:

使用场景:

温暖的秋日婚礼

婚后海滩照片

约会或休闲婚礼

购买动机:

需要一件参加婚礼的连衣裙

结婚后的海滩拍摄

毕业典礼

优点:

透气的材质适合暖和的天气

尺码合适

颜色与图片相符

较厚的材料,不透明

背部具有修饰效果

质量好且舒适

易于护理

缺点:

运送时裙子有皱纹,但可以用熨斗解决

腰部的弹性带对于沙漏形身材来说可能不够紧身

黄色的颜色比图片上的深

与价格相比,面料感觉廉价

长时间穿着后袖口可能会紧并感到不舒服

裙子与图片中的款式和贴身度不符(宽松的款式)

未解决的问题:

没有在评论中提到

请注意,以上顾客的总结和意见是根据评论中提供的关键词和信息生成的。

在本案例中，仅仅只是对8条review打标分析，但是在具体业务场景下，运营者可能需要分析几百条甚至上千条review，这时还可以根据不同维度划分review：

1 **根据时间维度划分**：按周、月、季度、年划分，分析不同时间点上review内容的变化，从而判断商家是否在过去的时间内改善产品质量；

2 **根据listing变体划分**：按子ASIN划分，分析不同子产品的产品定位、优劣势和客户痛点；

3 **根据好评/中评/差评划分**：按好评（四星、五星），中评（三星），差评（一星、二星）划分，分析好评、中评、差评中客户的反馈信息。

2．其他工具打标

有些运营者可能对prompt工具不熟悉，也有可能不擅长使用ChatGPT，本节将介绍一个常用的打标工具——微词云。

在微词云的软件工具中，可以使用"英文分析"的功能，在其中可以输入想要打标分析的英文文本。如图2-45所示，在工具中填入了100个listing标题。

图2-45 在微词云中"英文分析"功能输入分析文本

点击"下一步"按钮后，微词云就会显示分析的结果，如图2-46（a）～（e）所示。

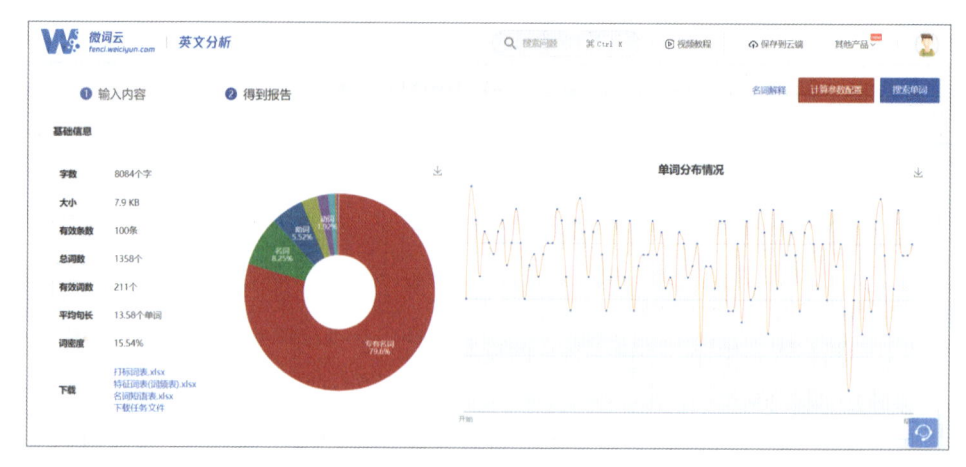

(a)

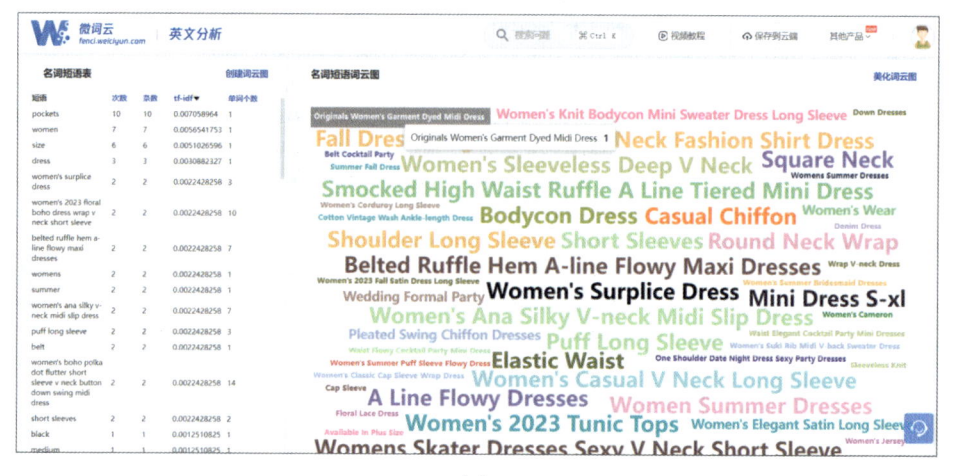

(b)

(c)

图2-46　微词云的文本分析结果

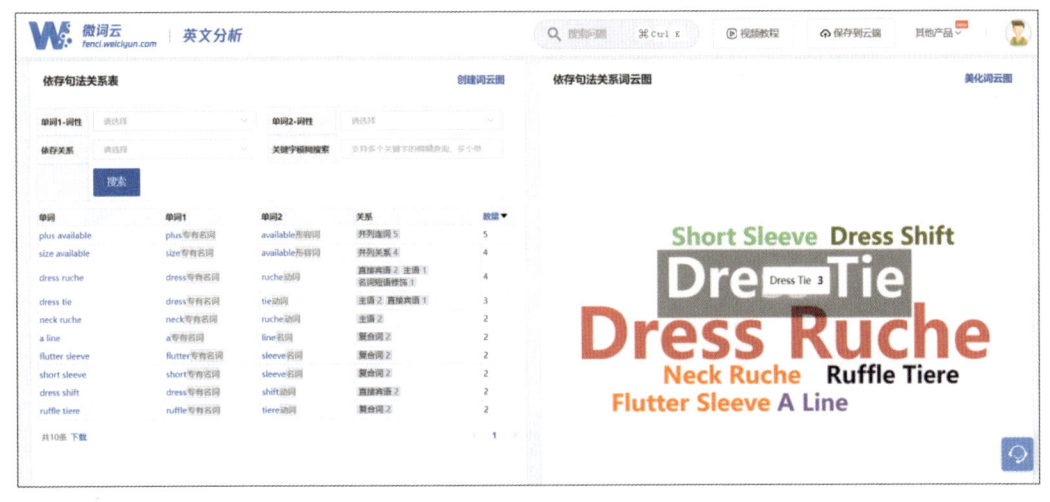

（d）

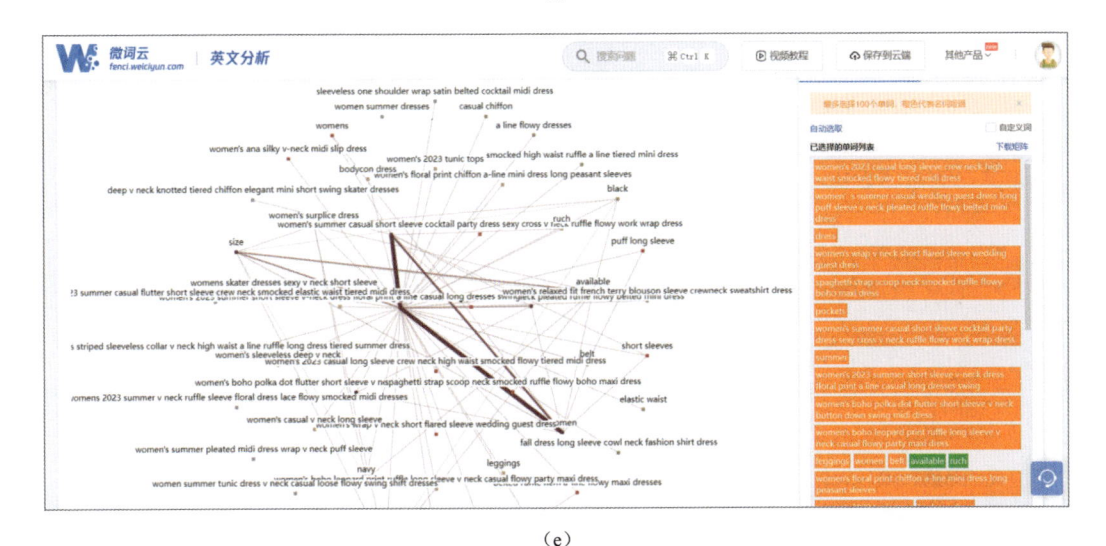

（e）

图2-46　微词云的文本分析结果（续）

如图2-46所示，微词云可以自动分析出一串英文文本集中各个单词的出现位置、关联度、出现频率等，也可以智能分析出一些基础的单词变化（比如单复数、过去式、过去分词等），读者可以根据自身需求进行调整和使用。相比ChatGPT微词云的使用更简单，但是其分析的深度有限，例如无法理解"卖点"的含义，无法处理review的分析等，如果运营者有深度分析需求，建议使用ChatGPT进行处理。

第 3 章

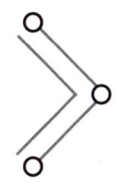

标签业务应用基础——标签归类

3.1 巧用词干算法，优化商品标题提升业务效率

在亚马逊跨境电商业务中，巧妙运用词干算法至关重要。它能精准优化商品标题，让你的商品在海量竞品中脱颖而出。通过提升商品的曝光度和吸引力，有效提高业务效率，助力你的跨境电商之路走向成功。

3.1.1 巧用词干算法提升业务效率

在自然语言处理中，词干算法是常用的一种文本预处理技术，它可以将不同的单词形态（如词性变化、时态变化、复数形式等）的词语转化为它们的词干或基本形式。这样可以将文本中的单词归一化为同一形式，从而简化后续文本处理的复杂度，提高文本处理的效率和准确性。

在语言形态学和信息检索中，词干化是将变形（或有时衍生）词语减少到词干、词根或词形的过程，这通常是书面形式。通常，相关的单词映射到同一个词干就足够了，即使这个词干本身并不是一个有效的词根。常见的词干算法包括Porter算法、Snowball算法和Lancaster算法等。这些算法使用不同的规则和规则集来处理单词，以便将其转换为其基本形式。例如，Porter算法将单词划分为不同的规则类别，并应用不同的规则来将单词转换为其基本形式。Porter算法不是太复杂，通常情况下，它是一个很好的起始基本词干分析器。它在研究中作为一种很好的基本词干算法，可以保证重复性。与其他算法相比，它也是一种非常温和的词干算法。因此，本章后文将以常用的波特词干算法为例进行分析。

3.1.2 巧用词干算法提取技术

词干提取是词形规范化处理的重要技术之一，能将一个词的不同形式统一为一种具有代表性的标准形式（词干）。词干承担词的主要意义，而词缀提供附加含义。词干提取主要就是根据语言形态中的规律进行处理的，去除屈折或派生形态的词缀，获得词干，以便将具有相同词干的单词视为相同的单词。大家常见的前后词缀有名词的复数、进行式、过去分词等。词干算法的使用有助于减少文本处理中的噪声和冗余信息，并提高文本分析的准确性，其提取效果如图3-1所示。

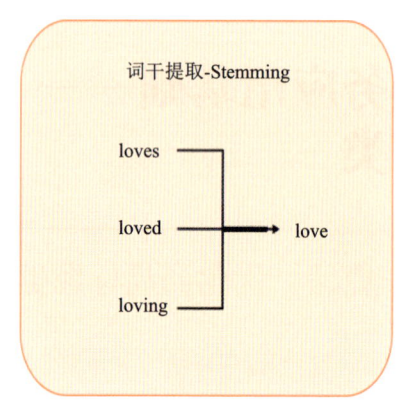

图3-1 词干算法提取效果示例

词干提取的方法可以归纳为基于规则的方法、词典查找法、基于统计的方法和混合的方法，具体内容如下：

一是基于规则的方法，这种方法主要是识别语言形态构成中的特有规律，进行词干提取或词缀消减的方法。一般来说，词缀会包括前缀、中缀、后缀，在基于规则的词干提取方法中，主要是通过形态规则去除词的后缀，从而形成需要提取出的词干。

二是词典查找法，这种方法主要是利用暴力的算法，主要通过筛查已知词典中的词形进行相应的转换，算法背后的词典中包含了词的词干形式和对应的多种词形。即已知一个词，查找词典，就可以找到相应的词形，进而返回对应的词干。

三是基于统计的方法，这种方法主要是为了解决对词典未收录词无法进行词形规范的问题，研究者尝试通过词的分布统计规律进行词干的提取。它主要是通过文本集中的字符分布统计，识别词干和后缀边界，直接提取词干。

四是混合的方法，这种方法主要基于上述方法中的两种或更多的方法，综合各自的功能协同解决好词干提取的问题，例如将基于规则的方法和基于词典查找方法的结合，在剔除掉既定的词缀后再基于已有的词典进行分析，综合利用了两种词干提取方法的优点，从而更准确提取出期望的词干结果。

综上，基于规则的方法和词典查找法为词干提取方法中的主流技术。它们是该领域中经典的和具有较大应用范围的方法，分别在计算效率和准确性上具有较强优势，研究较为成熟。因此，本章的研究案例也是采用了基于规则的方法中的Porter算法进行展示。

3.1.3 巧用词干算法提升文本处理效率

从宏观看，词干算法在原理上，主要都是采用"缩减"的方法，将词转换为词干，如将"dogs"处理为"dog"、将"attractive"处理为"attract"。在实现方法上，词干算法的实现方法主要利用规则变化进行词缀的去除或者精简，从而达到词的简化效果。在结果上，词干算法提取的结果可能并不是完整的、具有意义的词，而只是词的一部分，如"revival"词干提取的结果为"reviv"，"ailiner"词干提取的结果为"airlin"。

以波特词干算法为例，从微观上看其原理，波特词干算法是一种常见的英文词形还原算法，它的原理是通过对单词进行一系列的规则化处理，将各种不同的词形还原成它们的原始形式，以便进行文本分析和处理。具体来说，波特词干算法包含了一系列的词形变换规则，具体如下：

处理复数形式： 将以s结尾的单词去掉s，例如cars变为car。

处理过去式： 将以ed结尾的单词去掉ed，例如played变为play。

处理形容词比较级和最高级： 将以er和est结尾的单词去掉er和est，例如bigger变为big。

处理名词复数形式： 将以ies和es结尾的单词去掉ies和es，例如babies变为baby。

处理动词第三人称单数形式： 将以s结尾的单词去掉s，例如runs变为run。

除了以上规则外，波特词干算法还包含了一些特殊规则和例外情况的处理，以提高词干还原的准确性。通过这些规则和例外情况的处理，波特词干算法可以将大部分英文单词还原成它们的原始形式，从而简化文本分析和处理的过程。

值得注意的是，词干提取算法无法达到100%的准确程度，因为语言单词本身的变化存在着许多例外的情况，无法概括到一般的规则中。

3.1.4 巧用词干算法优化商品标题关键词

1. 需求分析

在本案例中，将会展示如何针对亚马逊商品标题数据进行词干算法分析，如图3-2所示，通过构建波特词干算法模型，已识别出的关键词数据进行进一步的词干提取，从而帮助运营者找到不同关键词之间的相似度，更高效地辅助找到同类的关键词。

以图3-2中的待提取词干的商品标题关键词为例，运营者需要通过词干提取算法批量自动将单词的原始词干提取出来。例如，将"dresses"提取出"dress"这一词干，从而减少单复数对关键词归类的影响，进而可以将标题中所有涉及dress裙子的商品归类。

```
原关键词: band          提取词干: band
原关键词: accessories   提取词干: accessori
原关键词: dresses       提取词干: dress
原关键词: dress         提取词干: dress
原关键词: candy         提取词干: candi
原关键词: hooks         提取词干: hook
原关键词: toys          提取词干: toy
原关键词: perfumes      提取词干: perfum
原关键词: leggings      提取词干: leg
原关键词: puzzles       提取词干: puzzl
原关键词: phones        提取词干: phone
原关键词: dividers      提取词干: divid
原关键词: socks         提取词干: sock
原关键词: seasoning     提取词干: season
原关键词: gloves        提取词干: glove
```

图3-2 待提取词干的商品标题关键词示例

2．词干提取和相似性分析

在正式对亚马逊商品标题关键词数据进行词干提取前，读者需要将相关的Python工具包下载并部署好。Python中的NLTK库包含英语单词的词汇数据库，这些单词基于它们的语义关系链接在一起。因此，读者可以通过下载并部署NLTK来实现波特算法。

NLTK的安装相对比较简单，具体操作如下：

用pip命令安装NLTK即pip install nltk；

运行Python命令，输入import nltk；

输入nltk.download()，在弹出图3-3所示的弹窗后，选择第一个全部的工具包即可。

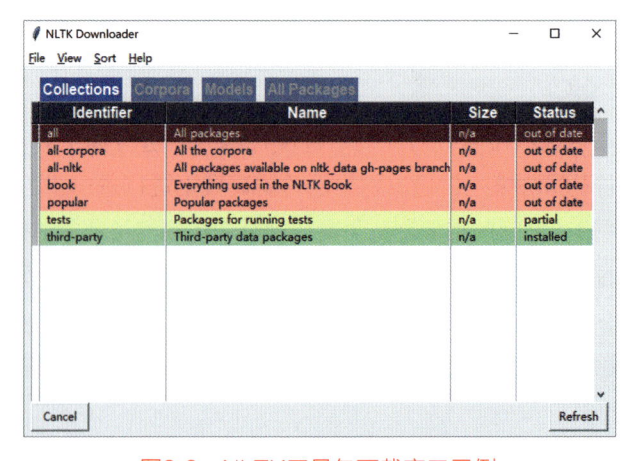

图3-3 NLTK工具包下载窗口示例

在下载并部署好NLTK工具包后,就可以在Python代码中直接通过NLTK工具包调用波特词干算法功能模块,并基于该算法对待处理的亚马逊商品标题关键词进行单词词干的提取,相关操作代码示例如图3-4所示。

```python
import nltk
from nltk.stem.porter import PorterStemmer
porter_stemmer = PorterStemmer()
test = porter_stemmer.stem('complications')
print(test)
```

图3-4　基于波特算法的词干提取代码示例

最后,在得到亚马逊商品标题关键词词干结果后,就可以进行基于提取的单词结果进行相似度分析,可以把具有相同词干的商品关键词归为一类。

3. 模型效果及其拓展性

(1) 示例模型的效果分析

基于上一小节中对亚马逊商品标题文本所提取出的关键词,运营者可以基于自然语言处理领域中常用的Porter词干算法,进行进一步的词干提取,提取的结果示例如图3-5所示。

```
原关键词: band          提取词干: band
原关键词: accessories   提取词干: accessori
原关键词: dresses       提取词干: dress
原关键词: dress         提取词干: dress
原关键词: candy         提取词干: candi
原关键词: hooks         提取词干: hook
原关键词: toys          提取词干: toy
原关键词: perfumes      提取词干: perfum
原关键词: leggings      提取词干: leg
原关键词: puzzles       提取词干: puzzl
原关键词: phones        提取词干: phone
原关键词: dividers      提取词干: divid
原关键词: socks         提取词干: sock
原关键词: seasoning     提取词干: season
原关键词: gloves        提取词干: glove
```

图3-5　Porter算法提取词干结果

从上图3-5中,读者可以清晰地看到对亚马逊商品标题关键词提取的结果。从提取效果上观测,基本符合预期,这为后续开展基于词干的关键词聚类提供较好的基础。

在提取完所有的商品标题关键词词干后,可以直接基于词干相同或相似性进行聚类,以上图3-5为例,"dresses"和"dress"两个关键词的词干提取结果均为"dress",故这两个关键词可以归为一类,并作为同一个商品标题关键词处理。

（2）模型功能的可拓展性和进阶性

本章所展示的基于词干算法的文本相似性分析的方法在很多场景下均可以进行尝试，但如果出现效果不佳的情况，可以从横向上进行词干算法的类型拓展，或者从纵向上进行文本相似度分析方法的进阶。

本章案例中所使用的nltk文本分析工具包中，有三种最常用的词干算法，除了本章所使用的Porter词干算法外，还有Lancaster和Snowball算法。三种词干提取算法都能够提取词干，但是提取的结果却不一样，这主要是因为三种算法的提取严格程度不一样。具体如下所示：

Porter是常用的词干提取器，也是最温和的词干提取器之一；

Snowball普遍认为是对Porter的改进，也称为Porter2词干算法。它在Porter词干算法的基础上加了很多优化，事实上，波特本人承认它比他原来的算法要好，计算时间比porter快一点；

Lancaster是非常激进的词干算法，有时会出错。对于Porter和Snowball，词干表示对读者来说通常是相当直观的，而 Lancaster 则不然，因为许多较短的单词会变得完全混淆。Porter 拥有最多的实现，通常是默认的首选算法，如果Porter词干算法在表现不能很好满足业务需求的时候，可以采用这两种算法进行替换。

基于以上三种词干提取算法，将其分别对相同的文本样本进行分析，其各自提取词干的效果对比示例如图3-6所示。

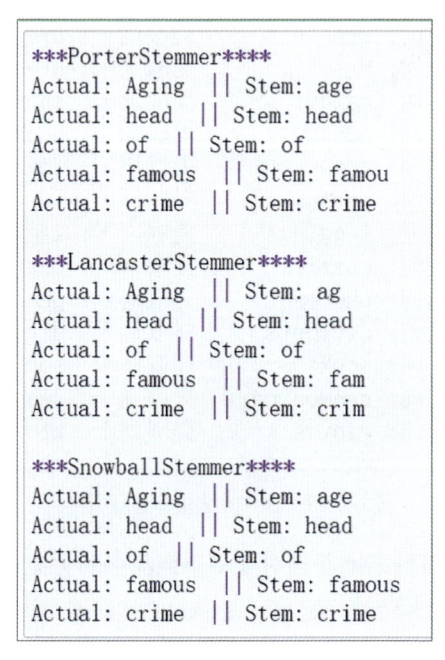

```
***PorterStemmer****
Actual: Aging  || Stem: age
Actual: head   || Stem: head
Actual: of     || Stem: of
Actual: famous || Stem: famou
Actual: crime  || Stem: crime

***LancasterStemmer****
Actual: Aging  || Stem: ag
Actual: head   || Stem: head
Actual: of     || Stem: of
Actual: famous || Stem: fam
Actual: crime  || Stem: crim

***SnowballStemmer****
Actual: Aging  || Stem: age
Actual: head   || Stem: head
Actual: of     || Stem: of
Actual: famous || Stem: famous
Actual: crime  || Stem: crime
```

图3-6　三大主流词干提取算法效果示例

3.2 文本相似度归类方法

在亚马逊跨境电商业务中，运营者可通过文本相似度分析实现商品优化，了解不同维度及应用，并利用工具及方法处理文本相似度问题。

3.2.1 文本相似度分析助力商品优化

文本相似度分析是指通过比较两个或多个文本之间的相似程度来衡量它们之间在语义或语法上的接近程度。这种分析可以用于很多应用中，比如信息检索、文本聚类、自然语言处理等领域。

在文本相似度分析中，常用的方法包括基于词袋模型的向量空间模型（如TF-IDF）、基于词向量的方法（如Word2Vec，GloVe，Bert等）以及基于深度学习的神经网络模型（如Siamese网络、Transformer等）等。大体而言，可以通过以下步骤进行文本相似度分析：

首先，进行文本预处理，例如去除停用词，即去掉一些无意义的词语，如"the""of""and"等。以亚马逊商品标题文本为例，如果一个词根卖点词中存在文本"the"，且去掉"the"后的文本仍然为该词根的卖点词，那么这两文本形式的卖点都为一类，如"off the shoulder"与"off shoulder"为一类卖点，通过去停用词，可以有效地将文本转化为更容易根据语义进行聚类的形式。

然后，进行文本特征表示：将文本转化为向量表示，常用的方法包括词袋模型、TF-IDF、词向量等。

最后，进行文本相似度计算，可以根据所选的特征表示方法，计算文本之间的相似度。可以使用但不限于以余弦相似度、欧氏距离、Jaccard相似度等作为相似度的度量指标。将相似度计算结果进行比较，就可以得出文本之间的相似程度。

需要注意的是，文本相似度分析是一个复杂的问题，没有一种通用的方法适用于所有场景，有的文本相似度计算方法并不局限于上述流程，可能只需要其中的某几个步骤也可以实现。因此，选择适合的方法需要根据具体的应用需求和数据特点来决定。

3.2.2 文本相似度分析的不同种类及应用

文本相似度分析方法有多种分类，在最为宏观的层面上可以分为以下两个主要的维度：

1. 基于文本表面字符串的相似度分析

基于字符串的文本相似度分析方法是在字面层次上的文本比较，通过直接对原有的文本进行语言学上的词根比较或者从数学统计上衡量字母片段相似度来分析。该方法原理简单，易于实现，现已成为其他方法的计算基础。但这类方法的不足是将字符或词语作为独立的知识单元，并未考虑词语本身的含义和词语之间的关系。以同义词为例，尽管表达不同，但具有相同的含义，而这类词语的相似度依靠基于字符串的方法并不能准确计算。

以亚马逊商品标题关键词相似度分析场景为例，运营者需要对单文本卖点词形态变体进行相似度分析和判断，如果一个词根卖点词中存在一个文本的多种形态（被动ed形态、ing形态、形容词/名词形态），如图3-7所示，例如"sleeved"与"sleeve"（被动ed形态）、"elastic"与"elasticity"（名词形态）、"strap"与"strappy"（形容词形态）、"slim"与"slimming"（ing形态），这些都属于一类卖点，从文本字符串层面上看相似性较高，运营者可以通过词干提取算法将其相同的词干提取出来然后归为一类。

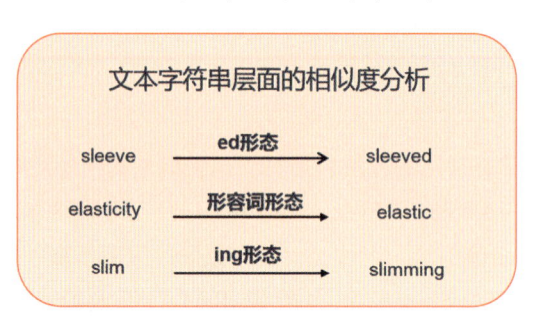

图3-7　文本字符串层面的相似度分析

2. 基于语义的文本相似度分析

基于语义的文本相似度分析维度主要是基于语料库的方法，利用已整理的语料库，获取信息计算文本相似度的信息，进而对不同的文本进行语义层面的相似度分析。

同样以亚马逊商品标题关键词相似度分析场景为例，运营者需要对含义相近的商品卖点词进行判断和归类，如果一个词根卖点词中存在语义相近的情况，例如相似的尺寸（如长度、面积、体积）关键词："1/2 inch"与"0.5 inch"、相似的群体（如儿童、女性、男性）关键词："big kids"与"kids 10-14"、相似的风格（可爱风、圣诞风、性感风）关键词："cute dress"与"lovely shirt"等，如图3-8所示，运营者需要对类似于上述语义相近的文本进行判断和归类。

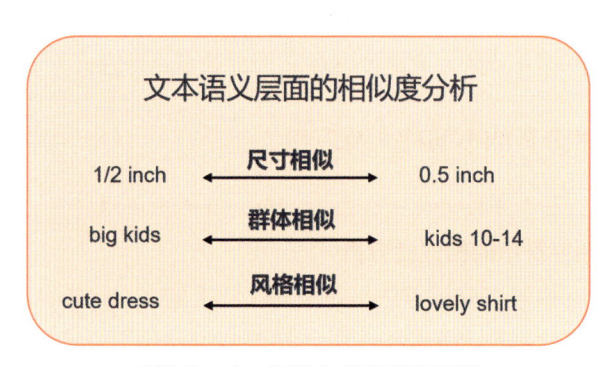

图3-8　文本语义上的相似度分析

在图3-8中的标题关键词在语义上都相似，即在业务上都属于一类卖点，但仅通过单词字符串上的词干提取不一定能够很好地判别，此时需要基于语料库判别出它们的语义相似性，通过语义层面的文本相似度分析后可以将相近含义的文本归为一类并进行标注。

在实践中，需要根据具体的场景和数据来选择合适的方法，有时可能需要尝试多种方法并进行评估比较。同时，还要注意文本相似度分析的计算复杂度，特别是在处理大规模文本数据时需要考虑算法效率和扩展性。

3.2.3 利用工具及方法处理文本相似度

关于文本相似度的计算，很多软件或工具都有了自带的计算程序，以运营常用的Excel为例，运营者可以通过导入类似于"方方格子"的第三方工具插件，获得"公式向导"的功能栏，如图3-9所示。

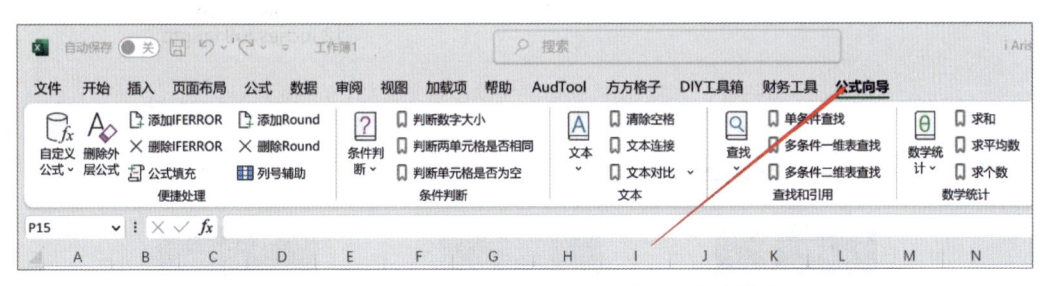

图3-9 Excel增加第三方插件后的"公式向导"栏

然后在弹出的功能栏目中选择"文本对比"，再从下拉菜单中选择"比较文本相似度"，其操作如图3-10所示。

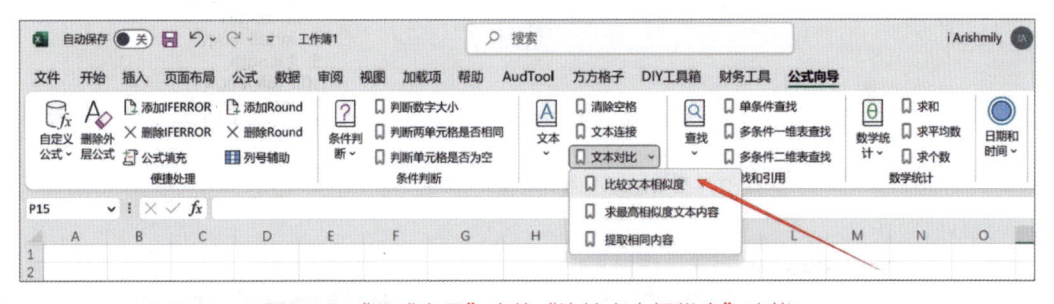

图3-10 "公式向导"中的"比较文本相似度"功能

之后则只需要填入对应的单元格，Excel就会自动计算两者的文本相似度，并按相似的比例进行呈现。

除了工具层面的操作外，运营者还会有一些特殊词无法直接用文本相似度计算来获取。例如亚马逊常见的"尺寸词"，1inch、1"、1in、1-inch、1inch length、1infulllength、1inchfulllength等词都表达了相似的含义，但是在文本相似度上它们的差异可能很大，这时候要么靠单独的归纳逻辑来处理（如图3-11—图3-16所示），要么用固定词库来汇总（已经汇总在本书的电子文档中，读者可以搜索并关注"AdTron"公众号回复：卖点词表，就可以下载该表格进行参考）。

65

```
单英寸——以整数英寸为例

  ┌─────────────┐    ┌─────────────┐    ┌─────────────┐
  │  数字变化    │    │ 连接形式变化 │    │  单位变化    │
  └─────────────┘    └─────────────┘    └─────────────┘

  1. 无后续              1. 接空格              1. inch
  2. 后续有 "+" 号：Num+  2. 接连接符 "-"        2. in
  3. 后续有 ".0"：Num.0   3. 接空格+连接符 "-"   3. "
                         4. 接连接符 "-" +空格  4. Inches
                         5. 直接连接            5. inch length
                                                6. inch full length
                                                7. in length
                                                8. in full length
                                                9. " length
                                                10. " full length
                                                11. inches length
                                                12. inches full length
```

图3-11　整数英寸长度的归纳逻辑（例如1.0 inch）

```
单英寸——以非整数英寸为例

  ┌─────────────┐    ┌─────────────┐    ┌─────────────┐
  │  数字变化    │    │ 连接形式变化 │    │  单位变化    │
  └─────────────┘    └─────────────┘    └─────────────┘

  1. 整数-分数：Num-1/2    1. 接空格              1. inch
  2. 整数 分数：Num 1/2    2. 接连接符 "-"        2. in
  3. 分数小数互等：        3. 接空格+连接符 "-"   3. "
     Num 1/2=Num.5         4. 接连接符 "-" +空格  4. Inches
  4. 小数后续有 ".0"：Num.50 5. 直接连接          5. inch length
                                                6. inch full length
                                                7. in length
                                                8. in full length
                                                9. " length
                                                10. " full length
                                                11. inches length
                                                12. inches full length

  分数穷举：1/8、1/4、8/3、1/2、3/4、7/8
```

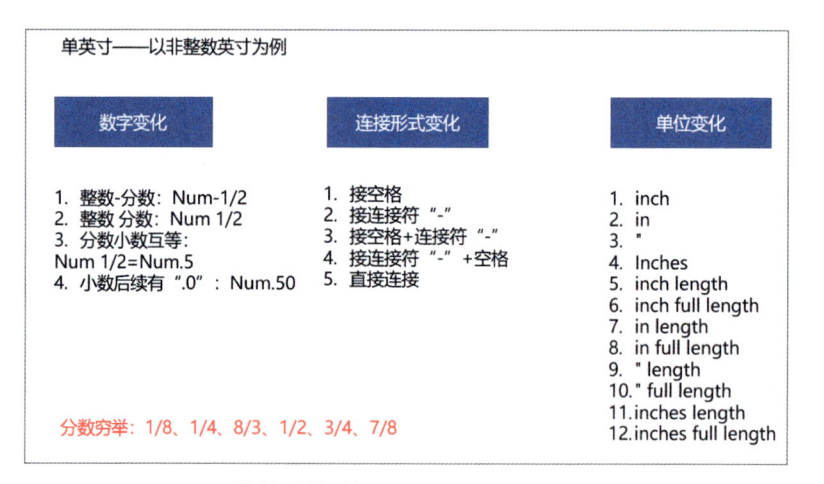

图3-12　非整数英寸长度的归纳逻辑（例如1.5 inch）

```
双英寸——以整数英寸为例

                        ┌──────────────────────────┐         ┌──────┐  ┌──────┐
                        │    两个数字 各自形式      │         │ 连接 │  │ 后缀 │
                        └──────────────────────────┘         └──────┘  └──────┘
  ┌─────────────┐  ┌─────────────┐  ┌─────────────┐   ┌─────────────┐  ┌─────────────┐
  │  数字变化    │  │ 连接形式变化 │  │  单位变化    │   │  乘号变化    │  │  后续文本    │
  └─────────────┘  └─────────────┘  └─────────────┘   └─────────────┘  └─────────────┘

  1. 无后续         1. 接空格         1. inch           1. x              1. 空格inch
  2. 后续有 "+" 号： 2. 接连接符 "-"   2. in             2. 空格x          2. inch
     Num+           3. 接空格+连接符 "-" 3. "           3. x空格          3. inches
  3. 后续有 ".0"：   4. 接连接符 "-" +空格 4. Inches     4. 空格x空格      4. 空格inches
     Num.0          5. 直接连接       5. 无单位                            5. 空格in
                                                                          6. in
                                                                          7. 无后续文本
                                                                          8. -inch
                                                                          9. -inches
                                                                          10. -in
```

图3-13　整数英寸面积的归纳逻辑（例如1×1 inch）

第 3 章 标签业务应用基础——标签归类

双英寸——以非整数英寸为例

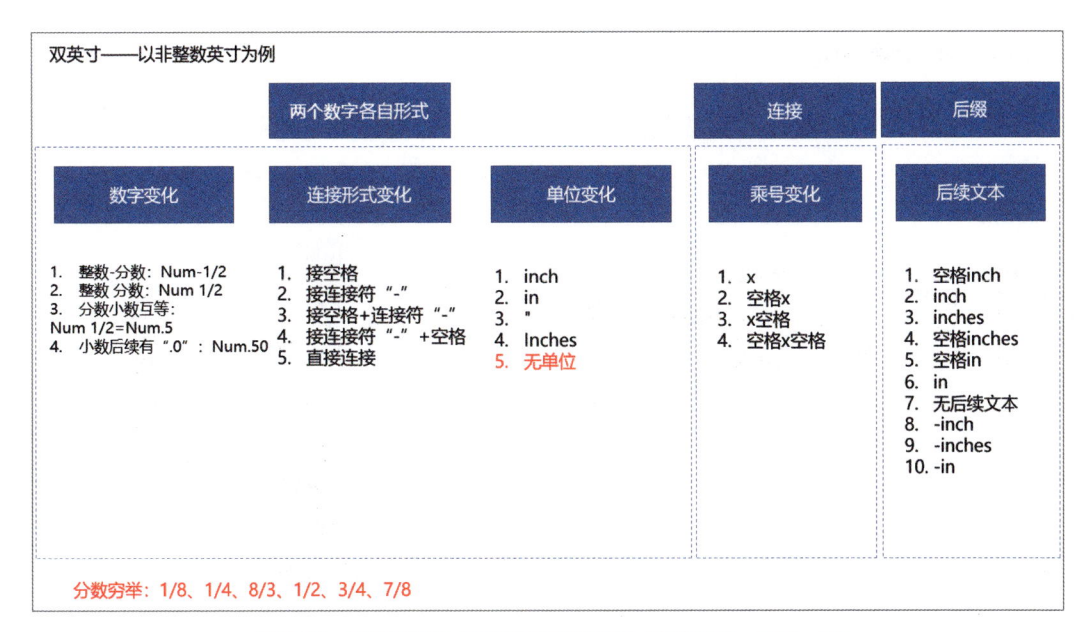

两个数字各自形式			连接	后缀
数字变化	连接形式变化	单位变化	乘号变化	后续文本
1. 整数-分数：Num-1/2 2. 整数 分数：Num 1/2 3. 分数小数互等：Num 1/2=Num.5 4. 小数后续有".0"：Num.50	1. 接空格 2. 接连接符"-" 3. 接空格+连接符"-" 4. 接连接符"-"+空格 5. 直接连接	1. inch 2. in 3. " 4. Inches 5. 无单位	1. x 2. 空格x 3. x空格 4. 空格x空格	1. 空格inch 2. inch 3. inches 4. 空格inches 5. 空格in 6. in 7. 无后续文本 8. -inch 9. -inches 10. -in

分数穷举：1/8、1/4、8/3、1/2、3/4、7/8

图3-14 非整数英寸面积的归纳逻辑（例如1.5×1.5 inch）

三英寸——以整数英寸为例

三个数字各自形式			连接	后缀
数字变化	连接形式变化	单位变化	乘号变化	后续文本
1. 无后续 2. 后续有"+"号：Num+ 3. 后续有".0"：Num.0	1. 接空格 2. 接连接符"-" 3. 接空格+连接符"-" 4. 接连接符"-"+空格 5. 直接连接	1. inch 2. in 3. " 4. Inches 5. 无单位	**第一个乘号** 1. x 2. 空格x 3. x空格 4. 空格x空格 **第二个乘号** 1. x 2. 空格x 3. x空格 4. 空格x空格 5. - 6. 空格- 7. -空格 8. 空格-空格	1. 空格inch 2. inch 3. inches 4. 空格inches 5. 空格in 6. in 7. 无后续文本 8. -inch 9. -inches 10. -in

图3-15 整数英寸体积的归纳逻辑（例如2×2×2 inch）

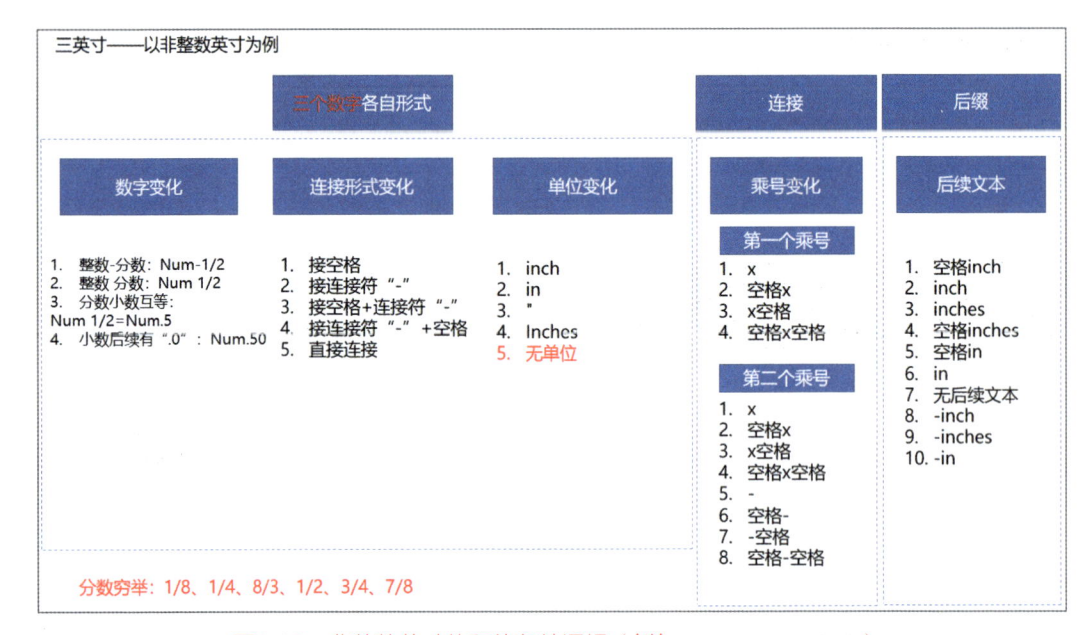

```
三英寸——以非整数英寸为例

                        ┌─────────────────┐        ┌──────┐    ┌──────┐
                        │ 三个数字各自形式 │        │ 连接 │    │ 后缀 │
                        └─────────────────┘        └──────┘    └──────┘

   ┌──────────┐    ┌──────────────┐    ┌──────────┐    ┌──────────┐    ┌──────────┐
   │ 数字变化 │    │ 连接形式变化 │    │ 单位变化 │    │ 乘号变化 │    │ 后续文本 │
   └──────────┘    └──────────────┘    └──────────┘    └──────────┘    └──────────┘
                                                        ┌──────────┐
                                                        │第一个乘号│
                                                        └──────────┘
   1. 整数-分数: Num-1/2    1. 接空格            1. inch        1. x              1. 空格inch
   2. 整数 分数: Num 1/2    2. 接连接符 "-"      2. in          2. 空格x          2. inch
   3. 分数小数互等:         3. 接空格+连接符"-"  3. "            3. x空格          3. inches
      Num 1/2=Num.5         4. 接连接符"-"+空格  4. Inches       4. 空格x空格      4. 空格inches
   4. 小数后续有 ".0": Num.50 5. 直接连接         5. 无单位                         5. 空格in
                                                        ┌──────────┐       6. in
                                                        │第二个乘号│       7. 无后续文本
                                                        └──────────┘       8. -inch
                                                         1. x               9. -inches
                                                         2. 空格x          10. -in
                                                         3. x空格
                                                         4. 空格x空格
                                                         5. -
                                                         6. 空格-
                                                         7. -空格
                                                         8. 空格-空格

分数穷举: 1/8、1/4、8/3、1/2、3/4、7/8
```

图3-16　非整数英寸体积的归纳逻辑（例如1.5×1.5×1.5 inch）

第 4 章

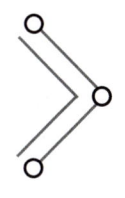

标签业务应用进阶——标签分析

4.1 标签关联度分析

在学习标签关联分析的方法前,读者可以先了解一下关联分析的概念。关联分析算法是一种用于发现数据集中项之间关联关系的数据挖掘技术。它的背景可以追溯到20世纪80年代。最早被提出的关联分析算法是Apriori算法,由拉凯什·阿格拉瓦尔和拉马克里希南·斯里坎特于1994年提出。

4.1.1 关联分析的核心

关联分析的核心思想是发现数据集中的关联规则或者关联模式。在关联分析可以发现项之间的关联关系。其中该类算法基本假设是:如果两个或多个项多次一起出现,它们之间可能存在某种关联关系。其中,涉及多个专有名词,如频繁项集、支持度和置信度、关联规则等,具体含义如下:

频繁项集(frequent itemset): 是指在数据集中经常同时出现的项集。关联分析的首要任务是找出频繁项集,即在数据集中经常一起出现的项的集合。频繁项集表示了数据中的常见模式或者规律;

支持度和置信度: 关联分析中使用支持度(support)和置信度(confidence)来衡量关联规则的重要性和可靠性。支持度表示一个项集在整个数据集中出现的频率,置信度表示当一个项集出现时,另一个项集也同时出现的概率;

关联规则(association rules): 是描述项之间关联关系的条件语句。通过挖掘频繁项集,可以生成关联规则。关联规则由两个部分组成,即前件(antecedent)和后件(consequent)。前件是规则的先决条件,后件是由前件推导出的结论。通过计算置信度

（confidence），即规则的条件概率，可以评估规则的可靠性。根据设定的最小置信度阈值，找出满足条件的关联规则。关联规则是形如"A→B"的表达式，表示当条件A出现时，结果B也可能出现。

关联分析算法通过扫描数据集，可以计算每个项集的支持度（support），即该项集在数据集中出现的频率。从大规模数据集中挖掘出频繁项集和关联规则，通过这些关联关系可以揭示数据中的隐藏模式和规律。这些模式和规律可以帮助运营者理解数据、优化决策，并在许多领域中发现新的机会和洞察。

关联分析主要有以下几种方法：

（1）基于词频统计规则的关联分析方法

这也是目前关联分析算法中最主要的一类，这类算法主要是通过一套给定的关联分析规则，发现频繁项集，找到经常在相同场景下高频出现的群体集合。常见的基于规则的关联分析算法如下：

Apriori算法：是关联分析中最经典的算法之一，它通过逐层扫描数据集，生成频繁项集，并从频繁项集中产生关联规则。首先，扫描数据集，统计每个项的支持度计数（即出现的次数），并根据设定的最小支持度阈值，生成频繁1项集。然后，根据频繁1项集，构建候选2项集。具体做法是将频繁1项集两两组合生成候选2项集，并根据候选2项集在数据集中的支持度计数，筛选出满足最小支持度阈值的频繁2项集。以此类推，不断迭代生成更高阶的候选项集，并筛选出频繁项集，直到无法再生成满足最小支持度阈值的候选项集为止。最后，通过频繁项集可以产生关联规则，关联规则的生成可以根据频繁项集的子集生成，然后计算关联规则的置信度，筛选出满足最小置信度阈值的关联规则。

FP-growth算法：是一种用于频繁模式挖掘的数据挖掘算法。其原理基于一种称为FP树（frequent pattern tree）的数据结构。FP-growth算法的原理如下：**首先**构建频繁项集的头表，遍历数据集，统计每个单个项的出现频次，筛选出满足最小支持度要求的频繁项集，**然后**根据频繁项集的频次排序，构建频繁项集的头表。**接着**构建FP树，再次遍历数据集，对于每个事务，根据频繁项集的频次排序构建一棵FP树。

从根节点开始，依次添加每个事务的项，如果某个项已经存在于树的某个分支上，则增加该项的支持计数；如果不存在，则创建一个新节点。对于每个频繁项集的每个项，构建该项的条件模式基。条件模式基是指以该项为结尾的前缀路径集合。对于每个频繁项集的每个项，以该项为基础，递归地构建条件FP树，再次构建频繁项集的头表和FP。

Eclat算法：是一种常用于挖掘频繁项集的关联规则算法。它基于Apriori算法的思想，但在效率上进行了优化。Eclat算法的原理如下：**首先**，收集数据集中的所有单个项（item）和它们的出现频率。**然后**，根据项的出现频率对它们进行排序，以便找到频繁项集的候选项。**接着**通过对候选项进行相似度计算，找到频繁项集。相似度计算的方法是通过计算两个项集的交集大小来衡量它们的相似度。重复上述步骤，直到找到所有的频繁项集。最后，通过频繁项集生成关联规则即可。

基于词频关联性分析指标：这种方法主要关注词语在文本中出现的频率，通过计算词语之间的共现次数来衡量它们的关联程度。常用的统计指标有点互信息（PPMI）、余弦相似度等。

（2）基于概率的关联分析方法

基于概率的关联分析算法是一类用于发现数据集中关联关系的算法，它使用概率模型来描述和度量项集之间的关联程度。贝叶斯算法是一种可以用于关联分析的方法，在关联分析中，贝叶斯算法可以用于描述项集之间的条件概率关系，运营者可以通过观察到的数据来学习贝叶斯算法的参数，从而推断出项集之间的关联关系。

（3）基于文本向量的关联分析方法

基于词向量的关联性分析：这种方法将词语表示为高维向量，然后计算向量之间的相似度。常用的词向量模型有Word2Vec，GloVe，Bert等。词向量方法可以捕捉词语的语义信息，从而提高关联性分析的准确性。

基于深度学习的关联性分析：这种方法使用神经网络模型（如卷积神经网络、循环神经网络等）对文本进行特征提取和表示，然后计算词语之间的相似度。深度学习方法可以自动学习词语的复杂语义关系，从而提高关联性分析的效果。

基于图理论的关联性分析：这种方法将文本表示为图结构，其中节点表示词语，边表示词语之间的关系。然后通过图分析算法（如PageRank，HITS等）计算词语之间的关联程度。图理论方法可以处理词语之间的多种关系（如共现、因果关系等），从而提高关联性分析的全面性。

4.1.2 贝叶斯关联算法

在正式介绍贝叶斯算法前，需要对该算法的基础贝叶斯定理进行介绍。贝叶斯定理在统计科学中处于非常核心地位，贝叶斯定理由英国数学家托马斯·贝叶斯于1763年提出，因此得名贝叶斯定理。

贝叶斯定理的发明者托马斯·贝叶斯曾经提出了一个很有意思的假设："若一个盒子中共有10个球，包含黑球和白球，但运营者不知道它们之间的比例是怎么样的。现在，如果仅仅通过摸出的球的颜色，是否能判断出盒子里面黑白球的比例？"

上述问题可能和中学常见的概率题目有所不同，中学时所碰到的问题一般会知道盒子黑白球的个数，比如有4个黑球和6个白球。在这种情况下，如果随机抓取一个球，那么是黑球的概率是0.4。这个问题能够比较容易得到答案是因为运营者事先知道了袋子里面黑球和白球的比例，但是在某些复杂情况下，运营者无法得知"比例"，此时就引出了贝叶斯定理，用于在运营者对事件A和事件B的各自发生概率不完全知道的情况下，计算事件A在事件B发生的条件下的发生概率。

贝叶斯算法是一种基于贝叶斯定理的概率推理算法，它在许多领域中广泛应用。它的主要用途之一是进行分类任务，特别是在机器学习和数据挖掘中。

贝叶斯公式原理是什么？

通常，事件A在事件B发生的条件下与事件B在事件A发生的条件下，两者的概率并不完全相同，但是它们两者之间却存在一定的相关性。

读者需要了解几个专有名词：条件概率、先验概率和后验概率。

首先，条件概率是"贝叶斯公式"的关键所在，例如 $P(A|B)$，就表示当B发生时，A发生的概率，如果$P(A|B)$的值越大，说明一旦发生了B，A就越可能发生，两者可能存在较高的相关性。

在贝叶斯看来，世界并不是岿然不动的，而是一种相对的动态，他希望利用已知经验来进行判断，那么怎么来用经验进行判断呢？这里就必须要提到"先验"和"后验"这两个词语。"先验"类似于"未卜先知"，即在事情即将发生之前，做一个概率预判。比如从远处驶来了一辆车，假设是小轿车的概率是45%，是大货车的概率是35%，是客车的概率是20%，在没有看清是什么车之前基本靠猜，此时这个概率就叫作"先验概率"。

在理解了"先验概率"的基础上，笔者再来解释一下什么是"后验概率？"运营者知道每个事物都有自己的属性特点，比如前面所说的小轿车、大货车、客车，它们都有不同的特点，在距离过远的时候，人无法用肉眼分辨，但是当距离达到一定范围时就可以根据各自的特征再次做出概率预判，这就是后验概率。比如小轿车的速度相比于另外两者更快可以记做 $P(轿车|速度快) = 55\%$，而客车体型可能更大，可以记作 $P(客车|体型大) = 70\%$。

在了解了贝叶斯公式中蕴含的专有名词后，就可以进一步了解其核心原理：$P(A)$ 表示事件A出现的概率，即先验概率。比如在投掷骰子时，$P(5)$ 指的是骰子出现数字"5"的概率。$P(B|A)$ 是条件概率的符号，表示事件A发生的条件下，事件B发生的概率，它也被称为"似然度"。$P(A|B)$ 则表示事件B发生的条件下，事件A发生的概率，这个计算结果也被称为"后验概率"。

因此，对于两个不同的事件，如果他们之间具有某种"相关性"，此时就可以通过"贝叶斯公式"实现预测分析。

4.1.3 贝叶斯关联度计算的业务价值

亚马逊运营者在很多场景下需要"埋词""铺词"，比如在listing标题中放入各类重要的卖点词，在广告投放中设置大量的长尾词等，这些操作都是为了尽可能获取亚马逊的流量，但在业务执行中，运营者往往无法覆盖有所关键词，这时贝叶斯关联度就能发挥价值。

现在假设一个业务场景：图4-1是亚马逊三个不同品类的商品（玩具、服装、母婴），这时一个没有多少经验的新人运营，要怎么做才可以确保把三个商品的关键词扩充齐全且精准呢？

第 4 章　标签业务应用进阶——标签分析

图4-1　玩具、服装、母婴类商品

在没有任何运营经验的前提下，可以尝试用贝叶斯的关联度逐一挑选高关联关键词。以图4-1的第一个玩具产品为例，由图可见该产品是一辆遥控赛车，其词根关键词为rccar（rc是remotecontrol的缩写），然后在亚马逊平台上搜索词根，输入"rccar"可以得到图4-2所示的搜索结果。

图4-2　亚马逊平台"rccar"的搜索结果

73

如果把图4-2中展示搜索结果的前70个采集下来（PC端搜索首页可以显示70个listing，采集工具可以选择后羿、八爪鱼、爬山虎这些第三方数据采集器），采集到的标题（部分）如下所示：

```
    HYPER GO H16BM 1/16 RTR Brushless Fast RC Cars for Adults, Max 42mph
Electric Off-Road RC Truck, High Speed RC Car 4WD
    RIAARIO 1:18 All Terrain RC Car, 36 KPH High Speed Remote Control Car
with 2.4 GHz Remote Control, 4WD Electric Vehicle Off-Road Truck, 4X4
    HYPER GO H14BM 1/14 Brushless RC Cars for Adults Fast 50 mph, RC
Trucks 4wd Offroad Waterproof, Electric Powered High Speed RC Car
    1/16 4X4 RC Offroad Truck - RTR Durable Beginner RC Car, High Speed 38
km/h, Remote Control w/ 2S 1500 mAh Battery
    RC Cars,All Terrain Remote Control Car,2WD 2.4 GHz Off Road High Speed
20 km/h RC Monster Truck Racing Cars with LED Headlight and
    DEERC RC Car, Remote Control Monster Truck W/ 2 Batteries for 40 min
Play, All-Terrain 2.4GHz RTR Rock Crawler Toy Gift for Boys and Girls Kids
    HAIBOXING 1:18 Scale All Terrain RC Car 18859, 36 KPH High Speed 4WD
Electric Vehicle with 2.4 GHz Remote Control, 4X4 Waterproof Off-Road
    Remote Control Car Toys, RC Toys for 3+ Years Old Boys and Girls Gift
    1:18 All Terrain RC Car, 40 KPH High Speed 4WD Electric Vehicle with
2.4 GHz Remote Control, 4X4 Waterproof Off-Road RC Trucks with 2
    Force1 Tornado LED Remote Control Car for Kids - Double Sided Fast RC
Car, 4WD Off-Road Stunt Car with 360 Flips, All Terrain Tires, LEDs
    HYPER GO H16DR 1:16 Scale Ready to Run Fast Remote Control Car, High
Speed Jump RC Monster Truck, Off Road RC Cars, 4WD All Terrain RTR
    HYPER GO H14BM 1/14 Brushless RC Cars for Adults Fast 50 mph, RC
Trucks 4wd Offroad Waterproof, Electric Powered High Speed RC Car
    HYPER GO H16PL 1/16 RTR Brushless RC Buggy, Fast RC Cars for Adults,
Max 38 mph RC Truck, 4WD High Speed Racing RC Car with 2S
    HYPER GO H16BM 1/16 RTR Brushless Fast RC Cars for Adults, Max 42mph
Electric Off-Road RC Truck, High Speed RC Car 4WD
    HYPER GO 14301 1/14 RTR Brushless RC Drift Car with Gyro, Max 38 mph
Fast RC Cars for Adults, 4WD All-Road Street Bash RC Truck, Electric
    HYPER GO H16DR 1:16 Scale Ready to Run Fast Remote Control Car, High
Speed Jump RC Monster Truck, Off Road RC Cars, 4WD All Terrain RTR
    1:18 Scale Brushless RC Car - 60km/h All Terrain High-Speed & Off-Road
Remote Control Car with 2 Rechargeable Batteries Hobby
    HYPER GO H16PL 1/16 RTR Brushless RC Buggy, Fast RC Cars for Adults,
Max 38 mph RC Truck, 4WD High Speed Racing RC Car with 2S
    1/16 Brushless RC Car, 4X4 RC Offroad Trucks, Portable RC Cars Fast 42
km/h for Adults, High Speed RC Car, Electric Stadium RC Truck for
```

第4章 标签业务应用进阶——标签分析

DEERC DE45 RC Cars Remote Control Car 1:14 Off Road Monster Truck,Metal Shell 4WD Dual Motors LED Headlight Rock Crawler,2.4Ghz

Remote Control Car, 1:18 Scale All Terrain RC Cars, 2WD 20km/h with Colorful LedLight and Two Rechargeable Batteries, Remote

Flybar Hoonigan, Mustang Remote Control Car for Kids - RC Car, RC Cars, Race Car, 3.7V, 2.4 GHz, Detailed Replica Design, USB Rechargeable

Remote Control Car Stunt RC Cars, 90 min Playtime, 2.4Ghz Double Sided 360° Rotating RC Crawler with Headlights, 4WD Off Road Drift RC

HYPER GO 14301 1/14 RTR Brushless RC Drift Car with Gyro, Max 38 mph Fast RC Cars for Adults, 4WD All-Road Street Bash RC Truck, Electric

1:16 Scale Large RC Cars 50km/h High Speed RC Cars Toys for Boys Remote Control Car 2.4G 4WD Off Road Monster Truck (Red)

Rc Cars, 1:18 Remote Control Car 4WD w/2.4Ghz Remote Control 40km/h Waterproof All Terrain High Speed Off Road RC Truck Fast Rc Car

RC Cars, 1:16 RC Truck, Hobby Grade Buggy, 4X4 All Terrains Off-Road, 40 km/h High Speed Remote Control Car, 2.4GHz, 2 Batteries, IPX4

然后针对这些listing标题文本，进行贝叶斯关联度分析，可以得到图4-3所示的分析结果。（技术落地方法请读者参考4.1.3节，工具落地方法请读者参考4.1.4节）

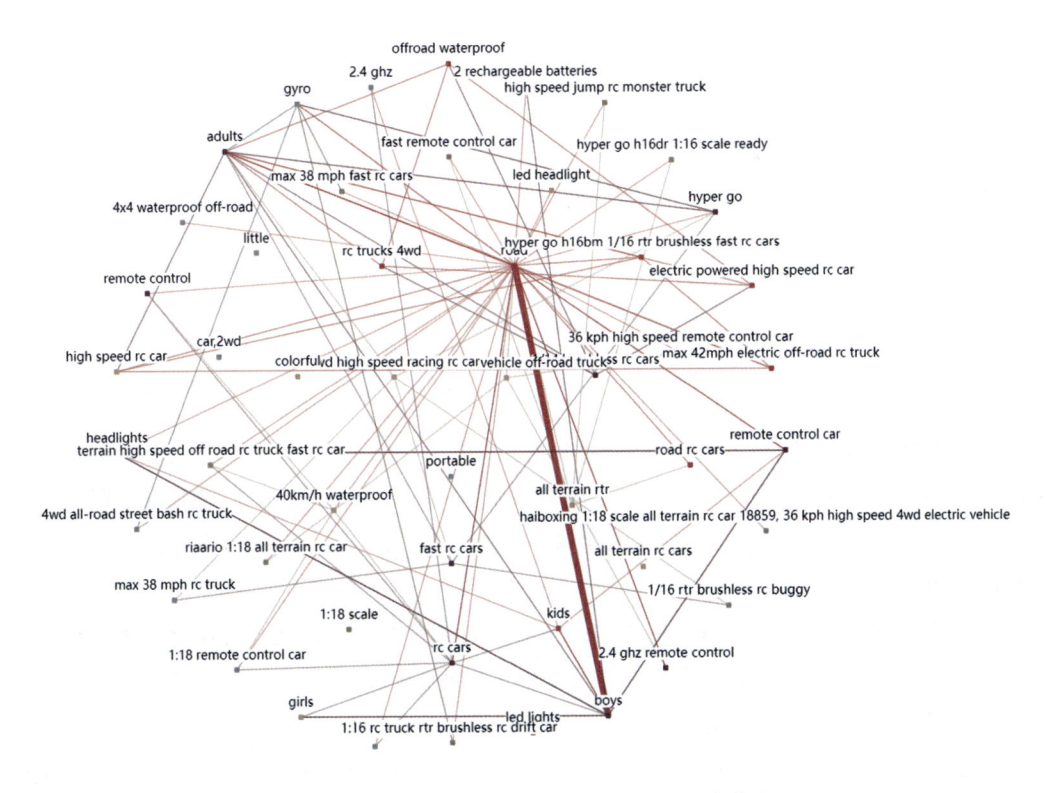

图4-3 遥控车前70个标题单词的贝叶斯关联图

在图4-3中，同时出现概率最大（即贝叶斯关联度最大的两个单词之间，会用线条连起来，关联度越大，线条越深）。如果拆分成具体单词来看，rccar词根与之左邻的高频词如图4-4所示（左邻词的含义为，这些词汇以更大的概率出现在rccar的左边）。

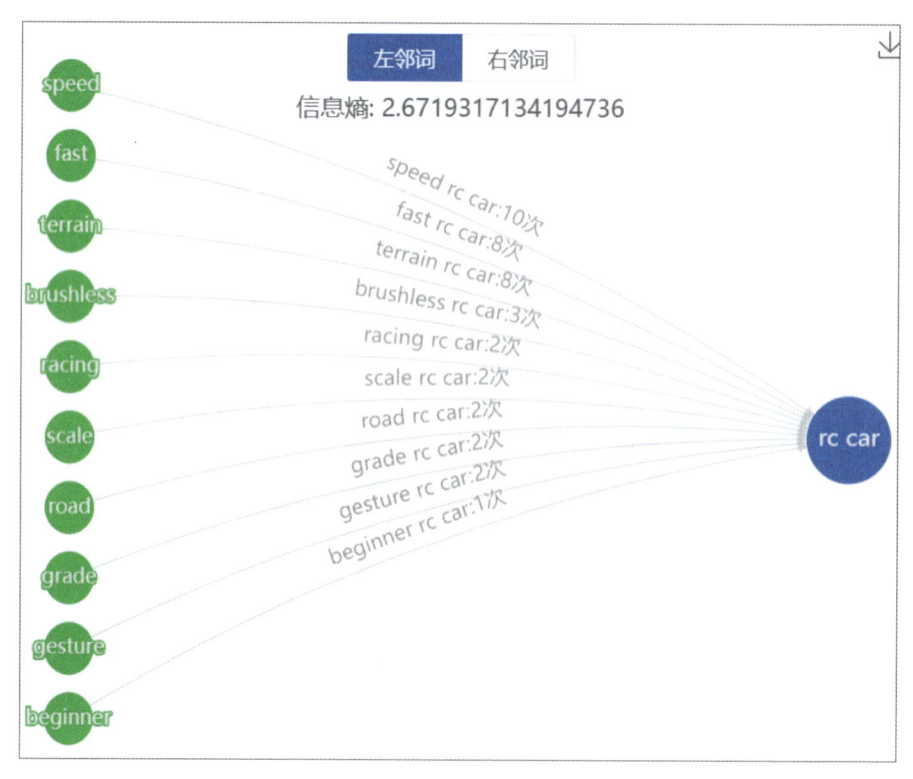

图4-4 rccar的左邻词列表

在图4-4中显示speed与rccar共同出现了10次，且样本集中rccar一共在标题里出现了65次，那么 $P(\text{speed}|\text{rccar}) = \dfrac{\text{speed与rccar共同出现的次数}}{\text{rccar出现的次数}} = \dfrac{10}{65} = 15.4\%$，也就是说speed与rccar的贝叶斯关联度为15.4%，以此类推可以得到一系列与rccar强关联的关键词。

假设现在已经挑选出了5个与rccar强贝叶斯关联度的关键词A、B、C、D、E，那么接下来运营者就可以先筛选出与自己产品最匹配的卖点词，再去计算该卖点词+词根词的贝叶斯强关联度关键词列表，进一步拓词，图4-5中为在"speed+rccar"的组合下，有哪些强贝叶斯关联度词。

重复上述步骤，就可以基本覆盖一个产品的所有卖点词。因此，贝叶斯关联度的分析和计算，可以帮助运营者在无须熟知商品关键词知识的前提下，也可以通过数据逐渐拓展精准词和长尾词，从而不丢失亚马逊的高价值流量。

在本章接下来的两节中，将会分别围绕技术、工具讲解贝叶斯关联度的具体落地方法，请读者根据自身需求选择性阅读。

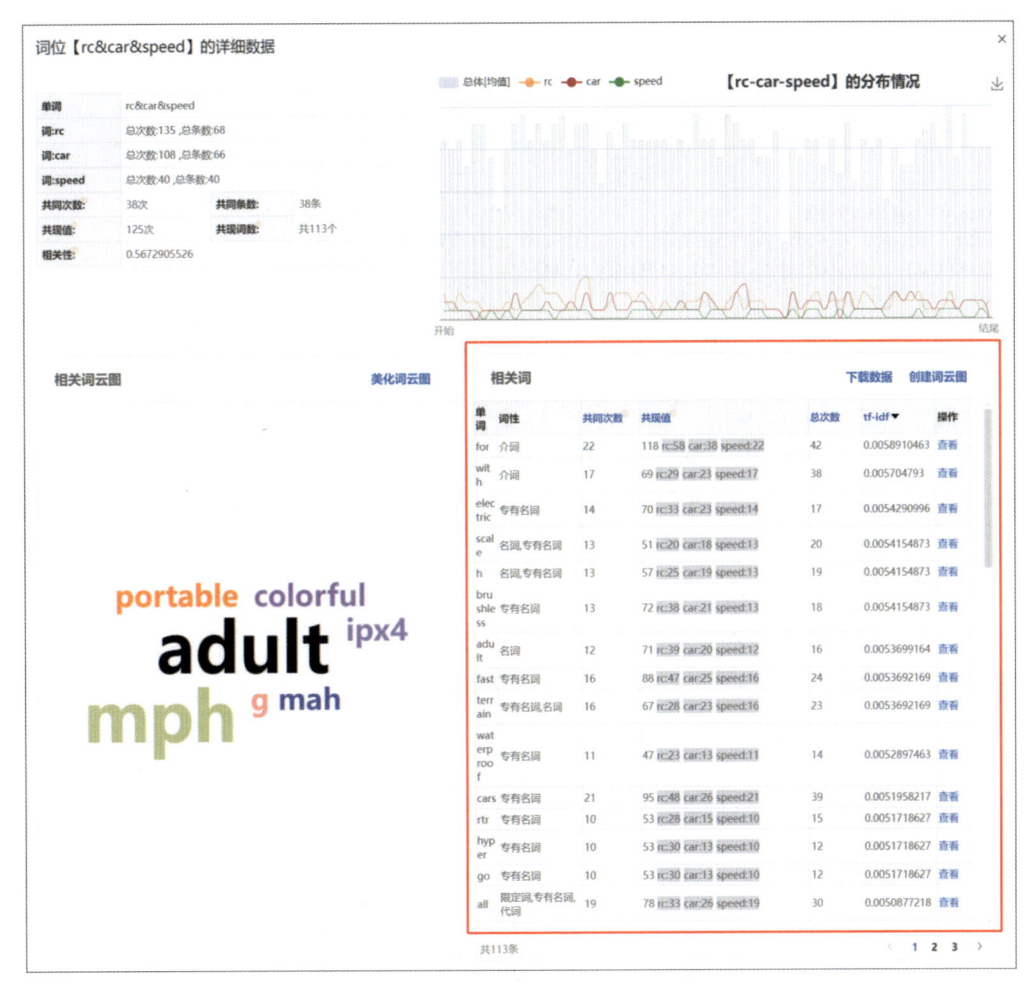

图4-5 speed + rccar的相关词列表（本图为"微词云"工具的分析结果）

4.1.4 不同卖点标签的关联分析

1．需求梳理

在本案例中，笔者将会结合亚马逊listing标题中的卖点标签数据，来利用贝叶斯算法对不同卖点标签进行关联分析，从而帮助运营者找到不同卖点之间的关联性，即看一看哪些卖点经常一起出现。

2．关联分析实施步骤

基于贝叶斯算法进行卖点词关联分析，可以通过以下几个步骤来实现：

第一步，收集并统计卖点词数据。首先，通过收集卖点词的历史组合样本数据，并针对样本数据进行出现频度的统计，以便后续计算用于衡量卖点词关联的概率。例如，运营者可以应用Python自带函数Collections，自动统计卖点词文本库中不同单词或词组出现的频率。如图4-6所示，图中展示了关于毛衣"sweater"相关的卖点词文本的词频统代码及其实现结果，读者可以清楚地从输出结果中看到卖点词"sweater""midi""knit"等词语的出现频率。同理，运营者可以统计所有卖点词搭配出现的频次，如"white sweater，midi sweater，knit sweater"等词组出现的频率。

```
import collections
text = "a white midi sweater midi sweater red knit sweater red midi sweater"
frequency = collections.Counter(text.split())
print("词频统计结果：", frequency)

词频统计结果： Counter({'sweater': 4, 'midi': 3, 'red': 2, 'a': 1, 'white': 1, 'knit': 1})
```

图4-6　卖点词词频统计代码示例

第二步，计算所有出现过的卖点词组合的概率。基于步骤一的词频统计结果，如卖点词A出现的概率P(A)、卖点词B出现的概率P(B)等。同时，运营者可以计算不同卖点词出现的情况下，其他卖点词出现的条件概率。如在卖点词B出现的情况下，卖点词A出现的概率，即P(卖点词A|卖点词B)。

第三步，根据业务需求计算选定卖点词之间关联度。基于步骤2，运营者可以得到的单个卖点词的概率和不同卖点词之间出现的条件概率，然后运营者可以选定任意两个卖点词，采用贝叶斯公式计算其关联度，其操作步骤如图4-7所示。

$$P(卖点词A \mid 卖点词B) = \frac{P(卖点词B \mid 卖点词A)P(卖点词A)}{P(卖点词B)}$$

```
#贝叶斯公式函数
def bayes(pisroom2, proom2, proom1):
    return (pisroom2*proom2)/((pisroom2*proom2)+(1-pisroom2)*proom1)

#基于贝叶斯公式的关联度计算
result = bayes(0.5, 0.6, 0.7)
print("关键词关联度结果：",result)

关键词关联度结果：  0.46153846153846156
```

图4-7　基于贝叶斯公式的关联度计算示例代码

通过上述步骤，运营者可以基于已有的卖点词文本数据，通过相关代码自动化计算在给定一个卖点词的前提下其他不同卖点词出现的概率，进而实现对卖点词之间的关联度分析。

3．模型的效果分析

基于前面小节中对亚马逊商品listing标题文本所识别和提取出的卖点词，运营者可以基于贝叶斯公式，对所有的卖点词进行两两的关联度计算，并通过可视化形成关联度矩阵，如图4-8所示，每个百分比数值代表着其横纵对应的两个卖点词的关联度。

	mini	knit	slim	bodycon	swing
mini	0	43.75%	25.00%	35.10%	34.61%
ruffle	18.08%	6.25%	0	6.38%	34.61%
casual	10.63%	6.25%	25.00%	9.57%	34.61%
sleeveless	20.21%	31.25%	0	27.65%	30.76%
summer	13.82%	0	0	6.38%	30.76%
skater	5.31%	0	0	0	26.92%
party	17.02%	12.50%	50.00%	31.91%	19.23%

图4-8　卖点词关联度矩阵示例

4．模型功能的可拓展性和进阶性

本节介绍的模型和方法主要集中于卖点词的宏观整体分析，即对于采集的关卖点词文本进行全量分析，这种全量分析可以从全局视角看到亚马逊商品卖点词的关联度情况。然而，这种全局的分析仅仅停留在对数据的整体分析，还可以进一步进行细化分析，参考方向如下：

一是，从自比的视角开展纵向时间维度上的对比分析。具体可以将卖点词数据根据采集出现的时间进行划分，然后对不同时间窗口中的卖点词数据进行关联分析，最后可以进行时间维度上的同比和环比分析，挖掘出不同时间段之间卖点词的变化情况，找到潜在的季节性变化规律，从而可以动态调整卖点词。

二是，从他比的视角开展横向分类维度上的对比分析。具体可以根据业务需求，将不同类型的商品卖点词进行归类后再分析，例如归类高销售量卖点词和低销售量卖点词的差异，分析不同卖点词之间的关联性的不同情况，从而辅助优化商品卖点词。此外，还可以对不同类型衣服、不同季节衣服等的商品卖点词进行横向的对比分析，找到相同的词组在不同类型商品卖点词上的关联性差异，辅助商家为不同的售卖商品找到更优的卖点词组合。

4.1.5　微词云与AdTron工具的落地方法

1．微词云

搜索"微词云"工具并进入主页，然后选择"英文分词"功能，如图4-9所示。

在界面中输入想要进行贝叶斯分析的内容文本，在此以listing标题分析为例，在板块中输入了几十个listing标题，如图4-10所示。

图4-9 微词云的"英文分词"功能(框选部分)

图4-10 在输入内容板块输入需要分析的文本

点击右上角的"下一步"按钮,页面会弹跳等待信息,处理的文本量越大,需要等待的时间就越长,如图4-11所示。

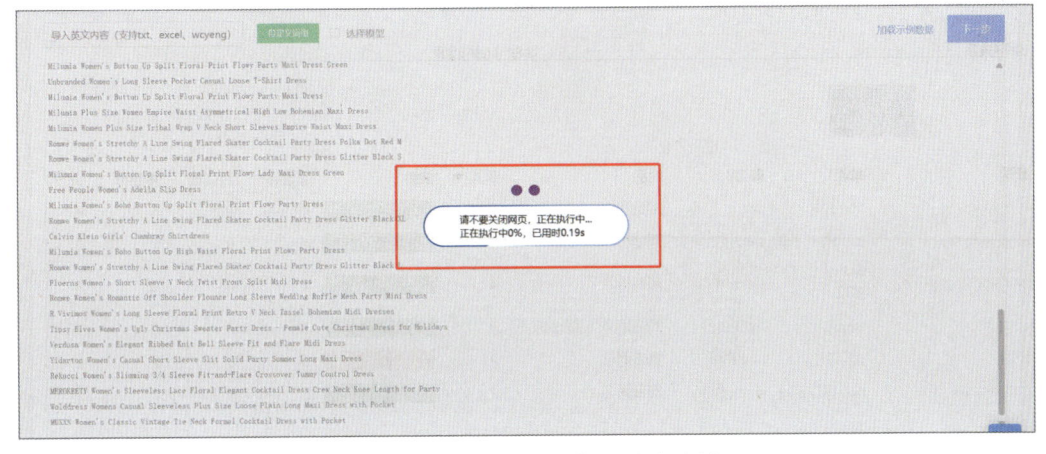

图4-11 点击"下一步"后等待片刻

之后就进入了分析结果页面,这个页面展现了从各个维度对文本分析的结果,如图4-12所示。

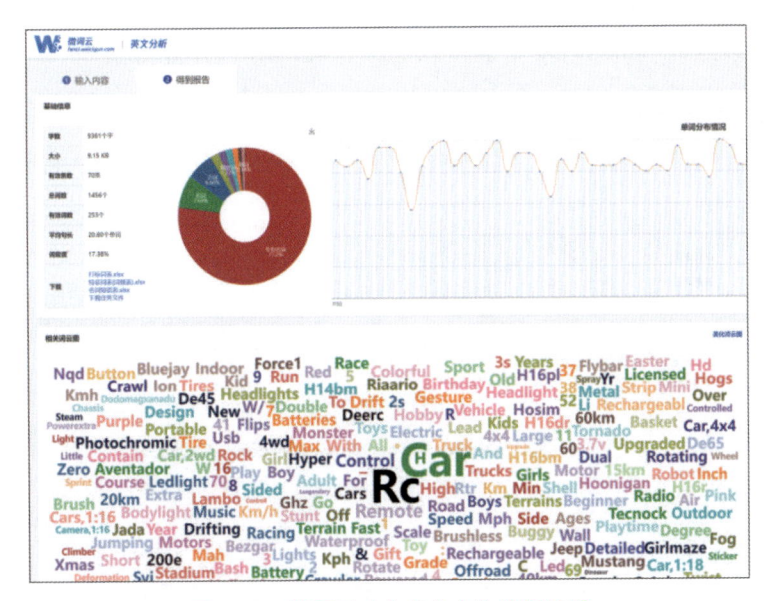

图4-12 微词云对内容文本的分析结果

在分析结果页面上,微词云会展示丰富的文本分析内容,例如"词云图"就是词频分析的可视化展现(出现频率越高的文本,就会用越大的字体显示出来),"词位表"则是不同单词出现的位置前后。在贝叶斯关联度的分析上,运营者可以参照"依存句法关系表"(如果运营者本身分析的对象里词组关键词较少,则可以直接点击词云图的单词),如图4-13所示。

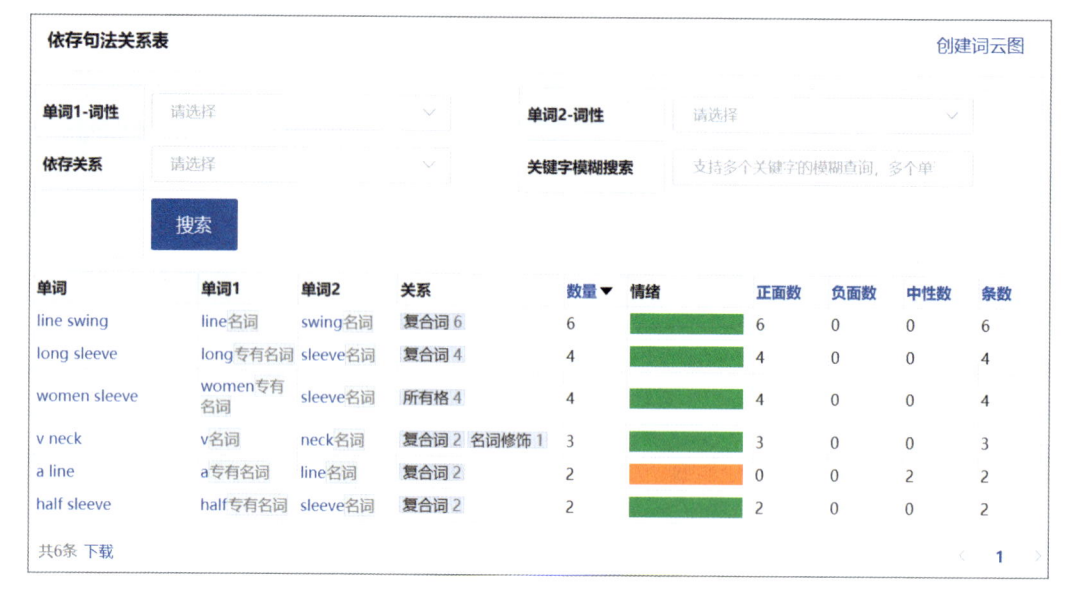

图4-13 微词云的依存句法关系表

在文本集可能存在词组的情况下，"依存句法关系表"可以有效地把与词组贝叶斯关联度较高的关键词筛选出来，例如在案例中，"line swing"（线摆）是一个较为核心的关键词，此时运营者可以点击"line swing"，就可以得到图4-14所示的分析表格。

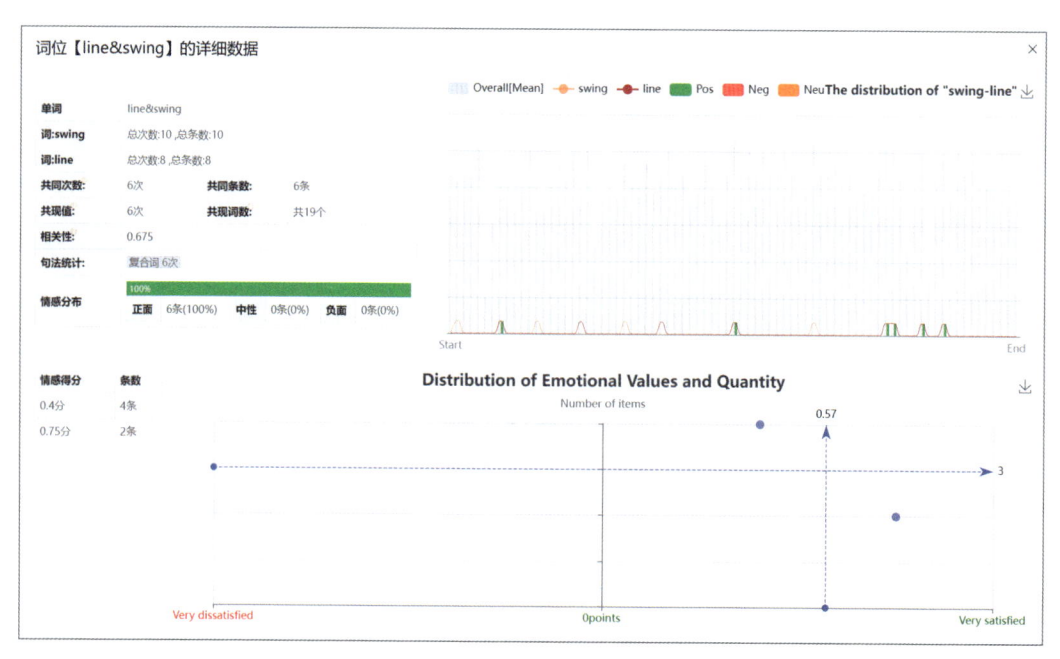

图4-14 "rccar"的详细分析数据

在这个详细分析数据表中，有一个板块名为"相关词"，其从概率高到低展现了和"line swing"共同出现的关键词，如图4-15所示。

单词	词性	共同次数	共现值	总次数	tf-idf ▼	操作
red	专有名词	2	4 swing:2 line:2	3	0.006764719	查看
polka	专有名词	2	4 swing:2 line:2	2	0.006764719	查看
dot	专有名词	2	4 swing:2 line:2	2	0.006764719	查看
l	专有名词	2	4 swing:2 line:2	2	0.006764719	查看
black	专有名词	3	6 swing:3 line:3	5	0.0059356604	查看
glitter	专有名词	3	6 swing:3 line:3	3	0.0059356604	查看
m	专有名词	1	2 swing:1 line:1	1	0.005360913	查看
s	专有名词	1	2 swing:1 line:1	1	0.005360913	查看
xl	专有名词	1	2 swing:1 line:1	1	0.005360913	查看
dress	专有名词,名词	6	12 swing:6 line:6	81	-0.0045132667	查看
women	专有名词	6	12 swing:6 line:6	71	-0.0045132667	查看
's	助词	6	12 swing:6 line:6	64	-0.0045132667	查看
party	专有名词	6	12 swing:6 line:6	30	-0.0045132667	查看
romwe	专有名词	6	12 swing:6 line:6	12	-0.0045132667	查看
cocktail	专有名词	6	12 swing:6 line:6	11	-0.0045132667	查看

共19条

图4-15 "相关词"列表

在"相关词"列表中，"共同次数"表示了与"line swing"一同出现在标题里的次数，以图4-15的数据为例，"red"与"line swing"一共出现了2次，"dress"与"line swing"一共出现了6次，最后是"party"与"line swing"一共出现了6次。

假设运营现在要挑选"line swing"的关联词，那么可以把"m""s""xl"这类没意义的介词、字母、数词后，剩下的词中则可以根据共同出现次数的多少逐一参考。

综上所述，介绍了如何用微词云工具分析贝叶斯关联度，其实除了关联度之外，微词云还有很多进阶的文本分析能力，读者感兴趣可以自行探索。

2．AdTron关键词工具

除了微词云这类深度文本分析工具外，笔者还会介绍一款体验更流畅，更适合亚马逊运营的原生工具——AdTron关键词工具，它不仅可以解决文本贝叶斯关联度分析的问题，还可以帮助运营者自动生成标题、五点描述、A+文案，同时还可以辅助查词和优化listing。

运营者可以打开AdTron关键词工具首页（扫码关注AdTron公众号，在下方菜单栏获取官网网址），点击"免费使用"按钮，其操作如图4-16所示。

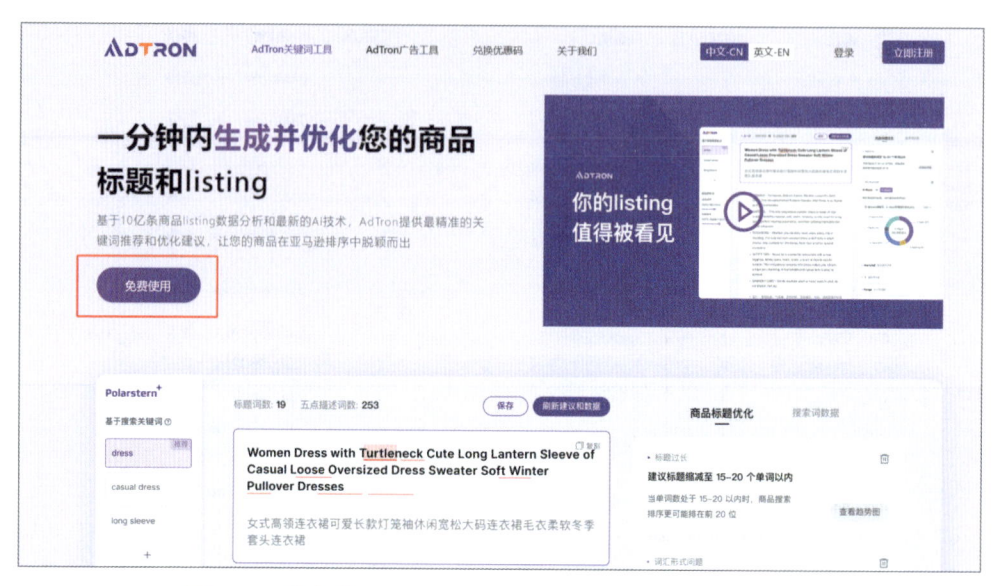

图4-16　点击"AdTron关键词工具"上的"免费使用"按钮

然后弹出AdTron关键词工具首页界面，如图4-17所示。

图4-17　AdTron关键词工具首页

这时运营者可以根据自身的需求选择功能，如果想上架新品，则可以点击左边的"我要上架"板块；如果想优化listing，则可以点击右边的"我要优化"板块。在本节中以"我要优化"板块为例进行讲解，此时只需要在对应板块中输入想要优化的ASIN信息，再点击"下一步"按钮即可，如图4-18所示。

图4-18　在"我要优化"中输入ASIN信息，点击"下一步"

接着就会进入AdTron关键词工具的操作页，该页面左边展示的是标题、五点描述、A+描述的优化板，右边则是标题不同关键词的优化建议，以及关联词（贝叶斯关联度较高的词）推荐，如图4-19所示。

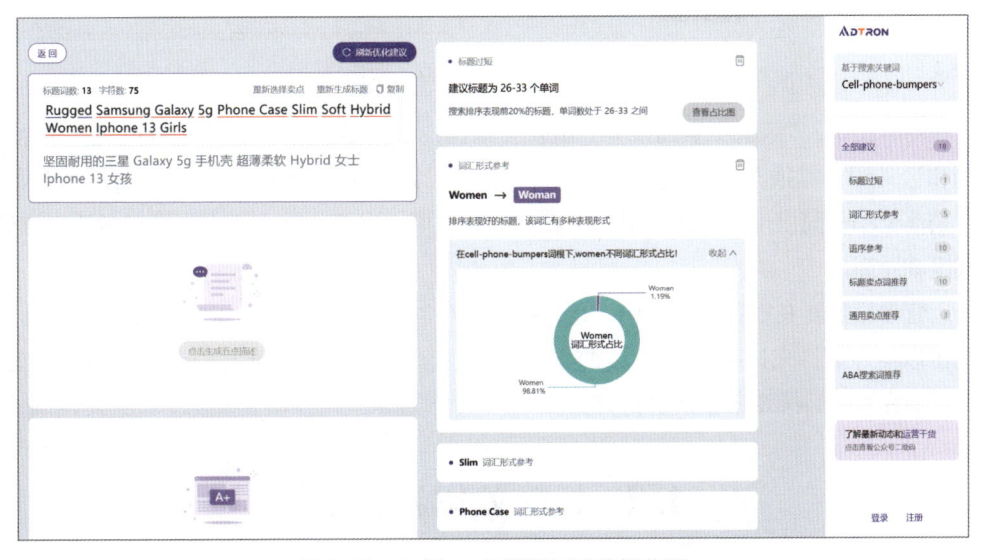

图4-19　AdTron关键词工具的操作页

打开"标题卖点词推荐"板块，就可以看到图4-20所示的界面。

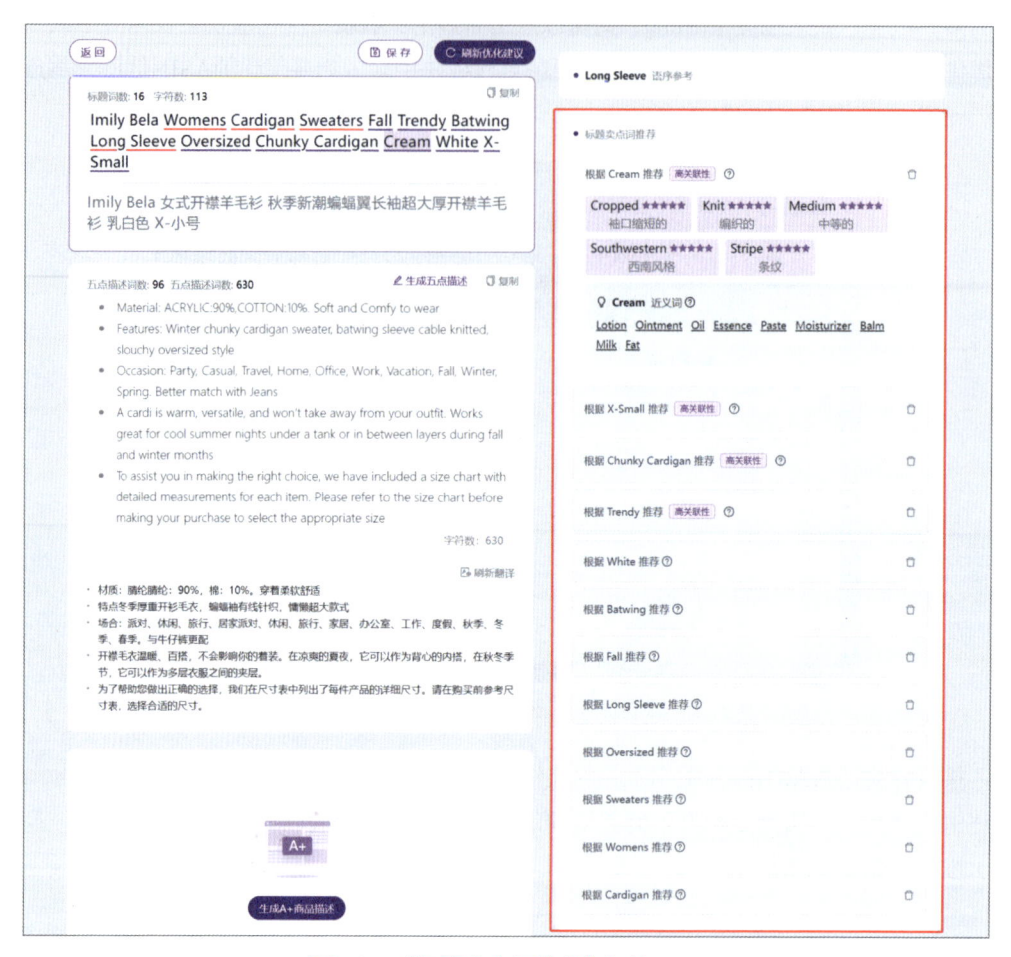

图4-20 "标题卖点词推荐"板块界面

在图4-20中，"标题卖点词推荐"板块会根据listing标题中出现的卖点词，逐一推荐关联词和近义词，其推荐的逻辑就是贝叶斯关联度，即如果某个卖点词与listing标题的卖点词以较高概率一同出现在搜索结果里，就会被系统推送出来，其中获得星星越多的卖点词，关联度就越高。

运营者只需要在推荐词列表中，逐一挑选自身需要的词汇即可（由于每个词都有翻译，因此可以参照翻译来进行筛选）。AdTron关键词工具除了卖点词推荐外，还有许多其他功能，将会在本书后续章节依次进行介绍。

4.2 标签文本位置分析

在亚马逊listing标题优化或者广告投放中，关键词的位置异常重要，在listing标题中，排在靠前位置的关键词可以有更大概率被曝光,而在广告投放中,将很多流量词放在投放词前面,则可以增加广告投放的潜在曝光量,因此,分析卖点词(即标签文本)的位置异常重要。

在本节中,将会结合3σ法则和具体的技术落地+工具落地方法,给读者讲解标签文本位置分析的知识。

4.2.1 listing 标题关键词优化分析方法

本节涉及的listing标题关键词相对词位优化分析方法是三西格玛原则,它是一种基于统计学的质量控制方法,主要用于判断数据是否正常或是否存在异常的标准。下面将针对相关方法的概念和应用进行介绍。

三西格玛原则(three sigma rule)是统计学中的概念,也被称为"68-95-99.7规则",它基于统计学中的正态分布理论,将过程输出的均值与目标值的偏差控制在三个标准差以内,以确保过程的稳定性和产品的一致性。

通过应用三西格玛原则,可以帮助人们理解和分析数据的分布情况,评估过程的稳定性和可靠性,并确定是否存在异常值或偏离正常范围的情况。这对于质量控制、风险管理、产品设计和过程改进等领域都非常重要。三西格玛原则提供了一个有用的参考标准,帮助人们判断数据的可信度和合理性,以便做出相应的决策和改进措施。

三西格玛原则又称为拉依达准则,它是先假设一组检测数据只含有随机误差,对其进行计算处理得到标准偏差,按一定概率确定一个区间,认为凡超过这个区间的误差,就不属于随机误差而是粗大误差,含有该误差的数据应予以剔除。

在正态分布中,σ代表标准差,μ代表均值。对于需要分析的正态分布数据,其中的数值分布在($\mu-\sigma,\mu+\sigma$)中的概率约为68.26%,数值分布在($\mu-2\sigma,\mu+2\sigma$)中的概率约为95.44%,数值分布在($\mu-3\sigma,\mu+3\sigma$)中的概率约为99.74%。

因此运营者可以认为:Y的取值几乎全部集中在($\mu-3\sigma,\mu+3\sigma$)]区间内,超出这个范围的可能性仅占不到0.3%(其概率分布见图4-21)。通过这个概率判断,可以对一些信息进行概率上的统计研究,了解分析对象的产生是否属于大概率的情况还是小概率事件。

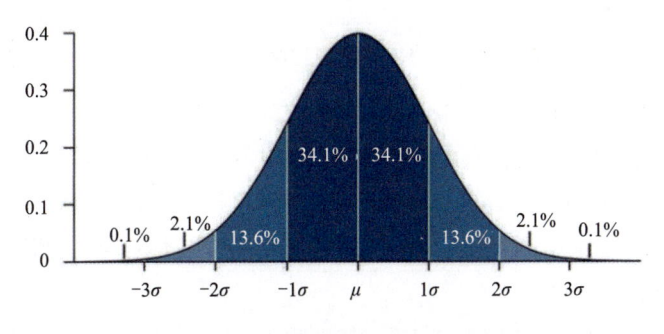

图4-21 三西格玛原则概率分布示例

4.2.2 listing 标题标签高置信度区间范围分析与技术

1. 需求梳理

在本案例中，笔者讲述的需求是优化不同 listing 卖点词的位置，以提高产品的点击率和曝光程度。具体来说，由于不同种类关键词在标题中摆放的位置，直接决定了该关键词是否可以在曝光页被用户看到，从而会影响产品点击率，因此对于不同卖点词的 listing 标题位置需要进行精准优化。

一般来说，在产品链接被曝光到用户眼前的一瞬间，如果用户比较关心的某个核心卖点词没有出现在标题曝光长度内，那么这会导致产品链接点击率的下降。而亚马逊平台前台界面中 listing 标题的曝光长度是有限的，其中不同品类有不同的标题曝光长度，部分关键词需要出现在标题的靠前位置来获得曝光，从而提升 listing 点击率。

举例而言，很多非图片直观可见的核心卖点，就需要在商品卖点词靠前的位置体现，从而实现对消费者进行有效传达。然而，对于很多铺货/精铺卖家而言，对 listing 逐一分析产品的卖点并优化标题需要耗费大量的时间成本，因此需要更快捷高效的方法来对关键词的位置进行优化。

以服装品类中的裙子为例，其标题曝光可见长度一般为 8~10 个单词，如图 4-22 所示。

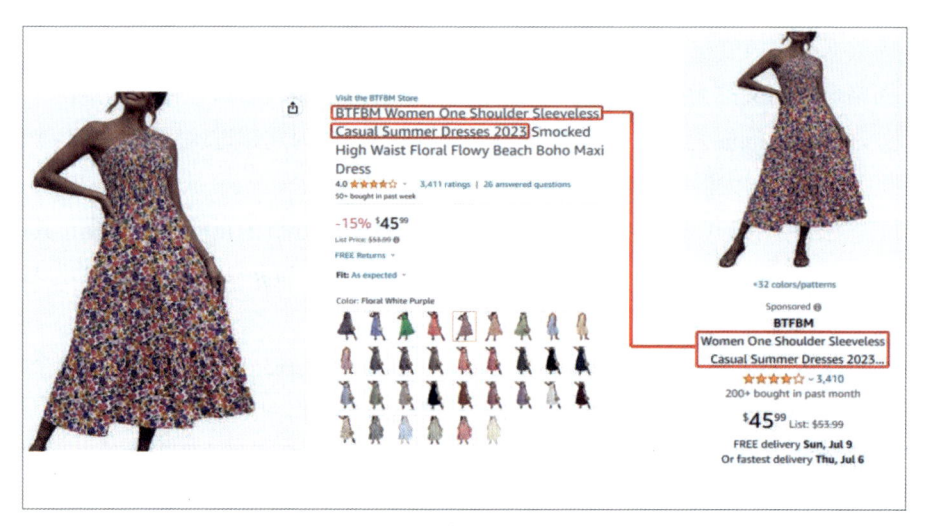

图 4-22 服装品类 listing 商品卖点词示例

在图 4-22 中截图的左边部分为商品详情页，右边部分为商品曝光页，框选部分为商品标题，可以看到该商品标题中只有靠前部分的文本才会显示出来，其他靠后文本是省略号。

在上文中已经提及标题本身就是产品基于"人、货、场"的关键词描述，那么在标题曝光长度里应该基于怎样的标准去摆放关键词呢，其标准就是：**将非图片直观可见的核心卖点放于 listing 标题前部！**

所谓"非图片直观可见的核心卖点"，其本质由两个要素组成：**非图片直观可见+核心**

卖点，前者指的是消费者无法直接通过图片辨认的卖点信息，后者指的是与消费者需求强关联的产品信息。

以图4-23中的充电宝为例，用户在看到这个充电宝产品图的时候，可以直观从图片中了解的卖点有"黑色、品牌logo、单键按钮、多接口、轻薄"，而**消费者还非常关心的充电宝卖点还包含"容量、兼容性、材质、场合限制（是否可以带上飞机、火车等）、具体尺寸/重量"等，这些信息无法通过图片直观显示**，需要通过在标题曝光长度内通过不同关键词对消费者进行传达。在产品链接被曝光到用户眼前的一瞬间，如果用户比较关心的某个核心卖点词没有出现在标题曝光长度内，那么这会导致产品链接点击率的下降。

图4-23 充电宝产品示例

很多亚马逊运营者忽略了这些细节，仅仅只是在标题中罗列不同卖点关键词，而没有意识到哪些词需要放在标题曝光长度内，哪些词不需要放在标题曝光长度内，这极大地浪费了listing产生曝光时的价值。尤其是头部listing的竞争都体现在业务细节，某些核心卖点信息如果既没办法通过图片直观体现，也没有在标题曝光长度内被展示的话，用户会因为核心卖点信息无法感知从而减少点击链接的概率，长期如此会导致大量潜在订单流失。

2. 卖点词的绝对词位和相对词位

在上文中阐述了标题曝光长度内放置关键词的原则，但如果用"非图片直观可见的核心卖点"这一原则去逐一优化产品listing标题会非常耗时耗力，这时候可以参考"词位"这一指标作为参考提升优化标题的效率。词位分为两种计算维度：绝对词位和相对词位。

绝对词位指的是一个关键词在标题中的绝对位序。

相对词位指的是一个关键词在标题中的位置百分比。

在图4-24中的listing标题为例，其完整标题信息（排除品牌名）为"Men's Crew T-Shirts, Multipack, Style G1100"，其各个单词的绝对词位和相对词位如下：

- **Men's**：绝对词位1，相对词位1÷6≈17%，其中"6"的意思是该标题由6个单词组成，下文不再赘述；
- **Crew**：绝对词位2，相对词位2÷6≈33.3%；
- **T-Shirts**：绝对词位3，相对词位3÷6 = 50%；
- **Multipack**：绝对词位4，相对词位4÷6≈67%；

- **Style:** 绝对词位5，相对词位5÷6≈83%；
- **G1100:** 绝对词位6，相对词位6÷6=100%。

图4-24　衣服标题词示例

由此可以发现，绝对词位是将标题文本按空格拆分后，具体单词所处的位置，相对词位为：绝对词位置/标题长度×100%。

一般而言，**相对词位0~40%为前序词**，这些位置大部分都属于标题的曝光长度内，**相对词位40%~70%为中序词**，这些位置可能有部分已经不属于标题的曝光长度内，**相对词位70%~100%为后序词**，这些位置大部分都不属于标题的曝光长度内，如图4-25所示。

图4-25　标题词位划分示例

考虑到不同listing的标题长度各不相同，所以使用相对词位作为参考标准会更合适。

3．词位技术落地分析

在上文中已经提及了关键词在标题中位置的差异对业务的影响，部分关键词需要出现在标题的靠前位置来获得曝光，从而提升listing点击率。对于很多铺货/精铺卖家而言，一个一个 listing 分析产品的卖点并优化标题需要耗费大量的时间成本，因此需要更快捷高效的方法来对关键词的位置进行优化，而三西格玛原则就可以有效解决这个问题。下面是一个使用 Python 进行三西格玛分析的示例。

首先，运营者需要导入 Python 所需的分析工具包。在这个例子中，将使用 Numpy 和 Scipy。运营者将畅销商品的卖点词作为分析对象，对每条标题文本进行词位的分析，得到卖点词及其对应的相对词位百分比。以 "Men's Crew T-Shirts" 为例进行卖点词相对词位分析，示例代码如图 4-26 所示。

```
#确定标题文本
input_string = 'Men's Crew T-Shirts'

#标题词语划分
words = input_string.split()

#标题词语长度测量
length = len(words)

#分析每个买卖点词的相对词位并输出
for num in range(length):
    print("单词:",words[num]," 相对词位:",(num+1)/length)

单词: Men's    相对词位: 0.3333333333333333
单词: Crew     相对词位: 0.6666666666666666
单词: T-Shirts 相对词位: 1.0
```

图 4-26　商品标题相对词位分析示例

可以通过图 4-26 所示的方法将所有畅销商品的卖点词的相对词位分析出来，然后可以计算出所有畅销商品不同卖点词相对词位的平均值、标准差和三个西格玛上下限的范围，如图 4-27 所示。

```
import numpy as np

#读取数据
data = input_data
mean = np.mean(data)    # 计算平均值
std = np.std(data)      # 计算标准差

# 计算三个西格玛的范围
upper_bound = mean + 3 * std
lower_bound = mean - 3 * std

#输出指定单词相对词位的均值、标准差和三西格玛范围
print("均值:",mean,"标准差:",std)
print("三西格玛上限:",upper_bound,"三西格玛下限:",lower_bound)

均值: 0.4932114938764707 标准差: 0.14805497380035387
三西格玛上限: 0.9373764152775323 三西格玛下限: 0.049046572475409056
```

图 4-27　基于三西格玛原则的卖点词相对位置分析示例

上述代码示例中显示分析的卖点词在畅销商品标题中主要集中在大约0.493的位置，即标题词的中间位置附近，99.7%的情况下相对词位会出现在14.8%至93.7%的位置之间。

最后，运营者还可以使用Scipy库中的函数来绘制数据的正态分布图和三个西格玛范围，示例代码和数据分布分别如图4-28与图4-29所示。

```python
from scipy import stats
import matplotlib.pyplot as plt

# 绘制数据的直方图
plt.hist(data, bins=30, density=True, alpha=0.5, color='blue')

# 绘制分布曲线
xmin, xmax = plt.xlim()
x = np.linspace(xmin, xmax, 100)
p = stats.norm.pdf(x, mean, std)
plt.plot(x, p, 'k', linewidth=2)

# 绘制三个西格玛范围
plt.axvline(x=lower_bound, color='red', linestyle='--')
plt.axvline(x=upper_bound, color='red', linestyle='--')
plt.show()
```

图4-28 三西格玛范围图生成代码示例

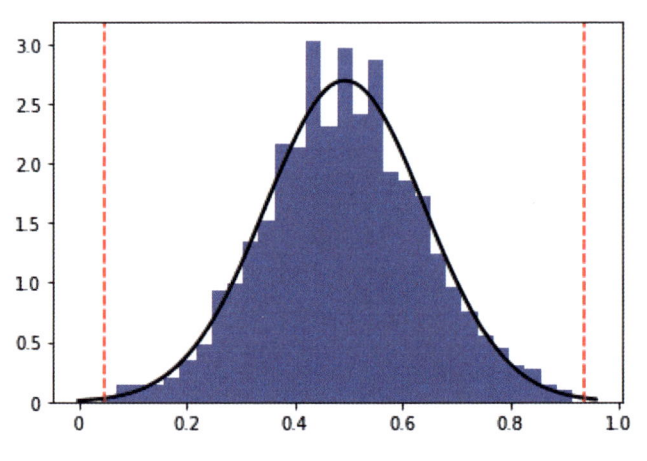

图4-29 基于三西格玛分析的直方图

在图4-29中左右两条虚线表示三西格玛上下限的位置，即本文分析的畅销卖点词99.7%概率下的相对词位，该结果可以用于支持卖点词相对词位的优化。

4．词位分析工具效果展示

在上文中已经介绍了如何用技术方法（Python语言）对listing标题的卖点词位置进行分析，接下来将围绕AdTron工具讲解如何用工具做词位分析。

AdTron关键词工具的词位分析功能是免费的，读者也可以搜索关注"AdTron"公众号，在下方菜单栏中点击"工具链接"，就可以收到网站的快捷回复了，如图4-30所示。

图4-30　AdTron公众号截图

进入AdTron关键词工具后，可以在"我要优化"功能栏中输入需要优化的商品链接或者商品ASIN，如图4-31所示。（如果运营者是想要新上架listing，也可以使用"我要上架"功能进行使用，在此不重复演示操作）

点击"下一步"按钮后，就可以得到图4-32所示的listing分析主页，其中框住的部分就是词位分析卡片（也被称为"语序参考"）。

图4-31　在"我要优化"功能中输入链接或者ASIN

图4-32　listing分析主页

如图4-33所示，展现的是在cardigan-sweater（开衫毛衣）类目下，sweaters关键词在标题里相对词位的概率分布。

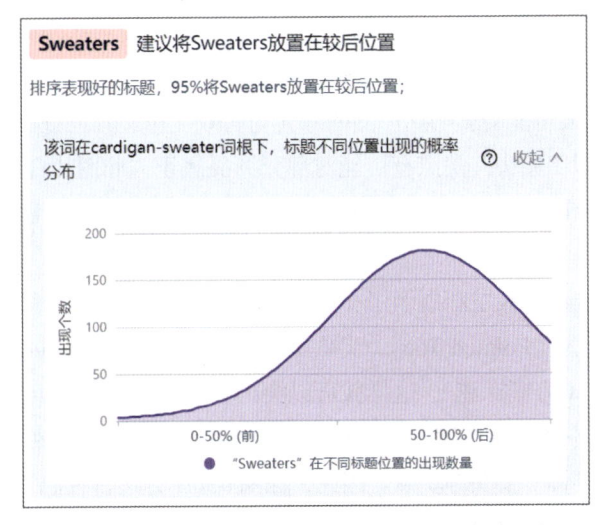

图4-33 基于三西格玛原则的分析工具效果示例1

从图4-33中可以看出,"sweaters"这个词倾向于被放置在标题靠后的位置,且分布较为平缓。根据三西格玛原则,如果由运营将"sweaters"关键词放在标题靠前的位置,则很可能需要优化其关键词位置。其位置摆放的业务含义为"sweaters",本身含义为"毛衣",虽然其本身是一个大流量的词根词,但是在"cardigan-sweater"即开衫毛衣品类下,"sweaters"并不属于上文提及的"非图片直观可见的核心卖点",也就是说大部分用户在浏览毛衣类listing时,可以一眼辨认出这是个"sweaters"毛衣类产品,因此该词没必要放在listing标题靠前位置。

除此之外,还列举了另一个常见人群词"Pointed Toe"尖头(卖点词)在ankle-high boot(脚踝高筒靴)类目下的标题相对词位概率分布,如图4-34所示。

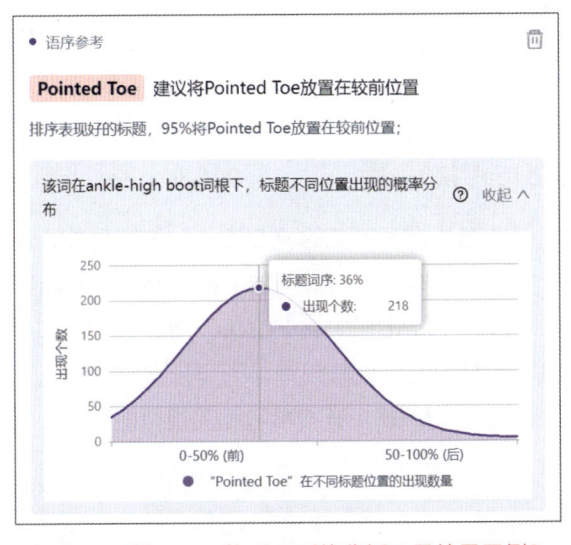

图4-34 基于三西格玛原则的分析工具效果示例2

从图4-34中可以看到，大部分搜索排序靠前的listing链接标题倾向于把"Pointed Toe"放在中部靠前的位置，那么根据三西格玛原则，如果有运营者把"Pointed Toe"放在了标题靠后的位置，那么很可能会影响到产品的曝光与有效流量。其位置摆放的业务含义为：

"Pointed Toe"即"尖头"卖点有可能对部分商品属于"**非图片直观可见的核心卖点**"，有可能对部分商品不属于"**非图片直观可见的核心卖点**"，此时笔者用实体产品的图片举例可能更容易理解。

以图4-35为例，该listing主图展示了一双鞋子产品的侧面，此时消费者并没有办法直观了解到鞋的前部是否为"Pointed Toe"（尖头），因此运营者把"Pointed Toe"放在了listing标题文本靠前的位置（方框标注），这样就可以突出"**非图片直观可见的核心卖点**"。

相比于图4-35的主图拍摄角度，如图4-36所示的主图则可以让消费者清晰地感知到鞋子商品的"Pointed Toe"即"尖头"卖点。因此，在图4-36中，运营者把"Pointed Toe"放在标题靠后的位置，而把"ChunkyBlock""LowHeel"这些卖点放在了listing标题靠前的位置。

图4-35 "PointedToe"摆放位置　　图4-36 "PointedToe"摆放位置

除了上述这些涉及"**非图片直观可见的核心卖点**"的应用外，还有一些卖点词的词位分布是有单独规律的，尤其是一些人群词，例如"women's""men's"等（见图4-37），或者listing店铺的品牌词，例如"FISACE""ImilyBela"等，运营者如果在AdTron关键词工具中发现某些词的分布具有明显的集中度与规律，则可以把这些词认为是有特定分布倾向的"特殊词"，在listing标题的卖点词编辑上直接参考相关规律即可。

语序参考

Women's 建议将Women's放置在较前位置

排序表现好的标题，95%将Women's放置在较前位置；

该词在ankle-high boot词根下，标题不同位置出现的概率分布

标题词序：7%
出现个数：256

0-50%（前）　　50-100%（后）

"Women's"在不同标题位置的出现数量

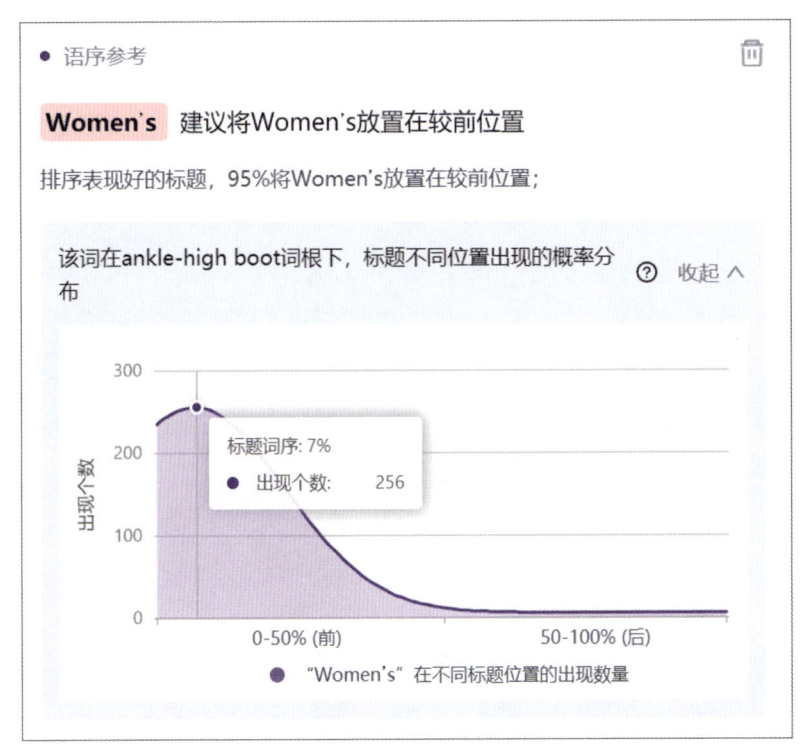

图4-37 "Women's"人群词在ankle-high boot词根下的词位分布规律

以上这些信息让运营者理解了关键词词位分析的原理和应用，笔者也希望通过这些内容可以帮助运营实现更精细化的运营，也欢迎更多运营者使用AdTron工具来对自身的listing进行优化，从而实现数据导向运营的目的。

5．内容小结

本节以三西格玛原则这一统计学领域经典的方法为例，介绍了相关的原理和应用方向。同时，本节内容从商品卖点词的词位分析角度出发，立足于实际业务场景，基于亚马逊商品listing标题数据进行了畅销商品卖点词的相对位置的分析，并将基本的数据分析流程、底层重要代码实例展现出来，从可实操的角度介绍了相关的技术内容。

卖点词词位的分析和优化是在亚马逊平台销售商品的运营业务场景之一，卖点词曝光效果的差异对于商品的销量存在不小的影响。三西格玛原则为卖点词的位置优化提供了重要参考，该原则的主要目的是通过统计分析，挖掘出数据主要的分布位置和集中情况。

综上所述，卖点词位置分析是具备较强的业务有效性，能够较好地结合亚马逊跨境电商的业务场景，对畅销商品标题卖点词位置进行分析，可以提供自身的卖点词位置优化思路，大大节省运营者的分析时间。**值得注意的是，本章所展示的模型效果仅仅基于示例，在真实的业务场景中会有更多的功能和更好的效果，也欢迎读者尝试使用已成熟的分析工具。**

第 5 章

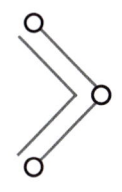

标签体系 + ChatGPT 在广告中的应用

由于部分运营者对平台逻辑、用户需求，甚至运营业务的片面理解，在亚马逊广告操作时就会产生误判。由于广告属于付费工具，如果优化方向错误，越是使用高效的方法，最终产生的效果反而越差。因此，在将标签体系+ChatGPT应用至广告前，需要对亚马逊平台的广告逻辑进行整体性的梳理，以便运营者能够更加全面地了解和使用标签体系。

广告是亚马逊三方博弈过程中的难点和关键。这里所谓的三方博弈，是指亚马逊平台、用户及卖家在相同的交易场景下，由于自身利益出发点的不同，从而选择采取的不同行为，最终对三方产生了相应的后果。用户追求的是购物体验的优化以及商品质量的保障，希望通过搜索信息找到自己理想的商品；卖家期待增加产品曝光度，推动销售量提升；亚马逊作为平台方需要促成交易赚取佣金，以此确保自身的长期发展。三方博弈的关系如图5-1所示。

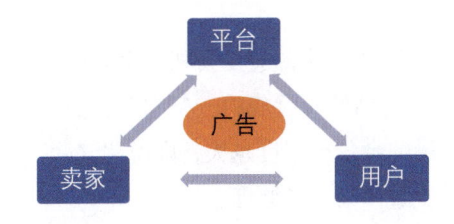

图5-1 广告在亚马逊三方博弈中的关系

在实际博弈场景中，用户作为个人获取信息的能力有限，因此更依赖平台为其收集和加工信息。平台可以选择将更好的展示位置向卖家进行拍卖，获取额外利润。由于展示位的收费与用户获取信息的成本相关，非标类目商品（服装等）逐渐替代标品类目商品（图书等）成为主流。而在卖家内部也会出现分化，随着大卖家与平台的长期合作，信息获取成本更高的产品将被挤出市场，品牌商品也将逐渐代替个人出售的非品牌商品。

因此，广告作为推广商品信息的工具，在不同的运营阶段有着不同的作用。对运营者而言，要想在三方博弈中获取优势，需要知己知彼，找到合适的广告优化思路，才能够取得更好的运营效果。

5.1　广告体系搭建与 ChatGPT 生成

在亚马逊提供的广告工具中，运营者日常使用最多的是SP广告和SB广告，它们都属于站内CPC广告。对亚马逊这样一个重视飞轮效应的电商平台而言，收益最大化的路径不在于提升单次点击费用，而在于更加高效的流量分发。从短期来说，由于CPC广告按点击付费，而每天的曝光时间是有限的，因此广告投放越精准，就越有利于提高曝光点击率，从而提升整体的广告收益。从长期来看，精准的广告更有利于提升用户的购物体验和复购，进而提升用户长期价值。

5.1.1　标签体系与协同过滤方法

协同过滤算法（collaborative filtering）是亚马逊从1998年开始使用的推荐算法，也是目前应用最广泛的广告推荐算法之一，主要分为基于物品的协同过滤（item-based CF）和基于用户的协同过滤（user-based CF）。通过分析用户搜索历史和购买行为，能够更准确地向用户展示与其兴趣相关的产品，提高点击率和转化率。对广告业务来说，协同过滤算法可以实现高效的流量分发策略，确保广告能够准确、精准地触达潜在买家，实现长期利润最大化，如图5-2所示。

要想做到准确推荐，首先需要将产品打上准确的标签。举例来说，对上衣类目的商品，可以通过领型、袖长等多个维度设置标签向量后，完成相同类目下商品相似度的计算并进行流量推送。虽然在实际业务中，销量、评论等其他因素也被纳入考量，但在新品期内，关键词仍然是产品最重要的标签之一。

依靠标签体系建立的协同过滤算法，通常会利用**余弦相似度**作为判断指标的核心。具体来说，在完成标签标注后，商品信息就成为一条向量，而余弦相似度是衡量两个向量之间方向差异的度量。两个向量的余弦相似度越大，则说明这两个向量越相似。

将通过以下案例，进一步解释其工作原理。

在亚马逊平台搜索"shirts for women"，随机筛选4款商品，将其产品卖点特征按照领形、袖长、纽扣、面料、装饰、颜色等进行标签标注。其中，领型1为V领，2为翻领；袖长0为无袖，1为短袖；纽扣0为无扣，1为有扣；面料1为含棉，2为不含棉；装饰0为无装饰，1为有其他装饰；颜色1为粉色系，2为橙色系。完成编码后，按照4件商品各自特征进行标注，见表5-1。

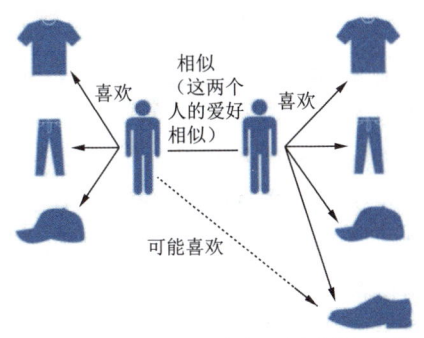

第 5 章 标签体系 + ChatGPT 在广告中的应用

（a）"人以群分"的基于用户的协同过滤

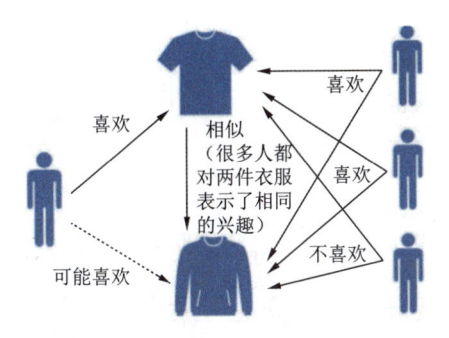

（b）"物以类聚"的基于物品的协同过滤

图5-2 协同过滤算法

表5-1 商品及特征

	图片	领型	袖长	纽扣	面料	装饰	颜色
A		2	1	1	1	0	2
B		2	1	1	1	0	1
C		1	1	0	2	1	2
D		1	0	0	2	1	1

观察4种女式上衣的图片，不难发现AB、CD两两之间相似度较高，而AC、AD之间的相似度较低。在协同过滤中分析相似度，首先需要将商品特征进行编码标注。在为所有商品打上袖长、纽扣、面料等重要特征的标签后，商品A、B、C、D就可以通过4组向量进行表示。根据上文给出的余弦相似度公式计算ABCD商品两两之间的相似度，结果为：商品组合AB是95.940 3%，AC是81.818 2%，AD是67.082%，BC是74.620 3%，BD是55.901 7%，CD是85.811 6%。

根据余弦相似度的计算结果，可以发现AB、CD间产品相似度最高，分别为95.9%和85.8%，与主观判断相同。通过标签体系和协同过滤算法，平台能够更好地将流量与商品进行关联，为买家提供更加准确的搜索结果和广告推荐。

观察A产品页面下方的products related to this item（与此商品相关的产品）和customers frequently viewed（顾客常浏览的商品）等推荐位，可以发现同时具备翻领、纽扣等特征且相似度更高的商品，其排序也处于更加靠前的位置。由于这两个位置也是广告的推荐位，一定程度上说明广告部分的推荐系统有协同过滤算法的参与，如图5-3所示。

图5-3　协同过滤算法在广告曝光上的体现

2024年1月1日起，亚马逊正式实行listing打分标准（见图5-4），其中要求运营者为listing填写的关键属性权重达到最高的25%，本质上是为了提高系统整体的推荐准确度。而在亚马逊CPC广告中，商品listing本身就是广告投放素材。因此作为运营者而言，任何类目的产品在进行CPC广告的投放与优化之前，首先需要进行listing自查，保证完整度在最新标准下仍然能够继续保持较高水平。

2024新版亚马逊 listing 完整度打分表

分类	Listing要素	家居生活用品	时尚	消费电子品	消费品
流量	有分类叶节点	10	10	20	10
	有搜索关键词	5	5	10	5
	有A+页面	12.5	12.5	10	12.5
转化	有品牌名称	5	5	0	5
	有商品描述	5	5	10	5
	有1条商品要点	5	5	0	5
	有3条或以上商品要点	2.5	2.5	0	2.5
	关键属性全都填写	25	25	25	25
标题	10字符<标题长度<200字符	5	5	5	5
	标题以品牌名开头	5	5	0	5
图片	图片信息完善度	5	5	5	5
	有4张或以上图片	5	5	5	5
	主图有缩放功能	10	10	10	10
	满分	100	100	100	100

图5-4　亚马逊listing打分标准

标签体系不仅限于产品维度，还能从用户维度进行搭建，进而实现更加个性化的推荐。比如亚马逊最新公开的COSMO算法，通过用户的搜索和购买数据，利用LLM大语言模型挖掘潜在的标签，并以此为基础对最终的搜索展示进行优化，如图5-5所示。

以女式上衣为例，虽然用户都是女性，但仍然可以从搜索关键词和购买商品中，分析出用户的使用场景、潜在年龄层、消费偏好等，进一步提高推荐的准确性。虽然协同过滤算法也有计算复杂度较高、容易受到噪声干扰等缺点，但这并不影响它在电商平台推荐算法里的地位和作用。

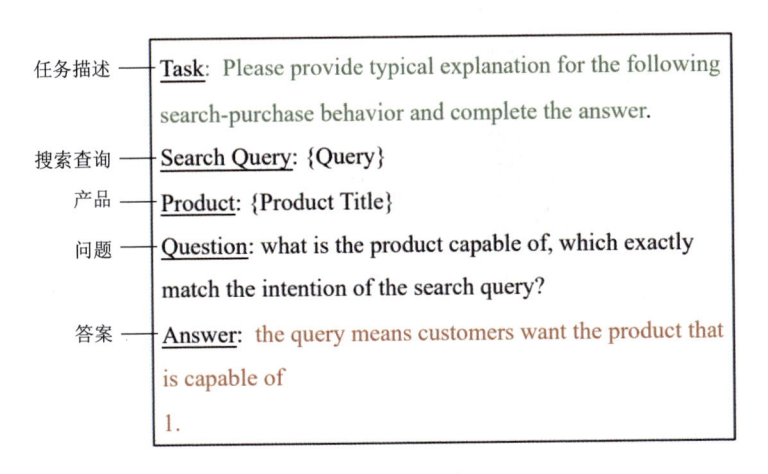

```
任务描述 —— Task: Please provide typical explanation for the following
             search-purchase behavior and complete the answer.
搜索查询 —— Search Query: {Query}
产品     —— Product: {Product Title}
问题     —— Question: what is the product capable of, which exactly
             match the intention of the search query?
答案     —— Answer: the query means customers want the product that
             is capable of
             1.
```

Figure 3: Prompts used for generating knowledge candidates.

图5-5 亚马逊COSMO算法截图（用于生成知识候选的提示模板）

在运营者层面，标签更多体现为关键词的形式，以此来与用户搜索流量相关联，而这也是为什么一些运营者热衷于利用第三方工具反查关键词的根本原因。然而关键词流量只是第一步。对于平台而言，产品只要拥有足够的曝光，就必然会产生点击和转化。由于用户的时间和精力是有限的，平台需要在有限的曝光内，提高需求和供给匹配的效率。推荐算法是平台给出的答案，是否能够利用推荐算法完善运营架构，则是运营者能否成功的关键因素之一。

5.1.2 漏斗模型与广告架构

在理解平台之外，运营者更需要了解用户。对跨境电商而言，运营者和用户之间不仅面临着语言文化、生活习惯等方面的差异，还有时间和空间的隔离。即使进行了前期的市场调研，也很难对用户有全面的了解。此时就需要利用实际业务中产生的数据对listing进行持续挖掘。从这一角度来看，广告就是获取用户实际行为数据的最佳途径之一。亚马逊多数用户属于价格敏感型，店铺或品牌的复购率相对较低，这就要求运营者将注意力更多地放在流失的用户身上，提升流量的转化率。

漏斗模型，又称营销漏斗模型（见图5-6），是一套描述用户从初次接触商品到完成购买全流程的数据分析方法。传统的营销漏斗包括获取、认知、考虑、意向、评估和购买几个阶段。在此基础上，根据互联网行业的特点，又产生了AARRR模型，其中的五个指标分别是获取（acquisition）、激活（activation）、留存（retention）、收入（revenue）和传播（referral）。

图5-6 亚马逊漏斗模型

与传统漏斗模型相比，这个模型更关注用户的获取和传播效应，也更符合电商的基本逻辑。由于**销售额=展示量×点击率×转化率×客单价**，在漏斗分析中，最常用的是分析曝光点击率和点击转化率这两个指标，其计算公式如下：

$$曝光点击率 = \frac{点击量}{展示量} \times 100\%$$

$$点击转化率 = \frac{订单量}{点击量} \times 100\%$$

要想提升销售额，就要从上往下逐步打通瓶颈，最终使整个漏斗通畅运行。对平台而言，可以通过埋点等方法获取用户访问页面和路径的信息。但对卖家而言，亚马逊只给到了自然订单的点击和转化数据，要想获取曝光点击率信息，只能通过广告进行测试。为了更加有效地提取广告数据中所包含的信息，首先需要搭建好的广告架构。

依然还是以服装为例，示例数据如图5-7所示。

在该SP（sponsored products，商品推广）自动广告中，裙子A将产品分为A黑色和A白色两个广告组，而裙子B并没有进行细分。当summer dresses for women搜索词下出单后，裙子A就可以在A黑色广告组下精准否定该关键词，从而节省将近30%的预算，进一步提升ACOS（广告销售成本）。而裙子B则无法进行更加细致的优化。不难看出，好的广告结构可以有效提升最终投放和优化的效果。

广告活动名称	广告组名称	客户搜索词	展现量	点击量	每次点击成本(CPC)	花费	7天总销售额	广告成本销售比(ACoS)
裙子A	A黑色	b0778xxxx1	2	1	$0.08	$0.08	$0.00	
裙子A	A黑色	summer dresses for women	563	9	$0.34	$3.06	$0.00	
裙子A	A黑色	dress summer shoulder	156	3	$0.26	$0.78	$0.00	
裙子A	A白色	b0778xxxx3	1	1	$0.26	$0.26	$0.00	
裙子A	A白色	summer dresses for women	1031	17	$0.34	$5.78	$19.98	28.9289%
裙子A	A白色	white dress for women	44	2	$0.31	$0.62	$0.00	

广告活动名称	广告组名称	客户搜索词	展现量	点击量	每次点击成本(CPC)	花费	7天总销售额	广告成本销售比(ACoS)
裙子B	裙子B	b0778xxxx1	2	1	$0.08	$0.08	$0.00	
裙子B	裙子B	summer dresses for women	1594	26	$0.34	$8.84	$19.98	44.2442%
裙子B	裙子B	dress summer shoulder	156	3	$0.26	$0.78	$0.00	
裙子B	裙子B	b0778xxxx3	1	1	$0.26	$0.26	$0.00	
裙子B	裙子B	white dress for women	44	2	$0.31	$0.62	$0.00	

图5-7 服装品类数据示例

在图5-8中，亚马逊提供了广告组合、广告活动和广告组这三级设置，广告组合中可以有多个广告活动，而广告活动中可以有多个广告组。通过金字塔结构进行搭建，可以完成精细化的广告设置。一般情况下，单个广告活动内只开设一个广告组；单个广告组内只投放一种匹配类型。**对于销售周期相同、产品类型相似的链接，可以放在同一个广告组合内，方便后期管理。**对于部分相关性较高的产品，也可以将其添加进表现较好的同类商品广告组内进行测试，通过**共享相同的关键词，提升广告曝光的可能性。**

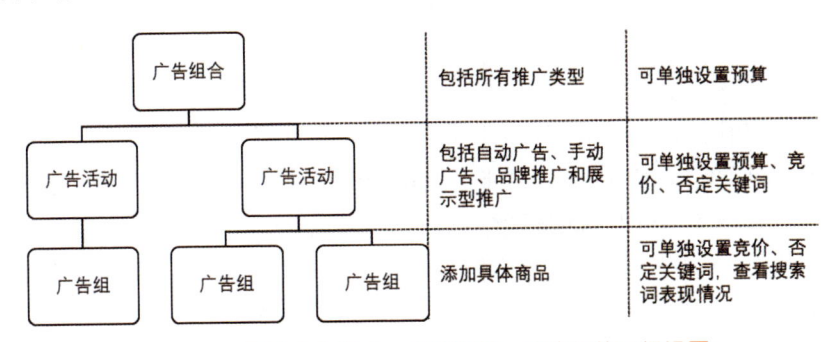

图5-8 亚马逊广告组合、广告活动、广告组的三级设置

5.1.3 运营目标与广告效果

在平台和用户之外，运营者还需要了解平台内的竞争对手，并以此为基础制定实际的运营目标，再利用广告实现具体的目标。很多产品在亚马逊都可以找到相似的listing。如果竞品已经获取了较好的排名，就说明产品在国外市场得到认可；而利用相似的运营和广告策略对自身产品进行推广，往往也能获得一定的销量。这种以竞品为中心的方法不仅容易上手，还能降低运营者进行市场调研和分析的难度。由此产生了很多第三方工具，通过对站内数据进行采集和处理，可以获取竞品广告结构、关键词、展示位置、排名等数据。但随着广告数据的复杂化，部分运营者反而对运营目标产生了误判，一味追随竞品listing的销售节奏和广告路径，就会错过潜在超越竞品的机会。

PDCA循环是一种简单实用的四阶段方法，用于推动流程和任务改进。它有计划（plan）、执行（do）、检查（check）和处理（act）四个阶段，如图5-9所示。它的核心在于反复执行、循环往复，实际上是一种小步快跑、快速迭代的思维方式。具体来说，在对listing及广告进行操作之前，运营者首先要判断现阶段的店铺和市场情况，确定一个具体的目标，比如日均单量或者销售额在未来一段时间内达到某个值。在此基础上，运营者需要根据计划目标进行拆解和执行，将比较宏观的目标具体到每天的工作内容中。到规定的时间后，不论目标是否达成，都需要进行复盘查漏补缺，再将总结的经验利用到下一阶段的计划中。

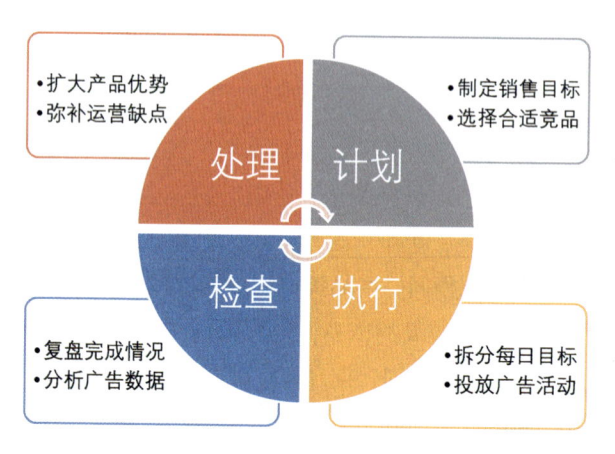

图5-9 亚马逊PDCA循环模型

从店铺整体角度来说，运营目标为广告投放提供了明确的方向，广告效果是实现运营目标的重要衡量标准。广告虽然无法直接决定listing最终的运营效果，但是在运营的关键时间节点，广告可以有效帮助listing获取流量和转化，并提升自然搜索排名。然而，广告是有成本的，运营者不可能无限制地使用广告进行引流。为了衡量广告效果，首先需要重视以下几个指标：

$$ACOS = \frac{广告花费}{广告销售费} = \frac{CPC竞价 \times 点击量}{展示量 \times 点击率 \times 转化率 \times 客单价}$$

$$TACOS = \frac{广告花费}{店铺商品总销售额}$$

$$毛利率 = \frac{商品利润}{商品总销售额}$$

ACOS作为广告活动的核心指标，直接反映了广告的收支平衡情况。部分运营者可能更关注ROAS，实际上ROAS是ACOS的倒数，ACOS越低也代表ROAS越高，二者并没有本质区别。TACOS作为店铺维度的指标，代表了广告整体的表现情况，也应该作为重要参考之一。虽然ACOS越低越好，但作为一个相对值，在实际的运营过程中需要有一个基本的衡量标准。运营者在判断ACOS的高低值时，应该首先与店铺或listing的利润率进行对比。因为当ACOS高于利润率时，就代表了广告产生的订单在扣除了营销费用后实际是在亏损。在完成最基本的盈亏判断后，运营者才能结合店铺和产品具体情况，判断广告情况是否正常，并进行广告下一阶段的优化调整。

在表5-2中，以某店铺广告数据为例，过去一周内广告ACOS达到29.6%，明显超过毛利率的12.4%，需要进行调整。具体到产品层面，对于该店铺老品，过去一周内广告ACOS控制在11.24%，低于利润率14.1%。反观新品广告，ACOS不但明显超标，利润率也只有3.81%。仅凭数据表现来看，应该降低新品的广告预算，并将更多的预算调整至老品。但对于强周期的服装类目而言，为了准备下个季度的销售，必须尽快打造新品，短期内这样的数据表现勉强可以接受。比起调整广告预算，更应该对进行投放关键词和CPC竞价调整，让新品尽快进入稳定期。

表5-2 亚马逊某店铺广告数据

	某店铺	某老品	某新品
日均销售额	5864.69	1049.79	638.15
毛利率	12.40%	14.10%	3.81%
日均广告销售额	1061.94	249.95	196.24
日均广告花费	314.32	28.09	62.81
ACOS	29.60%	11.24%	32.01%
TACOS	5.36%	—	—

运营目标与广告效果之间的关系可以被理解为一个动态的、不断适应和调整的过程。通过对广告效果的分析，可以反馈运营目标的实现情况，并对之后的运营目标进行适当调整，才能保证店铺销量稳步提升。对于广告位置、曝光点击率、点击转化率等一系列细分指标的调整和优化，笔者将在后文中进行详细说明。

5.2 标签体系与广告投放优化

在上文中笔者已经阐述了通过给listing关键词打标，从而实现系统化管理和分析的链路，在广告投放中也有用相似的逻辑来给广告活动、广告组、投放词、搜索词进行标注，而不同维度（出单量、ACOS、曝光量、点击量等）的标签值得筛选则可以逐渐减低无效投放的比例，本节内容将为对广告标签体系进行详细讲解。

5.2.1 广告标签体系

与listing优化不同，广告业务与运营者店铺和listing本身的情况息息相关，因此判断标准也不能一成不变。对于商品标签而言，由于其表达的含义相对完整且不会经常变动，因此一套完整的标签可以覆盖绝大多数的运营场景。一款T恤（T-shirts）可能会被称作上衣（tops）、衬衫（shirts）、罩衫（blouse）、外衫（tunic），但绝对不会被称作裤子（pants）或者鞋子（shoes）。但对于广告而言，曝光点击率0.3%、点击转化率5%、CPC竞价0.8、ACOS为15%的这样一组数据，对不同类目、不同价格，甚至不同体量的卖家而言，好与不好的定义都不是绝对的。

波士顿矩阵是一种分析产品结构的模型，通过销售增长率和市场占有率这两个指标，将产品划分为四个象限，从而分别考虑相应的采取措施，如图5-10所示。由此又引申出更常见的四象限分析法，比如以重要度和紧急度对个人计划进行分类，以便在进行决策时更好地分配精力。对于运营者而言，可以利用该方法对产品进行分类，然后挑选广告中的重要指标进行判断，保证广告活动中的主推产品长期处于较好状态。除了广告ASIN的选择之外，投放关键词的选择也至关重要。**一般情况下，20%的广告投放词贡献了80%的销售额。通过标签体系，可以对广告投放词进行快速筛选，从而节省运营者的时间和精力。**

图5-10　波士顿矩阵

根据PDCA循环的运营思路，更实际的广告目标应该是和过去的广告表现进行对比，保证广告效果的不断提升。因此，合理的广告标签就必须基于广告活动的历史情况进行搭建。在亚马逊广告后台中，SP广告提供10张报告共计55个字段，SB广告提供9张报告共计67个字段，SD广告提供6张报告共计49个字段。这些报告中包含了广告位置、投放词及其匹配类型、客户搜索词、展示量、点击量、ACOS等多项指标。**下面将以运营者最关注的"SP广告和搜索词报告"为例，对广告标签的标注和应用进行说明。**

在选取广告标签标注的数据时，首先需要剔除归因期数据。根据亚马逊广告官方说明，对于SP广告存在7天的归因期，而SB和SD广告归因期则为14天。举例来说，如果归因期是7天，那么用户在点击了某个广告，并在7天内购买了同店铺的任何商品，产生的订单就会被计入由该广告产生的销售额中。此外，三类广告均采用最后触点归因，即按照用户在购买之前的最后一次广告点击进行归因。如果用户在购买商品之前点击了该商品的多个广告，产生的订单将仅归因于最后点击（最接近购买的时间点且在归因期内）的广告活动中。对于SP广告→搜索词报告而言，可以下载最近30天的广告数据，剔除最近7天的数据后，才可以作为标注的数据集。

在Excel中，打开下载好的SP广告搜索词报告，插入数据透视表，将"日期"列选中为筛选，点击选择多项，取消勾选最近7天的数据，即可完成筛选，其操作界面如图5-11所示。

图5-11 "日期"列表筛选操作

在获取到标注数据集后，运营者需要考虑日常业务关注的重点指标。一般来说，在非数据指标中，有投放词、匹配类型、客户搜索词；在绝对值指标中，有预算、展示量、点击量、CPC、销售额、订单量；在相对值指标中，有点击率、转化率、ACOS、ROAS等。此处，我们选取销售额（S）、ACOS（A）、展示量（I）、点击量（C）这四项作为核心指标，以表现好坏（0或1）为标准，搭建SAIC标签体系。

根据广告活动层级，可以分为广告活动→广告组→投放词→搜索词四级结构，每个层级的运营操作各有不同。由于笔者建议在单个广告活动内只开设一个广告组，在此可以跳过广告活动级别，仅对广告组→投放词→搜索词三级进行标注。运营者也可根据自己的思路和实际情况，选取其他指标和层级进行标签体系搭建。

首先是销售额（S）。对于广告活动而言，首要目标是出单。由于ACOS是一个比值，如果没有作为分母的广告销售额，则ACOS直接不存在。因此在对ACOS进行判断前，必须要确认广告活动的销售额是否为0。对标签体系来说，将是否有销售额作为判断条件，可以最大程度避免误判，保证后续的可操作性。利用Excel的数据透视表分析→计算→字段、项目和集→计算功能，可以对销售额（S）进行if条件语句判断。当销售额（S）大于0时标记为1；否则标记为0，其操作界面如图5-12所示。

图5-12 筛选销售额（S）大于0

其次是ACOS（A）。在搜索词报告中，ACOS值是以文本形式按客户搜索词进行记录。而在数据透视表中则需要重新对其进行计算，保证在广告组和投放词级别下ACOS准确性。计算ACOS字段时，需要注意分母可能为0导致计算错误。此处可以利用IFERROR函数进行处理，它可以在公式计算结果为错误时返回指定值。由于ACOS值越小越好，当某广告不存在ACOS值时实际情况是表现差，所以此处直接将错误值返回为100%，保证后续处理时的分类准确，其操作如图5-13所示。

图5-13 使用IFERROR来处理分母为0时的计算错误

完成基础的ACOS值计算后，还需要对其进行0-1标注。根据上文中制定的广告目标，后续优化的核心是按照PDCA循环不断提升。为了使标签体系的适用性尽可能覆盖所有品类，可以通过简单的数据驱动方式，从店铺广告的数据中找到一个合适的参考值。由于ACOS本身属于相对指标，并且存在广告活动→广告组→投放词→搜索词这样的四级结构，笔者选定上一级的整体表现，作为下一级指标好坏的评判标准。

举例来说，如果广告组的ACOS为22.8%，那么对于其内部的所有投放词而言，小于或等于22.8%即可判断为表现较好，否则表现较差。对于最高一级的广告活动而言，也可以与店铺整体的ACOS水平进行对比。由此，可以利用if函数，对ACOS（A）在广告组、投放词、搜索词三个级别，分别进行if标注。当ACOS（A）小于等于上一级指标时标记为1，否则标记为0。在Excel中，需要首先分别计算出店铺、广告活动、广告组、投放词的ACOS，再利用if函数分别对广告组、投放词、搜索词三个维度进行标注。由于流程较为繁杂，此处不再给出计算过程。

最后是展示量（I）和点击量（C）。在正常的广告活动数据中存在着长尾效应。也就是说，许多相对具体但搜索量极低的长尾关键词，可以占到整体曝光和点击的绝大部分。对于这样的长尾数据，可以对其进行对数换算，从而缩小数据的绝对值范围，让其更符合线性条件下的正态分布。由于对数函数的性质，1个曝光或点击经过换算后将会为0，这也符合运营过程中的经验。同理，在完成log函数的换算后，依然需要为展示量（I）和点击量（C）找到合适的评判标准。由于这两个值属于绝对指标并且经过了对数换算，因此可以直接取其所属的广告组、投放词、搜索词的平均值作为指标，其可视化界面如图5-14所示。

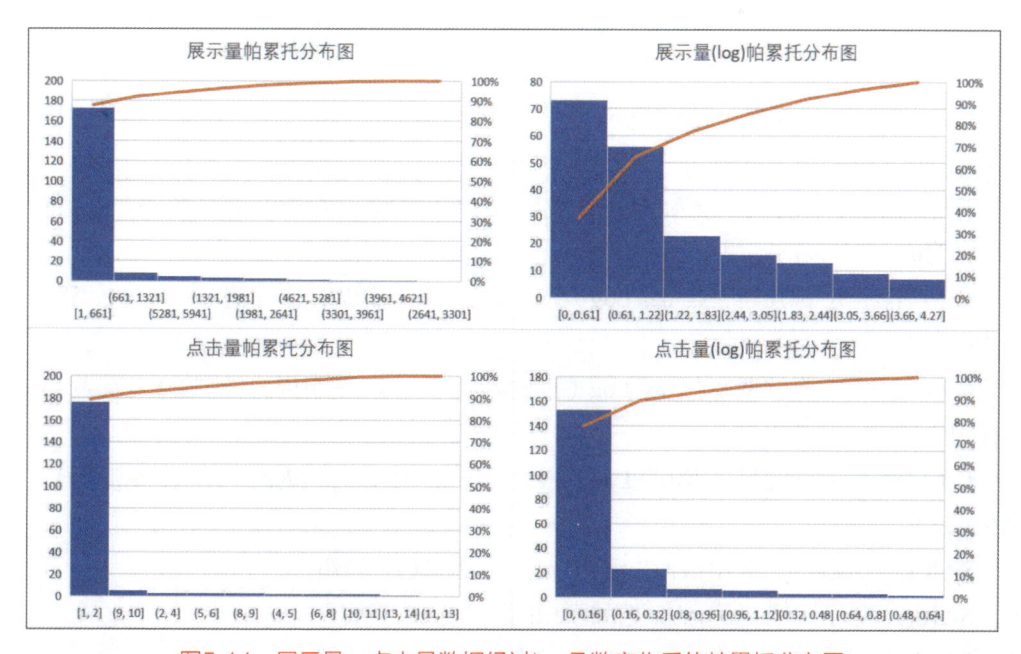

图5-14　展示量、点击量数据经过log函数变化后的帕累托分布图

具体来说，对于上图中的展示量和点击量，其经过以10为底的对数换算后，平均值分别为1.2和0.55。使用幂函数对其进行换算后，可以发现它们分别代表了展示量为16和点击量为4。如果不进行对数换算，平均值分别为364和1.79。从运营经验来看，进行过换算的指标也更加合理。此时对展示量（I）和点击量（C）进行if条件函数逻辑判断。对该投放词内的所有客户搜索词而言，当展示量（I）大于16时标记为1，否则标记为0；当点击量（C）大于4时标记为1，否则标记为0。

在完成搜索词、投放词、广告组层面的全部标注后，就可以得到三组SAIC指标。特别注意的是在进行投放词级别的指标计算时，需要同时考虑匹配类型。因为并不是所有运营者在同一个广告组内部只进行投放一种匹配类型。至此，三套标签已经整理完成，所有指标的具体定义如下：

S（广告组）：标注期—销售额（广告组）不为0，标记为1；否则标记为0。

S（投放词）：标注期—销售额（投放词）不为0，标记为1；否则标记为0。

S（搜索词）：标注期—销售额（搜索词）不为0，标记为1；否则标记为0。

A（广告组）：标注期—ACOS（广告组）小于标注期—ACOS（店铺），标记为1；否则标记为0；标注期—ACOS（广告组）等于0时，直接标记为0。

A（投放词）：标注期—ACOS（投放词）小于标注期—ACOS（广告组），标记为1；否则标记为0；标注期—ACOS（投放词）等于0时，直接标记为0。

A（搜索词）：标注期—ACOS（搜索词）小于标注期—ACOS（投放词），标记为1；否则标记为0；标注期—ACOS（搜索词）等于0时，直接标记为0。

I（广告组）：标注期—展示量Log（广告组）大于店铺内的平均值，标记为1；否则标记为0。

I（投放词）：标注期—展示量Log（投放词）大于其广告组内的平均值，标记为1；否则标记为0。

I（搜索词）：标注期—展示量Log（搜索词）大于其广告组内的平均值，标记为1；否则标记为0。

C（广告组）：标注期—点击量Log（广告组）大于店铺内的平均值，标记为1；否则标记为0。

C（投放词）：标注期—点击量Log（投放词）大于其广告组内的平均值，标记为1；否则标记为0。

C（搜索词）：标注期—点击量Log（搜索词）大于其广告组内的平均值，标记为1；否则标记为0。

SAIC(广告组)=S(广告组)&A(广告组)&I(广告组)&C(广告组)。

SAIC(投放词)=S(投放词)&A(投放词)&I(投放词)&C(投放词)。

SAIC(搜索词)=S(搜索词)&A(搜索词)&I(搜索词)&C(搜索词)。

SAIC标签体系以销售额、ACOS、曝光量、点击量为核心指标,为广告活动内每个广告组、每个投放词和每个搜索词进行单独标注。通过对数据进行分类处理,可以使运营者清晰明确地了解广告活动在更细颗粒度下的表现情况,降低运营者优化广告时的决策难度。

5.2.2 广告投放优化

为了验证SAIC标签体系在不同品类的有效性,笔者选取了母婴、家居、服装类目店铺的三个广告活动,对其搜索词和投放词标签进行交叉分析(见图5-15),图中颜色深浅代表广告销售额高低,数字代表广告花费。在三个类目的广告活动中,广告销售额都集中在右下投放词和搜索词相似的交叉位置,可以说明对关键词的分类基本准确。

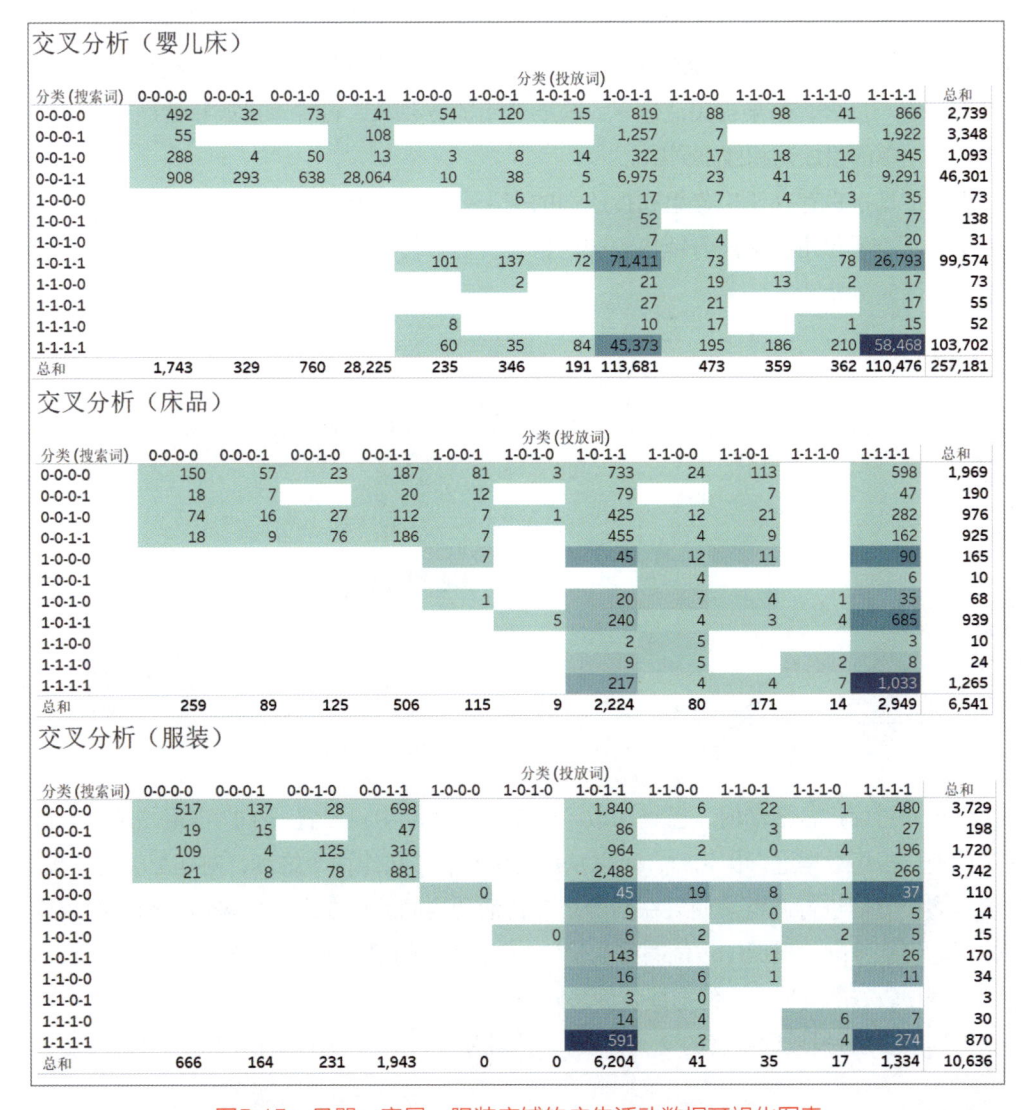

交叉分析(婴儿床)

分类(搜索词)	0-0-0-0	0-0-0-1	0-0-1-0	0-0-1-1	1-0-0-0	1-0-0-1	1-0-1-0	1-0-1-1	1-1-0-0	1-1-0-1	1-1-1-0	1-1-1-1	总和
0-0-0-0	492	32	73	41	54	120	15	819	88	98	41	866	2,739
0-0-0-1	55			108				1,257	7			1,922	3,348
0-0-1-0	288	4	50	13	3	8	14	322	17	18	12	345	1,093
0-0-1-1	908	293	638	28,064	10	38	5	6,975	23	41	16	9,291	46,301
1-0-0-0						6		17	7	4	3	35	73
1-0-0-1								52				77	138
1-0-1-0								7		4		20	31
1-0-1-1					101	137	72	71,411	73		78	26,793	99,574
1-1-0-0						2		21	19	13		17	73
1-1-0-1								27		21		17	55
1-1-1-0					8			10		17	1	15	52
1-1-1-1					60	35	84	45,373	195	186	210	58,468	103,702
总和	1,743	329	760	28,225	235	346	191	113,681	473	359	362	110,476	257,181

交叉分析(床品)

分类(搜索词)	0-0-0-0	0-0-0-1	0-0-1-0	0-0-1-1	1-0-0-0	1-0-0-1	1-0-1-0	1-0-1-1	1-1-0-0	1-1-0-1	1-1-1-0	1-1-1-1	总和
0-0-0-0	150	57	23	187	81	3		733	24	113		598	1,969
0-0-0-1	18	7		20	12			79		7		47	190
0-0-1-0	74	16	27	112	7			425	12	21		282	976
0-0-1-1	18	9	76	186		7		455	4	9		162	925
1-0-0-0					7			45	12	11		90	165
1-0-0-1								4				6	10
1-0-1-0						1		20	7	4	1	35	68
1-0-1-1							5	240	4	3	4	685	939
1-1-0-0								2	5			3	10
1-1-1-0								9	5	2		8	24
1-1-1-1								217	4	4	7	1,033	1,265
总和	259	89	125	506	115	9	2,224	80	171	14	2,949	6,541

交叉分析(服装)

分类(搜索词)	0-0-0-0	0-0-0-1	0-0-1-0	0-0-1-1	1-0-0-0	1-0-0-1	1-0-1-0	1-0-1-1	1-1-0-0	1-1-0-1	1-1-1-0	1-1-1-1	总和
0-0-0-0	517	137	28	698				1,840	6	22	1	480	3,729
0-0-0-1	19	15		47				86		3		27	198
0-0-1-0	109	4	125	316				964	2			196	1,720
0-0-1-1	21	8	78	881				2,488				266	3,742
1-0-0-0						0		45	19	8	1	37	110
1-0-0-1								9		0		5	14
1-0-1-0								14		1		0	15
1-0-1-1								143		1		26	170
1-1-0-0								16	6	1		11	34
1-1-0-1								3				0	3
1-1-1-0								14	4		6	6	30
1-1-1-1								591	2		4	274	870
总和	666	164	231	1,943	0	0	6,204	41	35	17	1,334	10,636

图5-15 母婴、家居、服装店铺的广告活动数据可视化图表

不难看出，各店铺在投放词维度下存在大量浪费。各表左下4×8区域内不存在匹配，因为当投放词级别没有销售额时，搜索词级别也不会产生销售额；而右上4×4位置内未曾出单的投放词中，都被分配了10%~30%的广告费用。从最简单的广告优化角度来看，如果没有广告测款等特殊情况，定期暂停销售额为0的投放词可以节省大量广告费用，从而提升整体的ACOS表现。

除此之外，各店铺在搜索词维度下存在一些差异。母婴类目店铺的体量较大，广告销售额主要来自标签为（1-0-1-1）和（1-1-1-1）的客户搜索词，即高曝光高点击的核心关键词；而对于体量较小的家居和服装类目店铺，一定比例的销售额也产生在标签为（1-0-0-0）和（1-1-0-0）的客户搜索词，也就是低曝光低点击的长尾关键词。

在类目和店铺情况有所区别时，必须结合运营目标对活动内部进行调整。如果更关注ACOS，可以对产生销售额但ACOS表现较差的投放词适当降低竞价，对此类客户搜索词进行精准否定。反之，如果更关注订单，就要适当放宽要求，将暂停投放和精准否定的范围限制在未出单的投放词和搜索词中。

相同的情况也存在于广告组和投放词的交叉分析中，但数据相对更加集中。以服装店铺为例，不难看出主要的广告销售额和广告花费重合程度更高。此时，左上角4×4区域未出单，如图5-16所示。

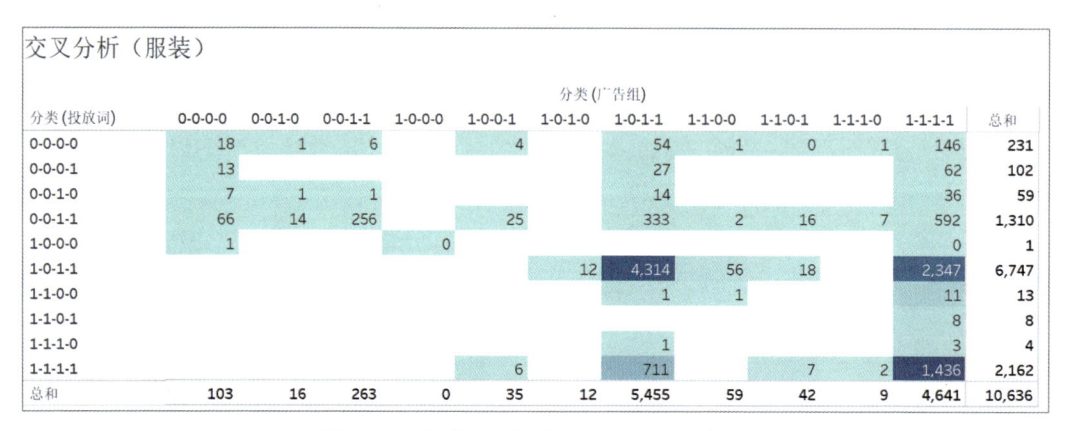

分类（投放词）	0-0-0-0	0-0-1-0	0-0-1-1	1-0-0-0	1-0-0-1	1-0-1-0	1-0-1-1	1-1-0-0	1-1-0-1	1-1-1-0	1-1-1-1	总和
0-0-0-0	18	1	6		4		54	1	0		146	231
0-0-0-1	13						27				62	102
0-0-1-0	7	1	1				14				36	59
0-0-1-1	66	14	256		25		333	2		16	592	1,310
1-0-0-0	1				0						0	1
1-0-1-1						12	4,314	56	18		2,347	6,747
1-1-0-0							1	1			11	13
1-1-0-1											8	8
1-1-1-0							1				3	4
1-1-1-1						6	711		7	2	1,436	2,162
总和	103	16	263	0	35	12	5,455	59	42	9	4,641	10,636

图5-16 广告组和投放词的交叉分析表格

由于在搭建广告活动时，已经采取了单个广告活动中只设置一个广告组的策略，因此在对此处广告组数据进行优化时，可以从广告活动和广告组两个维度，对匹配类型、预算、竞价等多个方面进行调整。如果在同一个广告活动内同时存在多个广告组，则不建议修改广告活动级别下的"根据广告位调整竞价""基于效果的预算规则""基于规则的竞价"等，避免对表现较好的其他广告组形成负面影响。

根据广告组+投放词维度的交叉分析，可以将广告标签分为四类情况进行讨论：

（1）广告组标签（1-1-1-1），投放词标签（1-1-1-1）

在此分类下的广告不仅匹配到了高曝光高点击的核心关键词，还以较低的广告花费获得了最多的销售额，ACOS表现一般不会差。对于已经表现优秀的投放词，应该尽量减少操作；而在广告组层面，应该保证广告组预算充足，并适当减少组内其他投放词的数量，保证listing在核心关键词下稳定出单。这样操作除了可以利用广告订单巩固自然搜索位置，还可以防止潜在竞争对手抢占曝光位。

（2）广告组标签（1-1-1-1）投放词标签（1-0-1-1）（0-0-1-1）

在表现较好的广告组内，还存在一类高曝光高点击的流量关键词。之所以将投放词标签（1-0-1-1）（0-0-1-1）分为一类，是因为在部分关键词下出单具有偶然性，两种标签很容易相互转化。由于广告组内大量预算被（1-1-1-1）类投放词占据，（1-0-1-1）和（0-0-1-1）两类词很难有更进一步的空间。此外，部分表现好的自动广告或单一关键词/ASIN投放的广告也会落在该区间内，其ACOS的具体情况还需要参照真实值来判断。如果广告组属于自动广告，或者投放词属于手动广告中的广泛匹配，也可以将此类投放词筛选出来进行词组投放。

（3）广告组标签（1-0-1-1），投放词标签（1-0-1-1）（0-0-1-1）

对非标品类目的服装而言，在此分类下的广告花费几乎占到了店铺总花费的一半，也带来了较高的销售额，属于广告优化过程中需要重点关注的部分。针对这部分不够精确的流量关键词进行优化，可以有效降低整体ACOS。由于标签体系建立在广告内部的对比之上，这类投放词又属于ACOS一般的广告组内，最终ACOS数据往往更差。此时不仅需要对投放词进行竞价和否词，还要对广告组结构进行优化，适当删减投放词避免预算分散。此外，这类标签下还存在CPC竞价不合理，导致成本过高或曝光位置较差的情况，因此还需要结合历史数据进行判断。

（4）广告组标签（1-0-1-1）投放词标签（1-1-1-1）

与上文提到的理由相同，从ACOS绝对值的角度来看，在此分类下投放词表现也不一定好。但这并不意味着投放词本身不适合产品，更多情况下是其匹配到了大量的长尾客户搜索词。针对此类标签下的投放词，就不能只进行预算和匹配类型优化，还要查看listing的前台曝光位置，并对客户搜索词进行筛选和否定。如果该投放词并不属于产品需要强推的核心关键词，就可以使用所谓的"捡漏"方法调低竞价，以较低成本获取长尾流量。

单次广告标签虽然可以应用到日常优化，但依然没有脱离经验化运营的范畴。对于运营者而言，单次标注所耗费的时间和精力，可能已经足够完成一次调整。但这并不代表标签体系无法提升运营效率，因为整套模型是可以复用的，只需要对数据进行替换即可。对于开发者而言，可以通过亚马逊广告API，搭建起一整套快速标注的系统。通过对每个广告组、投放词、搜索词的多次标签以及调整记录的追踪，可以让运营者真正了解每次调整的原因和效果。

广告活动的优化不是一次性的。随着listing的生命周期以及市场竞争环境变化，广告也要进行相应的调整。在预算和投放商品不变的情况下，要想提升ACOS的表现情况，就需要在降低无效广告花费的同时，提高广告销售额。运营者在广告优化时关心的ACOS，实际代表了广告效果和成本之间的平衡情况。单次标签体系在一定程度上解决了效率的问题，但缺少追踪广告效果的能力。为了持续观察广告效果变化，也可以保留历史广告标签数据，利用多重标签实现对广告的精细化分析。

5.3　ChatGPT与广告关键词优化

对稳定投放的广告活动，基本可以通过完整的标签体系进行判断和调整。但在运营过程中，总会遇到一些特殊情况，ACOS往往也不再是广告优先考虑的目标，仅凭上述的标签体系，很难做出比资深运营者更优的判断。这不仅是因为数据层面缺少竞品指标判断，还在于产品、用户以及市场之间关系的复杂度更高，因此运营者在长期操作的过程中形成的经验判断往往更加准确和实用。然而，随着ChatGPT等生成式AI的飞速发展，运营工作也产生了更多新的可能性。

5.3.1　ChatGPT与关键词获取

在广告投放中，选取合适的投放关键词是提升广告效果的关键。对经验化运营者来说，可以使用第三方工具如Google Keyword Planner（关键词规划师）、Ahrefs（搜索引擎）、Semrush（数字营销工具）等，获取站外关键词并进行投放。利用卖家精灵、Jungle Scout（丛林侦察员）、西柚找词等各类竞品关键词反查工具，也可以获取足够的关键词进行使用。但与listing优化不同，广告关键词需要针对产品进行进一步扩展，才能提高广告投放效率。

对于缺少类目经验的运营者而言，最稳定的方法是先通过自动广告获取部分客户搜索关键词，筛选其中表现较好的词投放手动广告。亚马逊站内给到了品牌分析中的ABA关键词和广告投放时推荐的投放词（见图5-17）。这种方法虽然稳妥，但耗费了大量时间，拖慢了店铺整体运营节奏。经验丰富的运营者会通过类目调研等手段，收集关键词直接进行手动投放。合理使用ChatGPT，可以抹平运营者在产品层面的经验差距。

使用ChatGPT进行扩词时，可以通过三步提问的方式，引导GPT生成更符合产品本身的高质量关键词。针对5.1.1节中的A商品，可以通过以下三个操作获取关键词。

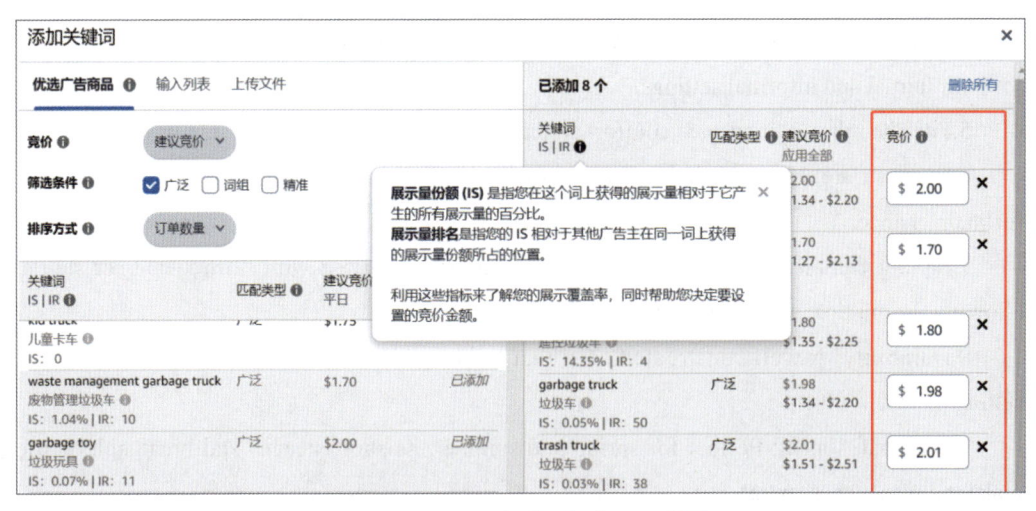

第 5 章　标签体系 + ChatGPT 在广告中的应用

图5-17　亚马逊投放词操作界面截图

（1）询问GPT商品本身的潜在卖点

在GPT 3.5中，只能接收文本内容，输入如下：

> **输入prompt**
>
> What are the possible selling points for the following item: [listing标题]

> **中文**
>
> 以下商品可能有哪些卖点：[商品标题]
>
> 这样生成的内容很大程度上受到标题准确性的影响。在plus版本中，GPT可以接收图片信息。因此推荐将标题和图片同时上传后进行询问，得到的最终效果会更加准确。对于产品标题Women's Short Sleeve Shirts V Neck Collared Button Down Shirt Tops with Pockets，得到的如下回复：

> **ChatGPT输出**
>
> For the coral pink button-down shirt, several selling points can make it attractive to potential buyers on Amazon:
>
> 1.Color: The coral pink hue is versatile, flattering, and can complement a variety of skin tones, making it a popular choice for fashion-conscious consumers.
>
> 2.Versatility: This shirt can be dressed up for office wear or dressed down for casual outings, making it a versatile addition to any wardrobe.
>
> 3.Fabric: Made from lightweight, breathable material, it is ideal for warm weather, providing comfort without sacrificing style.

117

4.Design: The button-down design offers a classic look that never goes out of style, suitable for both formal and informal settings.

5.Fit: The relaxed fit ensures comfort all day long, suitable for various body types.

6.Ease of Care: If the fabric is machine-washable and wrinkle-resistant, it adds convenience for maintenance.

7.Styling Options: It can be worn tucked or untucked, paired with skirts, jeans, or shorts, allowing for multiple styling options.

8.Durability: A well-constructed shirt that holds up well over time can be a significant selling point.

9.Seasonal Appeal: Perfect for spring and summer, its short sleeves and breathable fabric make it a seasonal essential.

10.Detailing: Features like a V-neck and potentially decorative buttons or cuffs add subtle details that enhance the shirt's appeal.

These selling points can be emphasized in the product description and bullet points on the Amazon listing to attract and inform potential buyers, highlighting the shirt's benefits and versatility.

中文

对于珊瑚粉色系扣衬衫，以下卖点使其对潜在买家具有吸引力：

1.颜色：珊瑚粉色用途广泛，很衬肤色，可与多种肤色相搭配，使其成为注重时尚的消费者的热门选择。

2.通用性：这件衬衫既可搭配适合办公室穿着，也能搭配出休闲外出的风格，是任何衣橱里都实用的百搭单品。

3.面料：它由轻薄、透气的材质制成，非常适合温暖天气，在保证舒适的同时不失时尚感。

4.设计：系扣设计呈现出经典外观，不过时，适用于正式和非正式场合。

5.版型：宽松的版型确保一整天穿着都舒适，适合各种体型。

6.易打理：如果面料可机洗且抗皱，这会为保养增添便利。

7.穿搭选择：它可以塞进裤子里穿，也可以放在外面穿，还能与裙子、牛仔裤或短裤搭配，有着多种穿搭选择。

8.耐用性：一件做工精良、经久耐穿的衬衫会是个很重要的卖点。

9.季节性吸引力：它非常适合春夏季节，短袖和透气的面料使其成为当季必备单品。

10. 细节：像 V 领以及可能有的装饰性纽扣或袖口等特色，增添了精妙的细节，提升了衬衫的吸引力。

在亚马逊商品详情页的产品描述和要点介绍中,可以着重强调这些卖点,以吸引潜在买家并向他们介绍相关信息,突出这件衬衫的优点和通用性。

以上10条回复中主要提到了颜色、搭配、面料等具体特征,对listing优化和五点的编写也很有启发。在纯文本的输入中,对具体的特征并没有太多涉及。为了保证最终生成关键词的有效性,需要进行进一步引导提问。

(2)询问GPT用户的潜在需求

在广告投放中进行关键词筛选,最终面向的依然是用户。因此可以根据自己所处的类目和站点,询问GPT用户在购买同类产品时的潜在关注点。根据亚马逊的解释,COSMO算法利用了"用户搜索词+最终购买商品"的数据,从大量行为中挖掘以用户为中心的常识知识并构建广泛的知识图谱,填补了基本产品属性之间的空白,并通过深入理解的用户意图和行为来增强搜索能力。

举例来说,搜索"summer shirts"的用户可能也会购买遮阳帽。由于亚马逊已经开始使用COSMO算法完善搜索推荐,因此在对广告关键词进行筛选时,可以直接针对潜在购买用户投放,同样可以提高广告转化效率,其推荐链路如图5-18所示,具体中英文对照见表5-3。

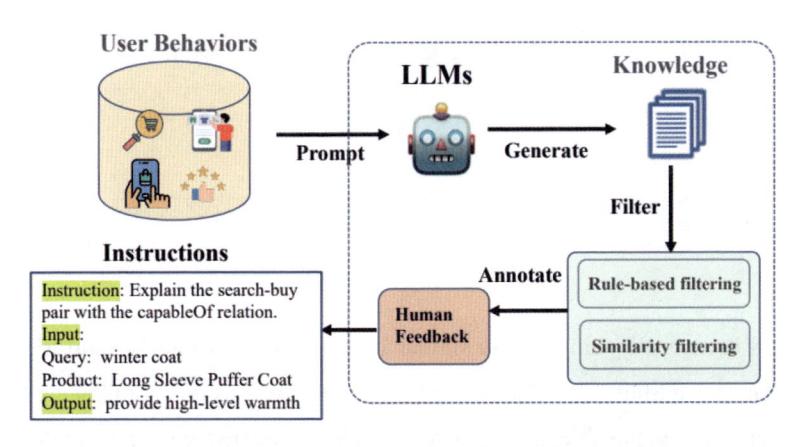

Figure 2: Overall framework of generating high-quality instruction data from massive user behaviors and large language models.

图5-18　COSMO算法推荐链路

表5-3　COSMO算法推荐链路(中英文对照)

英文	中文
User Behaviors	用户行为
LLMs	大语言模型
Knowledge	知识
Prompt	提示
Generate	生成
Filter	过滤

续表

英文	中文
Instructions	说明
Instruction: Explain the search-buy pair with the capable Of relation. Input:Query: winter coat Product: Long Sleeve Puffer Coat Output: provide high-level warmth	说明：用"能够实现"（capable of）关系解释搜索—购买对。 输入： 查询词：冬衣 产品：长袖羽绒服 输出：提供高水平的保暖性
Human Feedback	人工反馈
Annotate	标注
Rule-based filtering	基于规则的过滤
Similarity filtering	相似性过滤
Figure 2: Overall framework of generating high-quality instruction data from massive user behaviors and large language models.	图2：从大量用户行为和大语言模型中生成高质量指令数据的总体框架。

输入prompt

What features are US users likely to look for when they want to buy similar items on Amazon?

中文

美国用户在亚马逊上购买类似商品时可能会看重哪些特点？

ChatGPT输出

When US users are looking to buy similar items, such as Women's Short Sleeve V Neck Collared Button Down Shirts with Pockets, they are likely to focus on the following features:

1. Comfort: Soft, breathable, and lightweight fabrics that ensure all-day comfort, especially for warm weather.

2. Fit and Size Options: Availability in a range of sizes (including plus sizes) and a flattering cut that suits different body types.

3. Fabric Quality: Durable, high-quality materials that are easy to care for and resistant to shrinking, fading, or pilling.

4. Versatility: A design that can easily transition from casual to professional settings, suitable for multiple occasions.

5. Style Options: A variety of colors, patterns, and designs to match personal taste and wardrobe needs.

6. Price: Affordable pricing that offers good value for money without compromising on style or quality.

7. Care Instructions: Clear and easy-to-follow care instructions, with many preferring machine-washable options.

8. Pockets: Functional and well-placed pockets that add convenience without compromising the shirt's style.

9. Button Quality: Sturdy and well-sewn buttons that don't easily come loose or fall off.

10. Brand Reputation: Trustworthy brands known for consistent quality and good customer service.

11. Reviews and Ratings: Positive customer reviews and high ratings can significantly influence purchasing decisions.

12. Return Policy: A hassle-free return policy that provides peace of mind in case the item doesn't meet expectations.

13. Eco-Friendly Materials: Increasingly, consumers are looking for sustainable, eco-friendly fabrics and ethical manufacturing practices.

14. Fast Shipping: Quick and reliable shipping options are often a deciding factor.

15. Design Details: Thoughtful design elements like seam placement, length (especially for tucking in or leaving out), and overall finish that add to the shirt's appeal.

These features ensure that buyers get a product that meets their needs in terms of comfort, style, usability, and overall satisfaction.

> 中文

当美国用户打算购买类似女士短袖V领有领系扣带口袋衬衫这类商品时,他们很可能会关注以下特点:

1. 舒适度:面料柔软、透气且轻薄,能确保全天穿着舒适,尤其适合温暖天气。
2. 版型与尺码选择:提供多种尺码(包括加大码),裁剪得体,适合不同体型。
3. 面料品质:采用耐用、高品质的材料,易于打理,不易缩水、褪色或起球。
4. 通用性:设计使其能轻松从休闲场合转换到职场场合,适用于多种场合。
5. 风格选择:有各种各样的颜色、图案和款式,可匹配个人品位及衣橱需求。
6. 价格:定价合理实惠,在不牺牲风格与品质的前提下物有所值。
7. 护理说明:有清晰易懂的护理说明,很多人更倾向于可机洗的选项。
8. 口袋:口袋实用且位置合理,在不影响衬衫风格的同时增添便利。
9. 纽扣质量:纽扣结实,缝制牢固,不易松动或脱落。
10. 品牌声誉:值得信赖的品牌,以始终如一的品质和良好的客户服务著称。

> 11. 评价与评分：积极的客户评价和高评分会对购买决策产生重大影响。
> 12. 退货政策：有无后顾之忧的退货政策，万一商品不符合期望能让人安心。
> 13. 环保材料：如今，消费者越来越关注可持续、环保的面料以及符合道德规范的制造工艺。
> 14. 快递速度：快速可靠的配送选项往往是一个决定性因素。
> 15. 设计细节：像缝线位置、长度（尤其关乎塞衣角或放外面穿着）以及整体做工等精心设计的元素，能增加衬衫的吸引力。

这些特点能确保购买者获得一款在舒适度、风格、实用性等方面都能满足需求的产品。

可以看到，在15个回复项中还增加了尺码说明、洗护说明、品牌声誉、退货政策等容易被忽视的信息。在listing优化时，可以尽量在五点和A+部分留一定篇幅，对相关特征进行介绍。

（3）要求GPT撰写关键词

有了上文的铺垫后，GPT可以针对具体的商品更好给出关键词。在手动收集整理关键词时，会根据人群定位、使用场景，以及产品词根，对潜在投放词进行单独分析。但利用ChatGPT，可以直接省去大量繁杂的工作，利用上下文信息生成关键词。

输入prompt

> Generate 20 specific keywords for this item based on previous information. Each keyword should contain one categorical word and be concise.

中文

> 以下是基于之前信息为该物品生成的20个具体关键词。

此处要求给到20个关键词，最终结果如下：

ChatGPT输出

> Sure! Here are 20 specific keywords for the "Women's Short Sleeve Shirts V Neck Collared Button Down Shirt Tops with Pockets" based on the previous information:
>
> 1. Women's V-neck Shirt
> 2. Short Sleeve Shirt
> 3. Button Down Top
> 4. Collared Blouse
> 5. Casual Women's Shirt
> 6. Professional Top

7. Summer Blouse
8. Pocket Shirt
9. Breathable Fabric
10. Machine Washable
11. Chic Look
12. Floral Pattern Shirt
13. Striped Blouse
14. Tailored Fit
15. Plus Size Shirt
16. Eco-Friendly Wear
17. Business Casual
18. Comfortable Top
19. Women's Workwear
20. Office Shirt

These keywords are designed to capture the essential features and appeal of the shirt, making it easier for potential buyers to find the product through a variety of search queries.

中文

当然可以！以下是基于前文信息为"女士短袖V领有领系扣带口袋衬衫"列出的20个具体关键词：

1. 女士V领衬衫；2. 短袖衬衫；3. 系扣上衣；4. 有领衬衫；5. 女士休闲衬衫；6. 职业上衣；7. 夏季衬衫；8. 带口袋衬衫；9. 透气面料；10. 可机洗；11. 时髦外观；12. 印花衬衫；13. 条纹衬衫；14. 合身裁剪；15. 加大码衬衫；16. 环保服饰；17. 商务休闲装；18. 舒适上衣；19. 女士工作服；20. 办公室衬衫。

这些关键词旨在体现该衬衫的关键特征及其吸引力，以便潜在买家能通过各种搜索查询更轻松地找到这款产品。

在最终生成的20个关键词中，除了9、10、11、14、16、17之外效果都还不错，并且11和17稍作修改后也可以使用。如果需要更多关键词，可以继续要求GPT生成，最终获得一批在产品和用户层面同时满足搜索需求的关键词。利用此类关键词投放手动广告的广泛匹配，往往可以取得不错的效果。

广告的另一个重要作用在于找到用户真实的购买需求，并以此为基础展开下一阶段的运营。利用ChatGPT，运营者可以从词义的角度深入理解用户，为listing优化以及后续的产品改进提供优化方向。在listing运营的不同阶段，还可以通过同义词和近义词扩展、长尾关键词扩展、品牌和产品扩展等方式拓词，在此不再一一说明，对此感兴趣的运营者可以自行研究。

5.3.2 ChatGPT 与否定关键词

在广告活动产生的客户搜索词中，往往存在大量低曝光低点击的长尾关键词。这些关键词既没有稳定的流量曝光，匹配度也相对较差。虽然单个词的占比不高，但每次点击都会产生成本。如果无法控制CPC竞价，就会浪费大量广告预算。当listing优化较差且开启自动广告的情况下，这样的长尾关键词可能会占到广告花费的一半以上。针对类似情况，除了对listing本身进行优化外，还可以通过设置否定关键词来排除某些与产品不相关的搜索词，避免产生无效点击。

从用户层面来看，准确否定不相关的关键词也可以使产品曝光在更愿意购买的用户面前，进而提升广告的点击率和转化率。虽然将listing投放至其他相关商品中有可能让用户眼前一亮从而进行点击，但实际操作后就会发现转化效果一般很差，在电商场景下依然要以转化作为核心目标进行优化，对稳定期的产品而言，也可以将ACOS高但转化率低的关键词进行否定，避免广告曝光位抢占自然流量位置。

在经验化运营条件下，可以筛选出单一广告活动中曝光点击较低，且没有出单的长尾关键词，通过拆词等方式统计单词数量，并对其中出现频率较高的关键词进行否定。这种操作虽然在一定程度上解决了上述问题，但也有着很多缺陷。比如出现频率较高的关键词中，往往包含了很多类目词，而在否定关键词中只有词组匹配和精准匹配两种类型（其定义见表5-4）。对一些模糊词而言，精确匹配的范围不够集中，而词组匹配又会否定潜在的流量关键词。此外，这种操作比较依赖广告投放后的数据，无法在投放之前提前优化广告活动。

表5-4 否定关键词中"否定词组"与"否定精准匹配"的差异

否定类型		定义	示例（以baby toy为例）
否定关键词	否定词组	当购物搜索词中包含**完整词组或近似变体**时，广告将不会显示。每个否定关键词最多不得超过4个字，限制80个字	被否定：baby toys, babies toys, baby toys 6-12 不否定：toys for baby, baby bath toys
	否定精准匹配	当购物搜索词中包含**确切词组或其近似变体**时，广告将不会显示。每个否定关键词最多不得超过10个字，限制80个字	被否定：baby toys, babies toys 不否定：baby toys 6-12, toys for baby, baby bath toys

这种拆词组的否定关键词方法不仅要求运营者具有一定的文本数据分析能力，还要结合产品和市场对关键词逐条判断。并不是出现次数越多的关键词占到的广告花费越多。在这种情况下，运营者筛选出广告组中未出单的关键词列表，将客户搜索词和广告花费输入ChatGPT中。这样不仅可以完成拆词，还可以同步统计每个词对应的广告花费额度。

> **输入prompt**

> Count the frequency of feature words and corresponding costs for the following keywords and return them to a table. All different forms of a word should be counted as one.

> **中文**

> 统计以下关键词中特征词的出现频率以及相应成本,并返回这些数据。

[关键词+广告花费列表]

对某手动广告的词组匹配,在输入329个关键词后,得到回复的前15条如下:

> **ChatGPT输出**

Feature Word	Frequency	Cost
v neck	191	102.75
women	76	43.06
white	68	36.72
T-shirt	50	26.95
tee	28	15.12
shirt	25	13.72
black	16	8.19
sleeve	14	7.47
top	13	6.69
t	13	6.06
cotton	12	6.49
short	11	5.87
graphic	11	5.94
deep	10	5.39
graphic	9	4.79
loose	9	4.86

根据前10条数据,可以发现除了特征和类目词外,白色(white)和黑色(black)也产生了较多的广告花费。如果此时listing内没有对应的颜色,可以直接将white和black进行词组否定。如果有对应的ASIN但在广告活动内与其他颜色共同投放,可以直接关闭对应颜色的ASIN,并单独为其开始广告活动。

运营者也可在投放广告之前设置否定关键词。除了收集类似产品历史广告数据，还可通过询问GPT获取商品的潜在卖点词适当否定。如果在当前广告活动内同时投放了多个ASIN，那么可以同时输入多条商品标题。针对5.1.1节中A商品进行案例说明。

输入prompt

Generate searchable selling words for the following item by types: [listing标题]

中文

按类型为以下物品生成可搜索的销售关键词：[商品标题]

ChatGPT输出

通过询问GPT，可以找到多个角度的潜在卖点词，回复如下：

中文

当然，以下是按类型分类的所述商品的可搜索销售用词：

Absolutely, here are searchable selling words for the described item, categorized by types:

General Descriptors:
1. Women's
2. Short Sleeve
3. Casual
4. Shirts
5. Blouses
6. Tops

Style:
1. Button Down
2. Summer
3. Fashion
4. Lightweight
5. Soft

Features:
1. Cotton
2. Pocket
3. Breathable
4. Comfortable
5. Classic
6. Versatile
7. Trendy
8. Modern

Occasions:
1. Summer
2. Daily Wear
3. Casual Outing
4. Weekend
5. Vacation
6. Beach
7. Brunch
8. School

Colors (Examples):
1. White
2. Blue
3. Pink
4. Green
5. Yellow
6. Red

Fit:
1. Regular Fit
2. Relaxed
3. Loose
4. Tailored

Added Benefits:
1. Easy to Style
2. All-Day Comfort
3. Breathable Fabric
4. Easy Care
5. Machine Washable

在进行询问后，GPT给出了针对产品一般描述（general descriptors）、风格（style）、特点（features）、场合（occasions）、颜色（colors）、版型（fit）、附加优势（added benefits）

等方面的部分卖点词。运营者可以针对市场竞品情况，对具体特征继续进行询问，最终整理出产品的潜在卖点词表。对于否定关键词而言，还需要添加投放词和匹配类型继续提问。参考prompt如下：

输入prompt

What are the possible negative keywords for the following product under the specific keyword:

title: [listing标题]

keyword: [投放词]

match type: [匹配类型]

中文

在特定关键词下，以下产品可能的否定关键词有哪些：

标题：[商品列表标题]

关键词：[投放的关键词]

匹配类型：[匹配类型]

ChatGPT输出

1. Men's
2. Kids
3. Uniform
4. Workwear
5. Long Sleeve
6. Silk
7. Linen
8. Chiffon
9. Professional
10. Polo
11. Tunic
12. Vintage
13. Formal
14. Office
15. Dress
16. Denim
17. Plaid

18. Flannel
19. Winter
20. Wool

中文

1. 男士的；2. 儿童的；3. 制服；4. 工作服 5. 长袖；6. 丝绸；7. 亚麻布；8. 雪纺绸；9. 职业的；10. Polo衫；11. 长袍；12. 复古的；13. 正式的；14. 办公的 15. 连衣裙；16. 牛仔裤；17. 方格呢；18. 法兰绒；19. 冬天的；20. 羊毛。

对一款button down shirts有纽扣的衬衫而言，Men's、Kids、long sleeve、dress正装等与产品基础特征差异明显的卖点词一般无须进行否定，而亚麻（linen）、雪纺（chiffon）、复古（vintage）等材质和风格类型的卖点词如果与产品本身差异较大，就可以提前置入否定关键词列表中。如果认为给到的关键词不够，也可以继续提问，直到获取足够的关键词为止。

在广告操作层面，否定关键词操作不要过于频繁，否则很容易导致误伤，最终导致广告流量越来越少。此外否定关键词也不应该是单向操作。否词的目标是降低ACOS，但在大促节点等流量高峰期到来前，运营目标往往会变成冲排名，此时就可以在记录否定关键词后对其进行归档。

对亚马逊而言，广告中出现很多不相关的关键词，一般是因为listing优化不到位导致的。即使后期在广告中进行反复优化操作，也很难将流量重新定位到适合的位置。因此在对关键词进行否定之前，首先要对listing本身的关键词、标题、五点描述等进行系统性的优化。在第6章中，将结合标签体系和ChatGPT，对listing优化的具体细节进行详细说明。

第 6 章

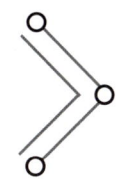

标签体系 + ChatGPT 在 listing 优化中的应用

6.1 listing 标题优化与 ChatGPT 生成

虽然 listing 标题与关键词优化已经属于亚马逊运营老生常谈的话题，但是如何把这一基本功做好仍然困扰着许多从业者，尤其是如何制定一套标准化的 listing 标题关键词筛选逻辑，成为 AI 时代下的关键一步，因为只有将关键词分门别类汇总后，ChatGPT 才可以根据位置、重要性、关联性等指标生成高质量标题，本章就会围绕上述问题逐一讲述。

6.1.1 标签体系 + listing 标题优化方法

关于 listing 标题编辑的基础方法，例如品牌词的摆放位置（放标题首位），标题单词首字母大写，标题卖点词的梳理方法等，很多运营者已经烂熟于心，但是仍然存在很多细节的优化点需要重视，在此笔者整理了一份 listing 标题各个维度的优化方法，如图 6-1 所示。

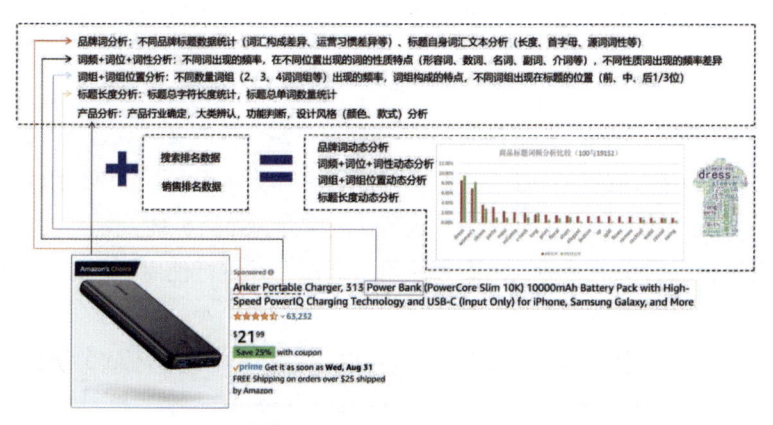

图 6-1 亚马逊 listing 标题优化的不同维度

在图6-1中除了"品牌词分析"外，亚马逊listing标题优化中第二个比较重要的分析维度就是"**词频+词位+词性分析**"。举例而言，同样一个卖点的含义，有多种英语单词可以表达，依据"词频"筛选出其中最常用的单词可以获取更大的流量；接着，需要根据这个单词是否属于"**非图片直观可见的核心卖点**"或"特殊词"，来判断该词应该编辑的位置即"词位"；最后，确定英文单词和词位，还要确定该单词具体的形式，因此一个英文单词可以有多种词性（单复数、现在时、现在进行时、过去式……），例如在本书1.3节中提及的"多形式"概念就来源于英语单词词性的选择，只有在选择具体某种词性的文本形式后，才算是完成"词频+词位+词性分析"。接下来，将对这三种分析步骤逐一进行讲解，其中涉及的工具及操作方法也会用截图+文字的方式说明操作步骤，帮助运营者可以自己落地实践。

1. 词频分析

词频分析的目的是挑选出卖家高频使用，或者买家高频搜索的关键词。词频分析的方式非常简单，只需要将采集到的文本集拆分成单词集（也可以根据语义把词组集挑选出来），然后根据不同单词出现的频率统计需要的单词。词频统计的工具有很多，在此介绍两款常用工具，一款为跨境导航网站AMZ123的词频统计工具，另一款为笔者单独开发的"WordFrequencyUI_final"词频统计exe小工具（其压缩包在本书附带的电子文档中）。

第一款工具在AMZ123网站上，该网站是跨境电商卖家常用的信息检索网站，运营者可以搜索"AMZ123"，然后在首页找到名为"词频统计"的功能，如图6-2所示。

图6-2 AMZ123的"词频统计"功能（红框标注部分）

选择"词频统计"选项，在空白文本框中输入想要分析的文本集合（可以是listing标题集合，也可以是ABA搜索词集合），界面右方就会自动分析出不同单词组合（1个单词、2个单词、3个单词）出现频率的排序，并从高到低排列，如图6-3所示。

运营者可以根据自身需求筛选出高频使用的词汇，并进行使用，但是这里仍然存在两个问题：

第一，AMZ123"词频统计"功能只能统计频率，并无法统计不同关键词出现的位置，因此无法实现词序/词位分析；

第 6 章　标签体系 + ChatGPT 在 listing 优化中的应用

图6-3　AMZ123"词频统计"功能使用界面

第二，AMZ123"词频统计"对同样语义，但不同形式的关键词无法区分，例如"women""woman""women's"它会认为是3个单词，因此无法实现"词性分析"。

综上所述，运营者后续还需要更进阶的工具来实现listing标题与ABA搜索词的精细化分析。

第二款工具是笔者用Python语言编译开发的小工具，名为"WordFrequencyUI_final"（工具名为"旭鹏词频统计"），其文件压缩包在本书附带的电子材料中，点击打开文件后，可以得到图6-4所示的UI界面。

与AMZ123"词频统计"的操作类似，运营者可以把采集的listing标题文本复制到工具左部文本框中，然后点击"开始统计"按钮，工具右部就会显示关键词出现的次数与占比，运营者也可以选择导出Excel文件，如图6-5所示。

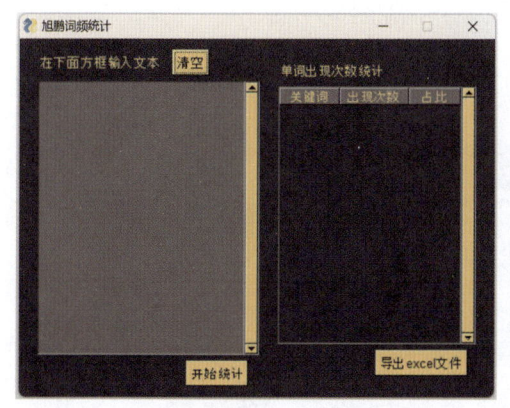

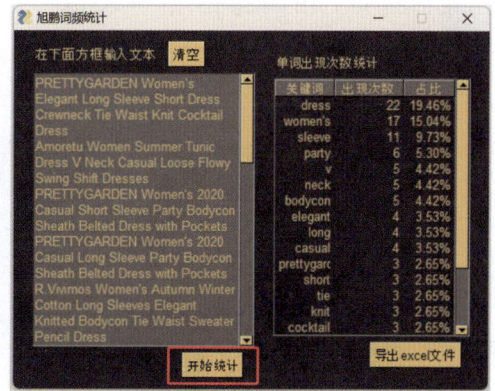

图6-4　"旭鹏词频统计"打开后的UI界面　　图6-5　使用"旭鹏词频统计"的操作界面

运营者可以自由使用上述两款工具来进行词频分析，接下来将会围绕"词位分析"讲述关键词位置的业务价值和执行方法。

2. 词位分析

在前文"标签文本位置分析"中，已经提及了listing标题卖点词的位置的曝光的价值，在本节中，将结合更多案例来阐述。

如图6-6所示，图中左半部分是一款裙子商品listing的商品详情页，右半部分是该款商品的曝光页，从图中可以看到商品详情页的listing标题只有一部分能够在曝光页展示，即"Women One Shoulder Sleeveless Casual Summer Dresses 2023"（2023年女士单肩无袖休闲夏装连衣裙），标题剩下的文本在曝光页只有"…"，这说明虽然listing标题本身可以放置很多个卖点词，但是能够被顾客看到的只有头部前列词汇。

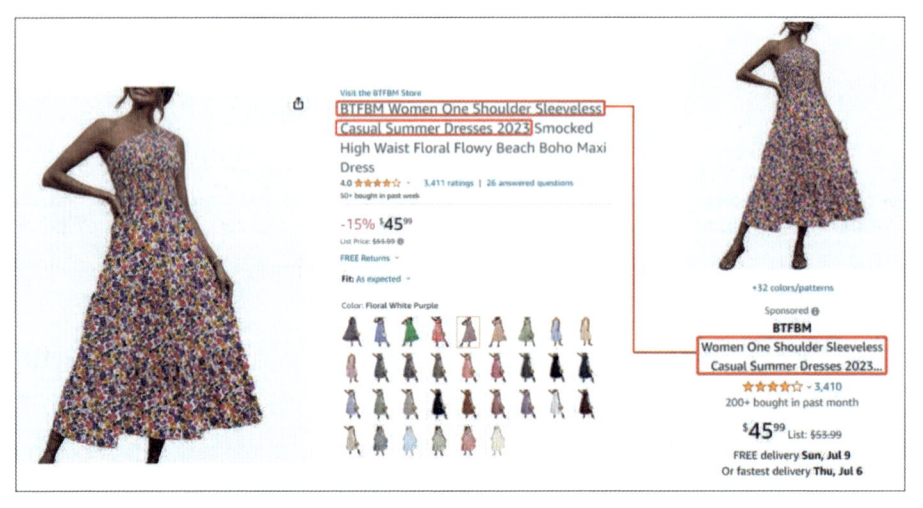

图6-6　亚马逊服装listing标题在商品详情页和曝光页展示的文本量不同

在其他品类，例如玩具品类，虽然listing曝光页能够展示的listing标题范围更广，但与完整的商品详情页的标题相比，仍然存在一定的差异，如图6-7所示。

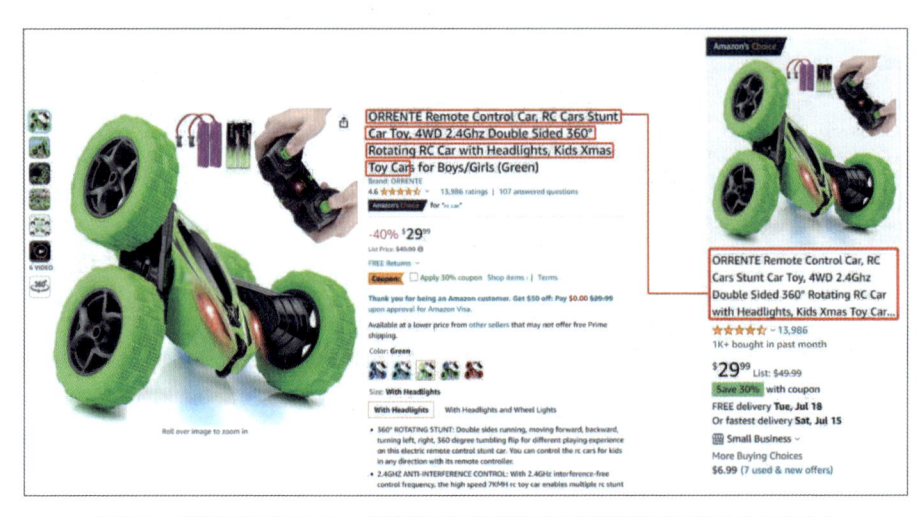

图6-7　亚马逊玩具listing标题在商品详情页和曝光页展示的文本量不同

综上所述，大部分品类下listing标题在商品详情页的展示文本量，都大于曝光页的展示文本量，因此运营者需要将重要的卖点词放在listing标题靠前的位置，来增加用户浏览的点击率，而评判一个卖点词重要与否的关键标准就是**"非图片直观可见的核心卖点"**。

在理解了"词位分析"的业务价值后，运营者就可以使用AdTron关键词工具中的"语序参考"进行优化，产品交互界面如图6-8所示。（"语序参考"部分在图6-8中已用红框标注）

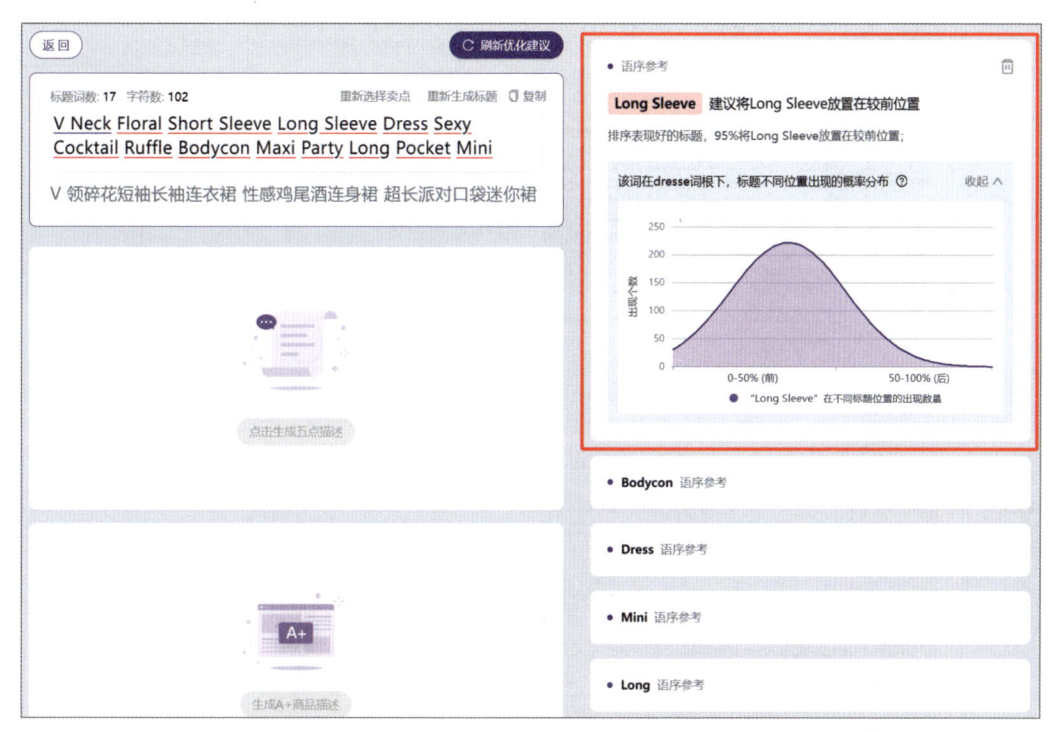

图6-8　AdTron关键词产品中的"语序参考"部分

在了解了"词频分析"和"词位分析"后，剩下的就是"词性分析"了，这也是运营者很容易忽略的一个优化点。在亚马逊平台运营工作中，由于英文文本的多样性，导致很多运营者对不同文本形式没有筛选和优化的意识，很容易犯下例如"单复数混用""连接符号乱用""介词瞎用"的问题，从而导致自己的listing无法获取最精准的曝光。那么，到底该如何挑选适合的卖点词形式呢？这就需要更为精细的"词性分析"。

3. 词性分析/词汇多形式分析

在理解"词性分析"前，先用一些listing案例，结合数据BI展示不同文本组合下产生的流量差异。首先采集服装品类"dress"关键词下搜索排序前19 152个标题，并汇总在名为"商品画像"的表格中，如图6-9所示，Excel表中"商品标题"列为不同搜索排序商品的标题文本，而"序列"代表搜索排序（以0开始代表搜索排序第一个，依此类推）。

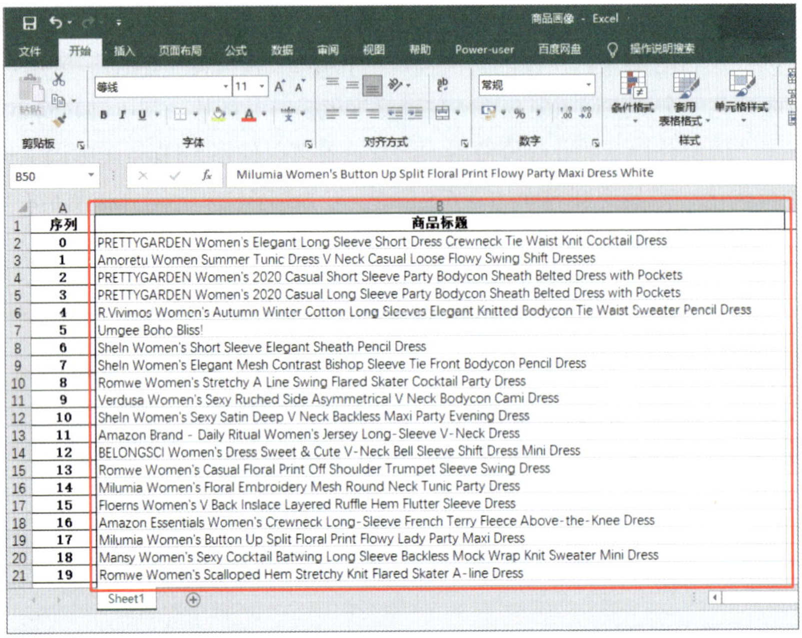

图6-9 "商品画像"Excel文件中的商品标题列

为了方便读者进行自定义的词频分析，已经将"商品画像"Excel文件中19 152个listing抓取结果拆分成192个单独的Excel表格，并保存在名为"Frequencies of Keywords"的文件夹中，如图6-10所示。

图6-10 "Frequencies of Keywords"文件夹中的词频分析数据表格

文件夹中不同表格文件记录了不同排序总数的词频分析结果，例如："FrequenciesOfKeywords100"表示搜索排序前100个商品listing的标题词频分析结果；"FrequenciesOfKeywords200"表示搜索排序前200个商品listing的标题词频分析结果；

第 6 章　标签体系 + ChatGPT 在 listing 优化中的应用

"**FrequenciesOfKeywords1000**"表示搜索排序前 1 000 个商品 listing 的标题词频分析结果；"**FrequenciesOfKeywords19152**"表示搜索排序前 19 152 个商品（所有商品）listing 的标题词频分析结果。

根据运营经验，不同搜索排序总数的商品标题词频分析结果各不相同，因此本节笔者以搜索排序前 100，以及搜索排序前 19 152（所有商品）的商品词频分析结果进行对比分析。

打开名为"FrequenciesOfKeywords100"的 Excel 表格文件，就可以看到搜索排序前 100 的商品词频分析结果，截取了 TOP 20 词汇，如图 6-11 所示。

序列	关键词	频率	比例
0	dress	100	8.61%
1	women's	80	6.89%
2	sleeve	42	3.62%
3	party	37	3.19%
4	maxi	27	2.33%
5	milumia	25	2.15%
6	v-neck	24	2.07%
7	long	20	1.72%
8	print	19	1.64%
9	floral	18	1.55%
10	short	17	1.46%
11	elegant	16	1.38%
12	button	16	1.38%
13	up	16	1.38%
14	split	16	1.38%
15	flowy	15	1.29%
16	romwe	15	1.29%
17	cocktail	13	1.12%
18	waist	12	1.03%
19	casual	12	1.03%
20	swing	12	1.03%

图 6-11　搜索排序前 100 的商品词频分析中 TOP 20 的词汇

通过对上图中出现的词汇进行数据可视化，可以得到图 6-12 所示的柱状图。

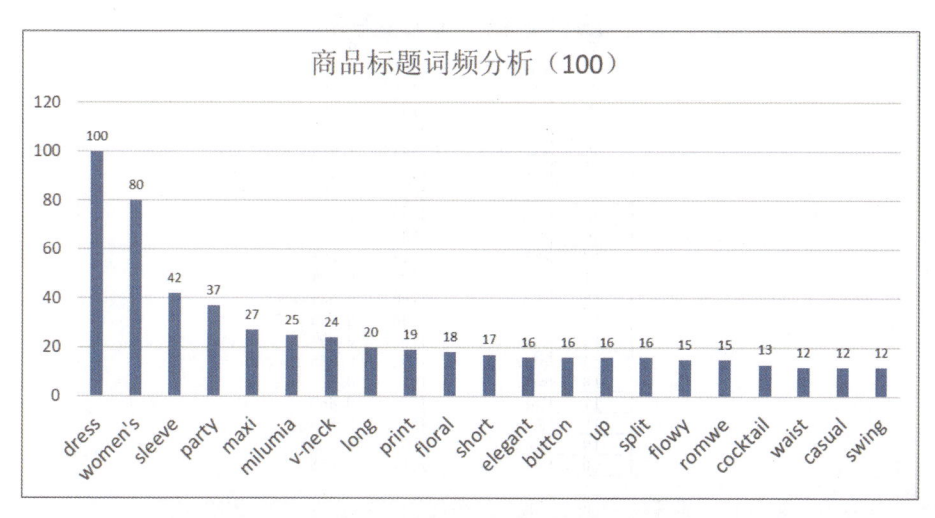

图 6-12　TOP20 词汇的柱状图

从图表中可以发现"dress""women's"两个词汇出现频率最高，分别出现100次和80次；在此之后就是"sleeve""party""maxi"这三个搭配词，其中"sleeve"和"maxi"属于产品属性词，"party"则是场景词。排序第六的词汇是"milumia"，这是一个卖家品牌词，其能在搜索排序100的商品标题中高频率出现，说明这个品牌已经在"dress"搜索关键词下占据了相当大的市场份额，其品牌店截图如图6-13所示。

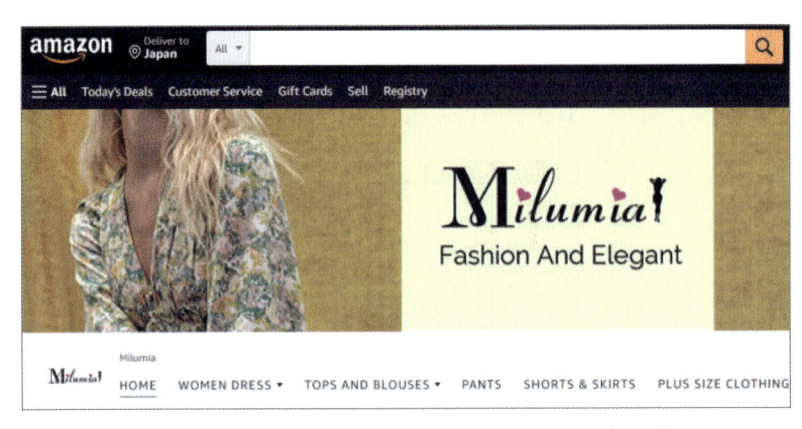

图6-13　品牌名为"milumia"的女装品牌店铺主页截图

排在"milumia"之后的为一系列常见形容词与长尾词，如"v-neck""long""print""floral""short""elegant""button"等，这类词汇的出现表明了搜索排序前100商品的主要卖点与特色。

为了与搜索排序前100的商品标题词频分析结果产生对比，笔者选择搜索排序19 152的商品标题词频分析结果进行讲解，打开名为"FrequenciesOfKeywords19152"的Excel表格文件，就可以看到搜索排序前19 152的商品词频分析结果，截取了TOP 20词汇，如图6-14所示。

序列	关键词	频率	比例
0	dress	18378	9.53%
1	women's	15907	8.25%
2	sleeve	5431	2.82%
3	long	3731	1.93%
4	with	2955	1.53%
5	sleeveless	2396	1.24%
6	v-neck	2168	1.12%
7	dresses	2093	1.09%
8	short	2080	1.08%
9	party	2005	1.04%
10	maxi	1914	0.99%
11	midi	1901	0.99%
12	casual	1796	0.93%
13	neck	1740	0.90%
14	floral	1735	0.90%
15	plus	1692	0.88%
16	size	1671	0.87%
17	lace	1652	0.86%
18	mini	1619	0.84%
19	bodycon	1609	0.83%
20	shoulder	1287	0.67%

图6-14　搜索排序前19 152的商品词频分析中TOP 20的词汇

通过对上图中出现的词汇进行数据可视化处理，可以得到图6-15所示的柱状图。

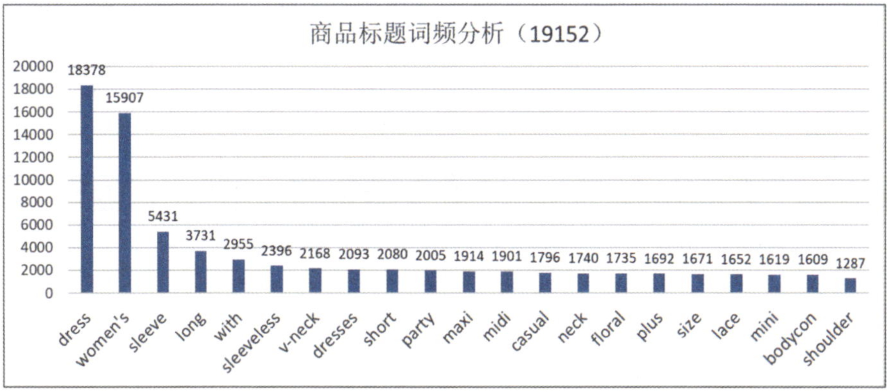

商品标题词频分析（19152）

dress 18378 / women's 15907 / sleeve 5431 / long 3731 / with 2955 / sleeveless 2396 / v-neck 2168 / dresses 2093 / short 2080 / party 2005 / maxi 1914 / midi 1901 / casual 1796 / neck 1740 / floral 1735 / plus 1692 / size 1671 / lace 1652 / mini 1619 / bodycon 1609 / shoulder 1287

图6-15 搜索排序前19 152的商品词频分析中TOP 20词汇的柱状图

与搜索排序前100的商品标题词频分析结果相比，排名前三的词汇并没有改变，说明"dress""women's""sleeve"这三个词汇是"dress"类目下的必要词汇。其次，"long"词汇的排序由原来的第8位上升到了第4位，这种情况可以有以下多种解释：

（1）具有与"long"词汇相关卖点的产品为未来趋势（例如"long sleeve"组合），所以搜索排序前19 152中会有更多的新品标题使用了该词汇，最终导致"long"的排序上升；

（2）部分新卖家因为对"dress"相关的标题编辑技巧还不娴熟，导致在对"长裙"这类产品进行描述时误用了"longdress"这里"中式英语"搭配，最终导致"long"的排序上升；

除了"long"的排序上升外，最引人注意的是"with"这个介词，以及"dresses"这个复数名词排序的变化。在搜索排序前100的商品标题词频分析中，"with"和"dresses"都没有出现在TOP20的词汇表里，但是在搜索排序前19 152的商品标题词频分析中，"with"一词排第5名，出现次数2 955次，"dresses"一词排第8名，出现次数2 093次。

"with"这一介词排序的变化说明：在服装品类下，**高搜索排序商品的运营者并不倾向于使用"with"这类介词作为标题文本**，因此如果这时运营者也在经营服装品类的"dress"类目，如果发现自己的listing商品标题中出现大量的"with"，就需要考虑进行标题优化。

"dresses"这一复数名词排序的变化说明：**在服装品类下，高搜索排序商品的运营者会谨慎使用各种形式的单词，而不是单复数混用**，因为不同形式单词的搜索量/曝光量是有差异的。

除了以上信息外，排在"with"后的"sleeveless"也是运营者需要关注的重点，这是因为"sleeveless"和"with"一样也没出现在搜索排序前100商品标题词频分析TOP 20的词汇表里，这说明"sleeveless"必然是未来一段时间的市场产品需求（考虑到数据抓取的时间为2023年末，所以多数卖家在为2024年初的换季做准备，而"sleeveless"则是春季裙子的卖点之一）。

剩下的一系列词汇，如"v-neck""short""party""maxi""midi""casual""floral"……这类词汇的出现频率，在一定程度上代表具有不同卖点的商品的比例。

如果要将不同搜索排序的词频分析结果在同一表格上进行对比，可以使用不同词汇出现的比例进行比较，如图6-16所示。

序列	关键词	100比例	19152比例
0	dress	8.61%	9.53%
1	women's	6.89%	8.25%
2	sleeve	3.62%	2.82%
3	party	3.19%	1.04%
4	maxi	2.33%	0.99%
5	milumia	2.15%	0.12%
6	v-neck	2.07%	1.12%
7	long	1.72%	1.93%
8	print	1.64%	0.55%
9	floral	1.55%	0.90%
10	short	1.46%	1.08%
11	elegant	1.38%	0.23%
12	button	1.38%	0.23%
13	up	1.38%	0.14%
14	split	1.38%	0.19%
15	flowy	1.29%	0.14%
16	romwe	1.29%	0.08%
17	cocktail	1.12%	0.62%
18	waist	1.03%	0.34%
19	casual	1.03%	0.93%
20	swing	1.03%	0.46%

图6-16 不同搜索排序的词频分析结果进行比例比较

通过对上图中出现的词汇进行数据可视化，可以得到图6-17所示的对照柱状图。

在图6-17中，虽然"dress"与"women's"两词是"dress"类目下的必要词汇，但是搜索排序19 152的词频分析中，两个词汇出现的比例也要高于搜索排序100的词频分析结果，这说明很多长尾卖家在进行标题编辑时过多使用了"dress"与"women's"，即在标题编辑的运营功底上仍然没法像头部卖家一样熟练。

关于其他词汇的比较分析，仅仅只依赖两次静态词频分析的结果是不够的，因此需要对多个搜索排序的词频分析结果进行对照才可以获得结论。为此，使用Python制作了正序和倒序两个动态词频分析排列图视频给大家作为参考，视频名称分别为"正序动态排序图"与"倒序动态排列图"，视频截图如图6-18和图6-19所示。

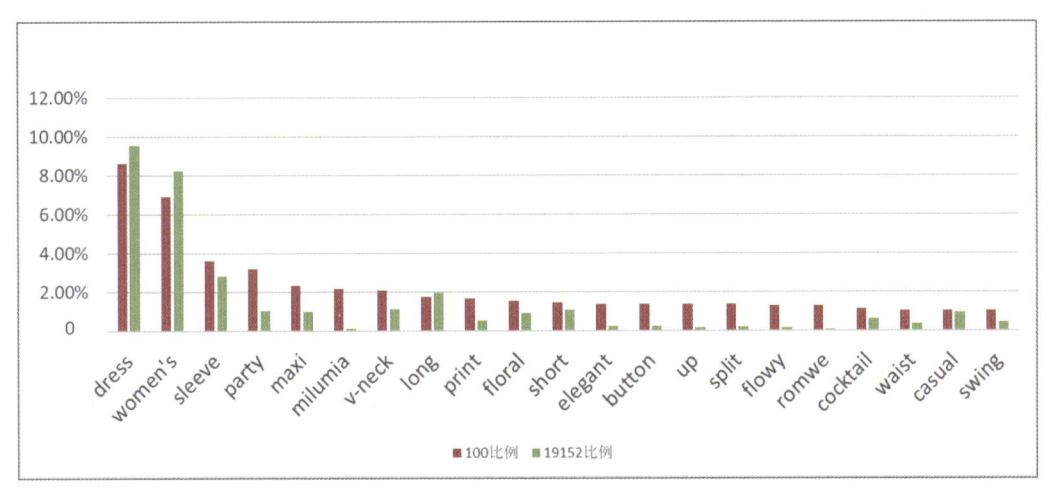

图6-17 搜索排序前100与前19 152的商品词频分析中TOP 20词汇的出现比例柱状图

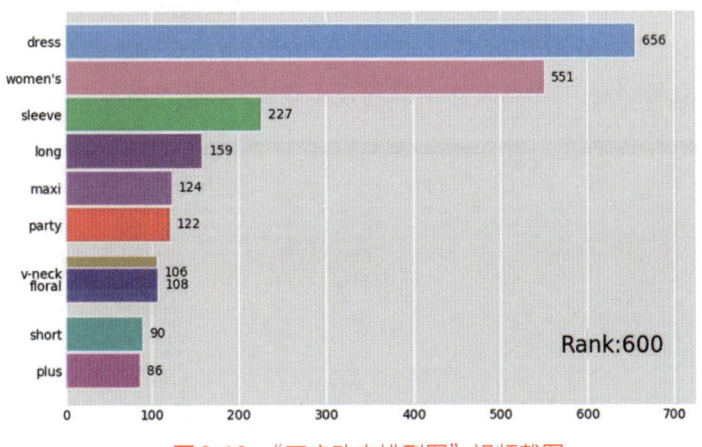

图6-18 "正序动态排列图"视频截图

在图6-18中,"正序动态排列图"展现搜索排序从小到大(从100到19 152)时,不同标题单词出现频率的变化。一般而言,在TOP 20词汇中新出现的词汇/排序快速上升的词汇有两种含义:

①**中长尾卖家倾向于使用这类词汇**。

②**新上架的商品普遍具有该词汇代表的卖点**。因此,运营者可以根据"正序动态排列图"视频来判断中长尾卖家与头部卖家运营习惯上的不同,同时可以根据不同卖点词汇的排序变化判断类目市场未来变化趋势。

在图6-19中,"倒序动态排列图"展现了搜索排序从大到小(从19 152到100)时,不同标题单词出现频率的变化。"倒序动态排列图"中词汇的变化趋势代表了热卖商品标题文本的分布规律,如果运营者想要学习头部卖家编辑listing标题的技巧,可以通过观察不同词汇随搜索排序的变化优化自身的商品标题。

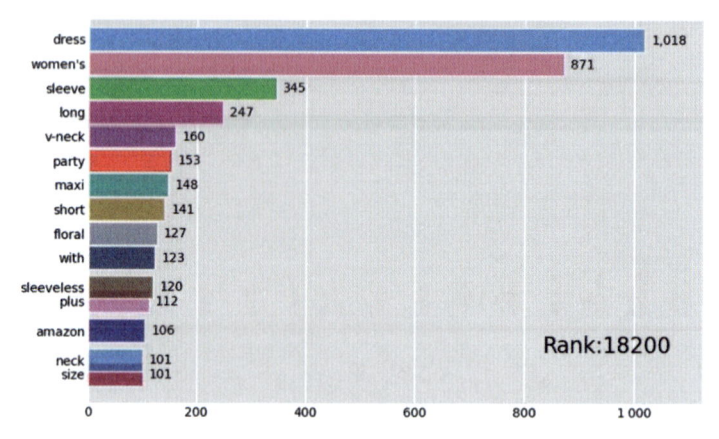

图6-19 "倒序动态排列图"视频截图

综上所述，一个卖点词该不该和介词搭配，该使用这个卖点词的哪种形式，都是需要运营者根据数据分析的结果来决策的。在执行操作上，运营者可以结合本书1.3节中提到的"多形式表格"汇总常见卖点词的各类形式，再根据前台数据进行挑选（读者可以搜索并关注"AdTron"公众号回复："卖点词表"，就可以下载该表格进行参考），如图6-20所示。

图6-20 多形式表格

在"词性分析"的产品解决方案上，运营者仍然可以借助AdTron关键词工具的"词汇形式参考"功能，其操作界面如图6-21所示。（具体产品的操作方法已经在前文阐述过，在此不再赘述）

以上文举例的服装品类"dress"卖点词为例，AdTron展示"dress"不同形式在搜索排序靠前标题中出现的比例，如图6-22所示。

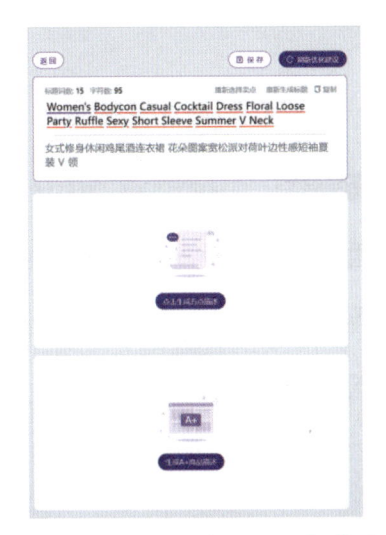

图6-21　AdTron关键词工具的"词汇形式参考"功能

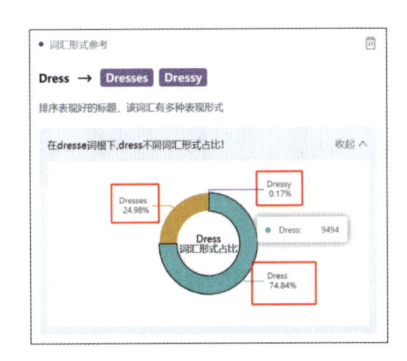

图6-22　服装品类下"dress"卖点词不同形式的listing标题使用占比

从上图6-22中可以看到，"dress"在服装品类裙子类目下，搜索排序靠前的listing标题中，"dress"的常见变体形式有"dress""dresses""dressy"三种，其中"dress"占比74.84%，"dresses"占比24.98%，"dressy"占比0.17%，因此单数形式的"dress"是主要的使用形式，这个结论和上文中用动态数据分析的结果一致。通过上述方法与产品，就可以帮助每个运营者精细化分析自己的listing标题，从而不再浪费任何曝光与流量。

4. 长度分析

除了上文中提及的"词频分析""词位分析""词性分析"，运营者还可以对自身listing标题的长度进行分析，从而判断是否标题过短/过长（标题过短会导致丢失长尾流量，标题过长会导致部分卖点词无法被收录）。

分析标题长短的方法相比于词频词序分析要容易很多，运营者只需要将自己品类下搜索排序靠前的标题进行采集（可以通过第三方采集器采集，具体操作方法可查阅本书第七章），然后对这些标题的长度进行统计，最后比较自己listing标题的长度与搜索排序靠前标题的长度，如果发现自己listing标题过短，则及时添加更多卖点词，如果发现自己listing标题过长，则可以删减部分无效卖点词。

在产品解决方案上，运营者可以参照AdTron右边的标题长度建议卡片，其中会用数据BI的方式展现该品类下搜索排序靠前标题的长度分布，并以此作为依据进行建议，如图6-23所示。

5. 内容小结

本节汇总了很多listing标题优化的细节，读者可以根据自身的经验进行参考，下面将所有的优化点用图表的方式进行汇总，如图6-24所示。

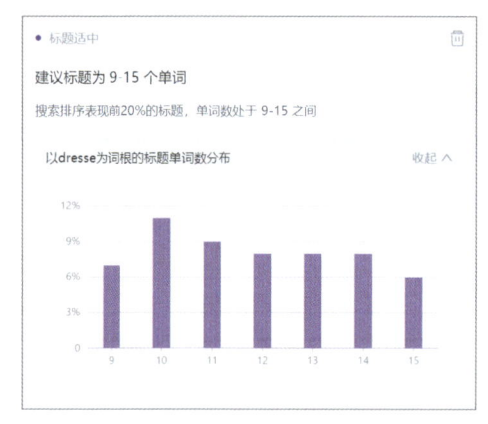

图6-23　AdTron关键词工具的标题长度建议功能　　图6-24　listing标题优化的主要参考标准

6.1.2　ChatGPT + listing 标题生成方法

在6.1.1节中讲述了listing标题结合各类标签（词频标签、词位标签、词性标签、长度标签）的优化方法，本节将围绕ChatGPT生成listing标题的方法进行讲解。

运营者在使用ChatGPT生成标题时，遇到的第一个问题就是如何让GPT能获取足够精准且全面的背景信息，这是因为很多运营者的prompt语句并没有把生成标题对应的listing品类、卖点、生成规则阐述清楚，导致GPT生成的标题不符合亚马逊平台的规则（标题过长、品类不匹配、卖点缺失等）。在此整理了一段比较通用的prompt供参考，其prompt截图如图6-25所示。

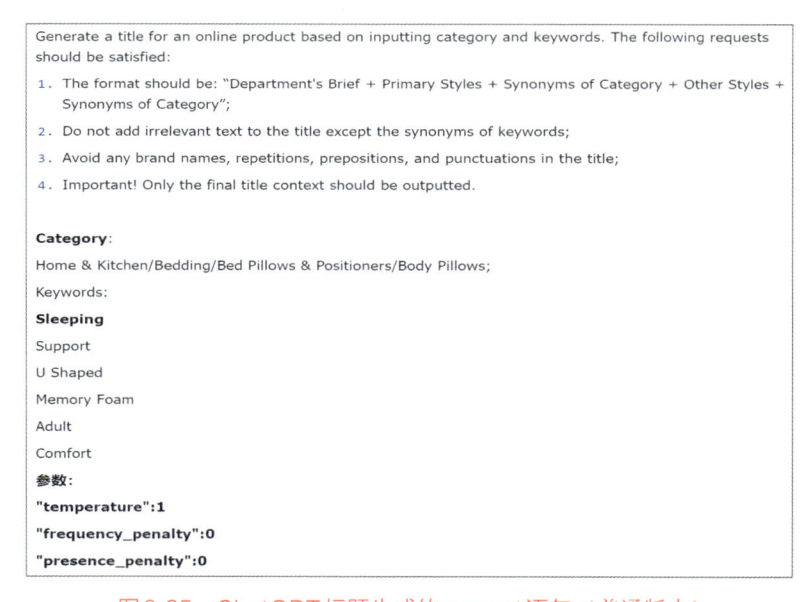

```
Generate a title for an online product based on inputting category and keywords. The following requests should be satisfied:
1. The format should be: "Department's Brief + Primary Styles + Synonyms of Category + Other Styles + Synonyms of Category";
2. Do not add irrelevant text to the title except the synonyms of keywords;
3. Avoid any brand names, repetitions, prepositions, and punctuations in the title;
4. Important! Only the final title context should be outputted.

Category:
Home & Kitchen/Bedding/Bed Pillows & Positioners/Body Pillows;
Keywords:
Sleeping
Support
U Shaped
Memory Foam
Adult
Comfort
参数:
"temperature":1
"frequency_penalty":0
"presence_penalty":0
```

图6-25　ChatGPT标题生成的prompt语句（普通版本）

在图6-25中的prompt语句中，为ChatGPT强调生成标题时的几个注意点：

首先规定了生成标题的格式为"Department's Brief + Primary Style + Synonyms of Category + Other Style + Synonyms of Category"即"类目简介+主要风格+子类目下同义词+其他风格+子类目下同义词"；

其次让GPT不要在标题中添加除了近义词外的任何非关联文本（确保了标题生成的精准性）；

然后在第三条中点名GPT不要添加任何"品牌名称、重复、介词、标点符号"（确保了标题生成不侵权且不带无效文本）；

最后告诉GPT不要返回任何不相干文本，只需要生成标题即可（确保了生成的文本直接可以使用）。

除了以上注意点外，图6-25展示的prompt语句还在下面罗列了生成标题的必要信息点，包括品类信息（大类→小类→垂直类目）和卖点关键词（参考"人、货、场"的逻辑尽可能列举）。

除了图6-25展示的prompt语句外，运营者还可以根据自己的需求调整prompt语句的细节，比如在原有prompt语句的基础上进行优化，得到图6-26所示中的prompt语句：

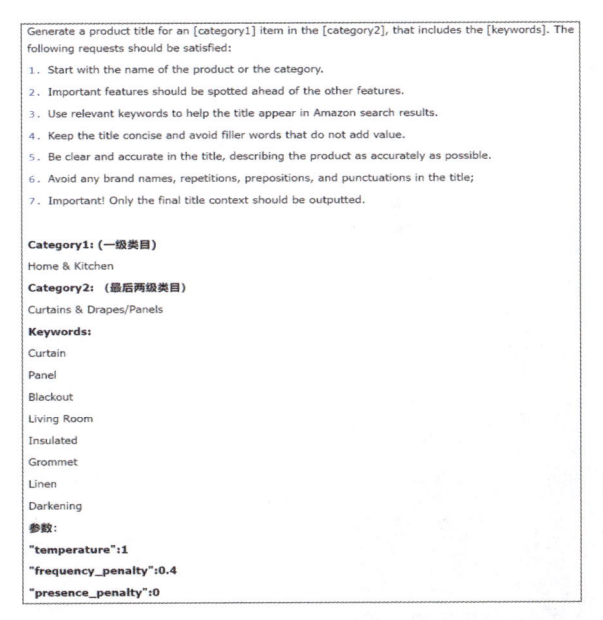

```
Generate a product title for an [category1] item in the [category2], that includes the [keywords]. The following requests should be satisfied:
1. Start with the name of the product or the category.
2. Important features should be spotted ahead of the other features.
3. Use relevant keywords to help the title appear in Amazon search results.
4. Keep the title concise and avoid filler words that do not add value.
5. Be clear and accurate in the title, describing the product as accurately as possible.
6. Avoid any brand names, repetitions, prepositions, and punctuations in the title;
7. Important! Only the final title context should be outputted.

Category1: （一级类目）
Home & Kitchen
Category2: （最后两级类目）
Curtains & Drapes/Panels
Keywords:
Curtain
Panel
Blackout
Living Room
Insulated
Grommet
Linen
Darkening
参数：
"temperature":1
"frequency_penalty":0.4
"presence_penalty":0
```

图6-26　ChatGPT标题生成的prompt语句（精细版本）

改进后的prompt语句不仅保留了原有prompt语句中的特点，并增加了一些对GPT的要求，例如要求重要的特性需要放在标题靠前的位置（这点和上文中提及要把**"非图片直观可见的核心卖点"**放在标题靠前位置一致），并且需要保持标题的简洁等，都进一步完善了生成listing标题的质量。

在 listing 标题生成的产品解决方案上，运营者可以使用 AdTron 关键词工具的"我要上架"功能实现（其生成 listing 标题效果与图 6-26 展示的 prompt 语句生成效果一致），如图 6-27 所示。

图 6-27　AdTron 关键词工具的"我要上架"功能

相比于直接用 prompt 语句在 ChatGPT 上生成，使用 AdTron 工具的优势是可以提升效率，例如在选择完具体类目后，AdTron 工具就会推送该类目下的常见卖点，并附带相应中文翻译，帮助运营者挑选自己品类下适配的卖点，如图 6-28 所示。

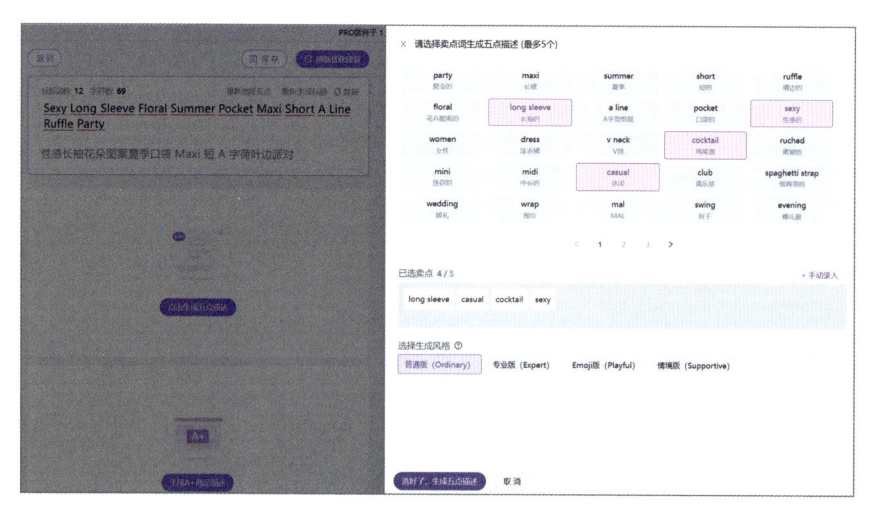

图 6-28　AdTron 关键词工具"我要上架"功能会自动推送该品类下的常见卖点

选择好需要的卖点后，AdTron 工具会自动结合"词位/词序"数据排列这些卖点的出现位置，然后再接入 ChatGPT 的 API 接口，结合 prompt 语句自动生成高质量的标题，其生成效果如图 6-29 所示。

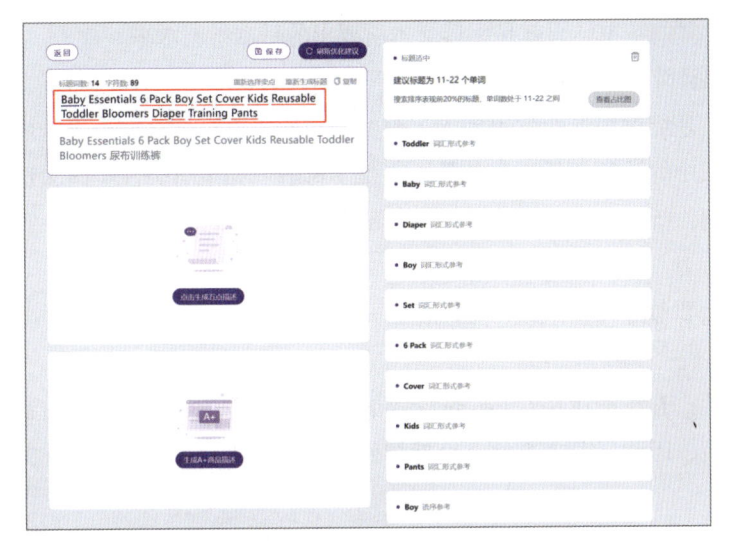

图6-29　AdTron关键词工具自动生成的标题效果

针对生成的listing标题，运营者可以直接复制到上架表格中应用，也可以重新选择卖点，或者重新让AdTron结合现在的卖点再生成一次标题，其功能如图6-30所示。

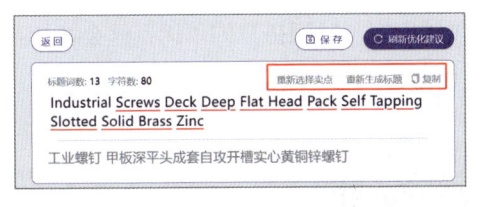

图6-30　AdTron关键词工具

以上就是针对listing标题的优化和生成内容，接下来将针对listing的五点描述来讲解相关的优化技巧与AIGC生成方法。

6.2　listing 五点描述优化与 ChatGPT 生成

很多运营者过去并不关注亚马逊listing五点描述的重要性，但随着亚马逊入驻商家的快速增加，能够被亚马逊搜索引擎收录的五点描述也在变得越来越重要。在小节中笔者将介绍关于listing五点描述优化标签（维度）的搭建，以及相关优化的方法。

6.2.1　标签体系 + listing 五点描述优化方法

首先是listing五点描述优化标签（维度）的搭建，笔者参考的标准是Flesch-Kincaid易读性公式，也被称为"弗莱施-金凯德公式"，该公式计算方法为：0.39×(总单词数/总句子数)+11.8×(总音节数/总单词数)-15.59，并以计算得到的结果来大致衡量英语文本的阅读难度。公式计算的数据结果就是阅读文本所要求的基本学历水平。

比如，如果计算结果为3，那么高于或等于三年级的学生应该都能理解。这里的两个系数0.39和11.8，是经过统计调整得到人工参数——所以没有什么理论上的内在理由。另外**需要注意是公式中的计算因子为音节数，不是字母数**。如果有关注美国大选的读者，可能每年都会注意到，新总统就职演说后，会有媒体评估演说文本的"难度"，他们所用的工具就是上述公式。

那么为什么要参考"弗莱施—金凯德公式"呢？这是因为五点描述需要顾及几个标签（维度）的指标：

文本详实性： 五点描述是在listing标题的基础上，进一步阐述产品的卖点特征，以及商家的服务品质，因此运营者需要充分把握好这一个板块，**并用详细的外文描述来吸引用户下单转化；**

单词复杂性： 如果单词过于复杂（在英语中，复杂的定义为单词音节偏多），这会增加用户阅读的难度，从而降低五点描述的浏览效果，进一步降低转化率；

句式复杂性： 句式从语态上划分可以分为主动语态、被动语态，而被动语态的阅读难度高于主动语态，所以要**尽量避免被动语态的使用；**

文本错误率：不要出现错别字、错误拼写的单词，这会增加客户的阅读难度。

笔者将上述四个标签（维度）整理成图6-31所示的链路图。

图6-31　参考不同标签（维度）的listing五点描述优化链路

如果依靠人力来依次解决上述四个标签（维度）的问题，效率会非常低，而"弗莱施-金凯德公式"则可以综合性地解决这些问题。一方面，"弗莱施-金凯德公式"参考文本长度和单词音节数，这可以给运营者在"文本详实性"和"单词复杂度"上有参考标准；另一方面，该公式可以直接计算出美国标准教育体系下的数字指标，如果数字指标过大（例如大于12及以上），这说明listing五点描述文本需要大学及以上学历才可以完全读懂，这时就需要简化文本，使用更简单的单词和语法来降低用户阅读门槛。

第 6 章 标签体系 + ChatGPT 在 listing 优化中的应用

在产品解决方案，建议使用 Word 软件来进行 listing 五点描述分析，首先可以将自身的 Word 软件更新到 2016 及后续版本，然后在菜单栏中选择"审阅"→"编辑器"选项，再选择"见解"中的"文档统计"选项，其操作如图 6-32 所示。

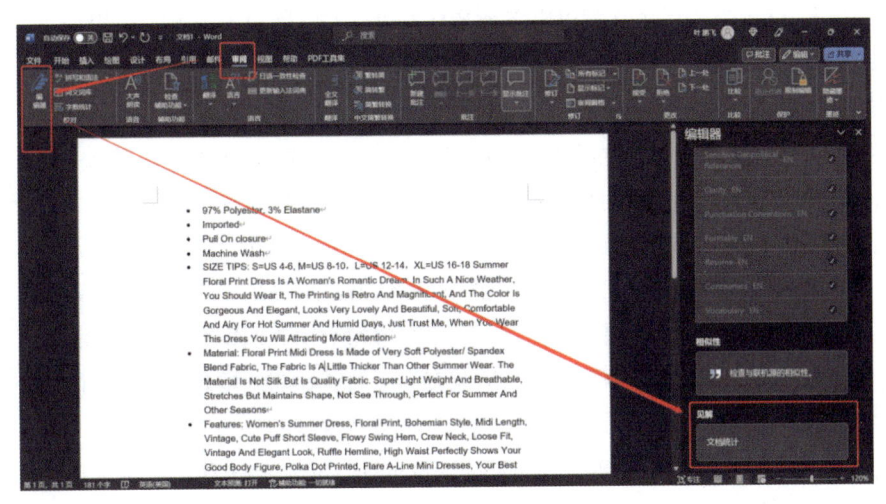

图 6-32　Word 软件中进行文档统计的操作方法

在完成上述操作后，就可以得到图 6-33 所示的"可读性统计信息"，其中包含"弗莱施 - 金凯德公式"在内的各项文本统计指标。

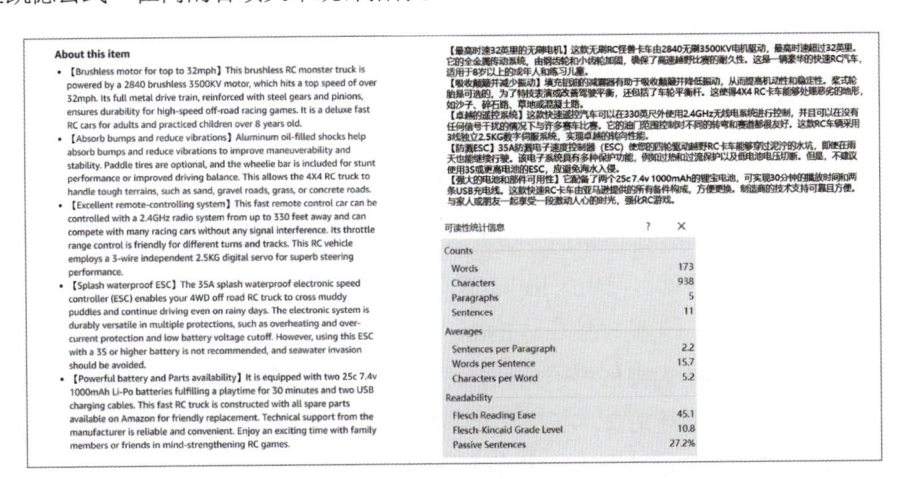

图 6-33　左半部分为 listing 五点描述原文，右上角为 listing 五点描述翻译，右下角为 Word 软件的"可读性统计信息"

在图 6-33 中 Word 软件展现的"可行性统计信息"包含了多类信息，首先是"counts"即基本的计数统计，包括了"words"（单词数）、"characters"（字符数）、"paragraphs"（段落数）、"sentences"（句子数）。一般而言，运营者只需要关注单词数即可，五点描述为了确保其内容具有详实性，单词数不能过少，大部分品类需要 50 个单词以上的五点描述文本

（即每条描述10个单词）。

其次是"Averages"（平均统计），包括"Sentences per Paragraph"（平均每段有几句话），"Words per Sentence"（平均每句有几个单词），"Characters per Word"（平均每个单词有几个字符）。这一类信息运营者可以参考来计算可读性，但更多情况下可以略过，直接参考最后的"Readability"即可读性。

在最后的可读性指标中，包括"Flesch Reading Ease"（易读性指标），它的数字越大，文本越容易阅读，一般超过50为合格，超过60为优秀，在图6-33所示的案例中，易读性只有45.1，这意味着listing五点描述内容并不容易被用户阅读和理解。

可读性指标中的第二个指标就是"Flesch-Kincaid Grade Level"（阅读年级评估），其数字代表了美国标准教育下，需要多少年级的人才可以顺畅阅读，在图6-33的案例中该数字为10.8，这意味着需要受教育程度高二年级及以上的用户才可以顺畅阅读，而一般美国大众的教育为初三，也就是数字9，因此，运营者要尽可能让自己的listing五点描述在这一指标上的数字小于9。

可读性指标的最后一个指标是"Passive Sentences"也就是被动句比例，在图6-33的案例中，被动句的比例为27.2%，也就是说每四句话，就会出现一句被动句，这个比例偏高，因为被动句的阅读难度远高于主动句，大部分情况下运营者需要将被动句比例控制在10%及以下（不仅是五点描述需要降低被动句比例，A+描述文本同样如此）。

通过上述评价标签（维度）指标的建立，运营者就可以搭建一套客观而又高效的listing五点描述评价体系，从而能依据数据精准优化五点描述，接下来将会介绍ChatGPT生成优秀五点描述的方法。

6.2.2 ChatGPT + listing 五点描述生成方法

在理解了五点描述的评价体系后，运营者还可以利用这些指标，以及适当的prompt语句，利用ChatGPT工具帮助自己生成listing五点描述。

五点描述的prompt语句编辑技巧与listing标题的prompt语句编辑技巧相似，都需要向GPT阐明自己产品所属的大类目和子类目名称，并罗列相关的卖点词。但有一点需要注意的是，由于listing五点描述的文本长度和丰富度远高于listing，因此需要一些特定的参数设置让GPT增强创意度与语义表达，才可以达到更好的效果，例如可以使用"temperature"来增强GPT的人性化表达，也可以使用"presence_penalty"（"频率惩罚"）与"（presence_penalty）"即"存在惩罚"来保持GPT生成文本的多样性，关于后两种概念的解释如下（该技术性解释来源于CSDN博客，感兴趣的读者可以查阅相关资料进一步了解）：

frequency_penalty —频率惩罚

频率惩罚介于-2.0和2.0之间，它影响模型如何根据文本中词汇（token）的现有频率惩罚新词汇（token）。正值将通过惩罚已经频繁使用的词来降低模型一行中重复用词的可能性。

频率惩罚则与特定token的采样频率成比例地发挥作用；而存在惩罚是一种一次性的附加效用，作用于至少采样一次的所有token。

为了稍微减少输出中的重复词语，惩罚系数的合理值通常为0.1至1。如果目标是显著抑制重复，系数可以增加到2，但这可能会对输出的质量产生负面影响。相反，使用负值可以增加重复的可能性。

presence_penalty —存在惩罚

存在惩罚介于-2.0和2.0之间，它影响模型如何根据到目前为止是否出现在文本中来惩罚新token。正值将通过惩罚已经使用的词，增加模型谈论新主题的可能性。存在惩罚是一种一次性的附加效用，作用于至少采样一次的所有token；而频率惩罚则与特定token的采样频率成比例地发挥作用。通常，存在惩罚的默认值为0，当希望使用输入中的单词生成与输入提示一致的文本时，使用该值。另一方面，如果希望模型不受输入限制，那么可以使用更大的存在惩罚，这将鼓励模型生成输入中不存在的新词，从而允许更多样化和创造性的输出。

频率惩罚对生成文本多样性和创意性的影响

频率惩罚参数控制GPT-3模型生成文本的"多样性"。通过该参数可以调节生成文本的似然度与新颖度。GPT-3和其他语言模型一样，使用概率分布来预测给定提示的下一个词。频率惩罚参数修改该分布，使模型在其训练期间更频繁地看到不同的词，从而鼓励模型生成新颖或不太常见的词。

当频率惩罚为0时，模型的行为不受影响；当频率惩罚为1时，训练过程中看到的任何词汇都不会用到，从而生成完全新颖的或随机的文本；当频率惩罚介于0和1之间时，模型会在熟悉词和新颖词之前取得平衡。通常，频率惩罚的默认值为0，当你希望生成与模型训练时使用的文本类似的文本时使用该值。

在理解了上述概念后，就可以开始编辑prompt语句，在此编辑了一段较为常用的prompt语句，其文本内容如图6-34所示。

```
普通版（Ordinary）
Generate 5 descriptive texts about specific aspects of the following item. Each text should start with a feature and then state the benefits of that feature using synonyms and spelling variations. Avoiding brand names, repetitions, and prepositions in the whole text.
参数：
"temperature": 1,
"presence_penalty": 1

专业版（Expert）
Generate 5 descriptive texts about specific aspects of the following item. Each text should start with a feature and then state the benefits of that feature using technical details, special terms, and other terminology in a professional tone. Avoiding brand names, repetitions, and prepositions in the whole text.
参数：
"temperature":1
"frequency_penalty":0.8
"presence_penalty":0.5
```

图6-34 较为常用的listing五点描述生成prompt语句

在此基础上，运营者可以进一步优化上述prompt语句，例如向GPT提出更精准的生成要求，并可以将上文中介绍的"弗莱施-金凯德公式"相关指标融入GPT的prompt语句中，进一步优化效果，以下是优化后的prompt语句，如图6-35所示。

```
Generate 5 product descriptions for an [category1] item in the [category2], which is named [title]. The following requests must be satisfied:
1. Each description must start with one of the [keywords].
2. Use short phrases and sentences to clearly address the benefits of each [keywords].
3. Use relevant keywords to help the item appear in Amazon search results.

title:
Blackout Linen Living Room Curtain Panel with Insulated Grommet, Darkening Drapes
Category1: (一级类目)
Home & Kitchen
Category2: (最后两级类目)
Curtains & Drapes/Panels
Keywords:
Linen
Textured
Living Room
Darkening
84 Inch
参数：
"temperature":0.6
"frequency_penalty":2
"presence_penalty":0.2
```

图6-35　优化后的listing五点描述生成prompt语句

在产品解决方案上，运营者仍然可以参考AdTron关键词工具来进行五点描述生成，其操作界面如图6-36所示。

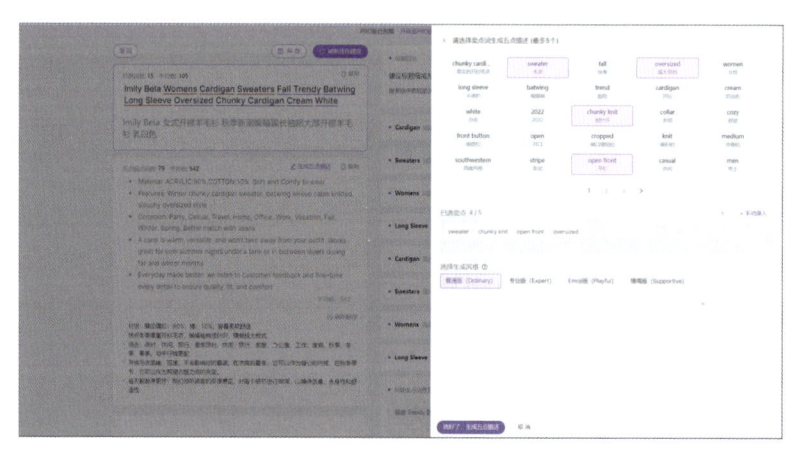

图6-36　AdTron关键词工具的listing五点描述生成功能

AdTron关键词工具除了提供基本的listing五点描述生成功能外，还可以让运营者选择五点描述生成的风格，包括"普通版""专业版""Emoji版""情境版"，运营者可以根据自身需求自由选择生成的风格，如图6-37（a）右半图和图6-37（b）下方图展示的就是生成的Emoji版本的五点描述，其文本内容都会带上匹配的Emoji表情包，从而可以改善用户浏

第 6 章　标签体系 + ChatGPT 在 listing 优化中的应用

览的体验，让 listing 五点描述更充满创意。

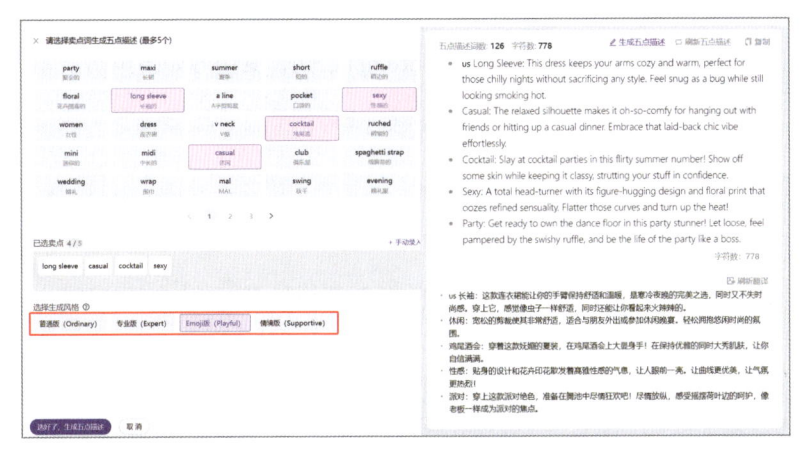

(a)

(b)

图 6-37　选择 Emoji 风格后生成的五点描述内容

综上所述，在优化完 prompt 语句，并合理利用产品解决方案后，运营者就可以自由生成 listing 标题与五点描述，这大大提升运营 listing 上架与优化的效率。

6.3　listing 图文 A+ 优化与 ChatGPT+Midjourney 生成

在理解了标题+五点描述的优化和生成技巧后，在本节中将围绕 A+ 图文的优化和生成方法进行讲解，在涉及 A+ 图片生成时会着重阐述当下热门工具 Midjourney 的操作方法。

6.3.1　A+ 文本优化与 ChatGPT 生成

A+ 图文分为图片+文本，在本节中会围绕 A+ 文本生成讲述 prompt 语句范例，以及工具解决方案，在下一节中会讲解A+图片的生成技巧。

A+文本的生成风格并没有定式，不同品类产品在A+部分需要展示的内容也多种多样，在此以服装品类为例编辑了一段较为通用的prompt语句，其内容如图6-38所示。

```
Generate a product description for an [category] item with [features], which is named [title]. The following requests should be satisfied:
1. In a tone of prose.
2. Each paragraph has only one sentence.
3. The format should be: [slogan of shop] + [descriptive sentences] + [bulleted list of features] + [benefits] + [product instructions]
4. Important! Avoid any brand names, product warranty or return terms, exclusive text, inflammatory promotional phrases, or illegal or unethical descriptions.

Title:
PRETTYGARDEN Women's Casual Halter Neck Sleeveless Floral Long Maxi Dress Backless Loose Ruffle Sundress with Belt
Category:
Clothing, Shoes & Jewelry›Women›Clothing›Dresses›Formal
Features:
halter neck, ruffle, sleeveless, floral, casual, loose, cocktail, a line, boho, evening
参数：
"temperature": 1,
"frequency_penalty": 0.2
Maximum length: 1024
```

图6-38　较为常用的A+文本生成prompt语句

在上述prompt语句中，通过prompt语句让GPT刻意避免了使用品牌相关词，并让GPT尝试用散文的口气（in a tone of prose），且每段话只有一句话（Each paragraph has only one sentence）。这些只是通用的prompt语句，运营者可以根据自身需求在此基础上进行调整。

在产品解决方案上，AdTron关键词工具通过可以快速生成A+文案，其操作界面、生成过程、生成结果如图6-39和图6-40所示。

图6-39　AdTron关键词工具的listing A+文本生成功能

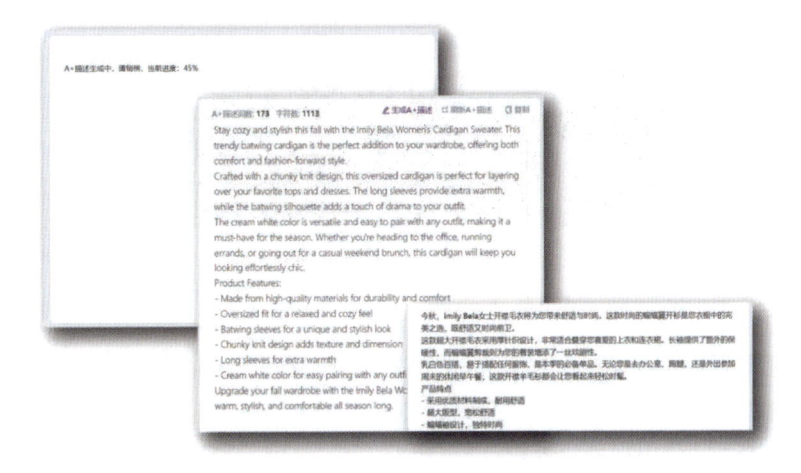

第 6 章 标签体系 + ChatGPT 在 listing 优化中的应用

图6-40　AdTron关键词工具的listing A+文本生成界面及结果展示

6.3.2　A+图片的Midjourney生成方法

在本节中，将结合Midjourney工具讲解A+图片生成的技巧及案例，由于本书篇幅有限，关于Midjourney的账户注册和使用准备，以PDF文稿的形式附带在电子材料里，请需要的读者自行查阅自序末尾的链接下载查看。

1. 输入关键词生成图片

进入到Midjourney的服务器和对应频道，输入"/i"后会自动唤醒Midjourney Bot的提示，它会自动弹出一系列的指令（如果没有出现弹窗，退出重登录即可），然后会出现图6-41所示的画面。

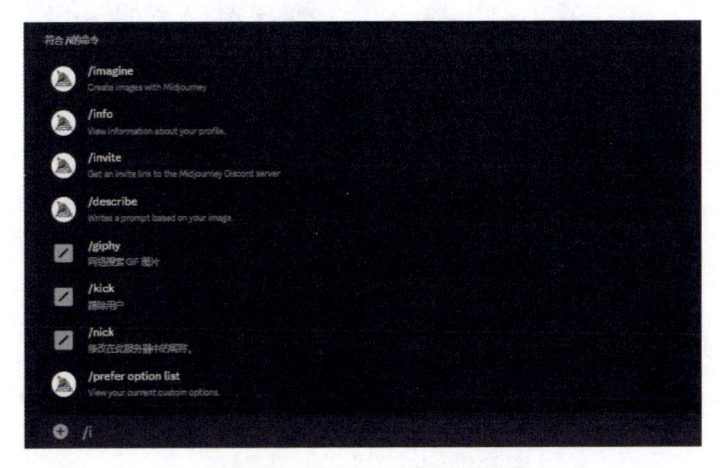

图6-41　Midjourney部分指令

运营者可以先点击"/imagine"（这个参数后面会详细解释），出现prompt提示（见图6-42），在prompt后输入一组关键词后按回车键，等候一分钟左右即可获得图片。关键词可以为图像的内容描述文字，也可以是图片的链接地址+文字描述。

图6-42　prompt提示界面

重要提示：

一组关键词的后面需要加上英文的逗号",", 然后按空格键，空一格即可；使用简单、简短的句子来描述想要看到的内容，避免过长的关键词；确保光标在 **prompt** 提示框内才能开始输入内容，否则将出现异常提醒。

演示案例：

首先在对话框内输入提示词：perfume, product photography, flowers, soft light, light blue background，按回车键发送，此时会看到"Waiting to start"（等待开始）的提示（见图6-43），这表示 Midjourney 已经将指令放入到队列中，并分配了相应计算资源准备开始生成图像。建议使用者不要直接复制，而是先用键盘输入，初次体验一下这个操作。

图6-43　"Waiting to start"提示界面

然后等待一分钟左右，读者将会得到一个四宫格的图像结果，其效果如图6-44所示。

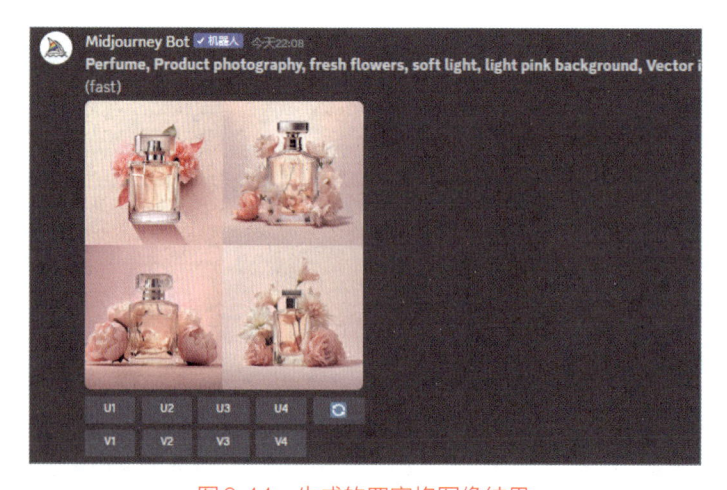

图6-44　生成的四宫格图像结果

2. 图片指令演示

如图6-45所示，图片生成后会出现两排按钮，图片中所标出的1/2/3/4与下方操作按钮序号相对应：

U — 按钮：图像升档放大，生成所选图像的更大版本并为此添加更多细节，U1、U2、U3、U4分别指的是放大四张图片中的某一张；

V — 按钮：创建图像变体，生成与所选图像整体风格、构图类似的新四宫格图像；

重做 — 按钮：将重新运行原始提示词，生成新的四宫格图像。

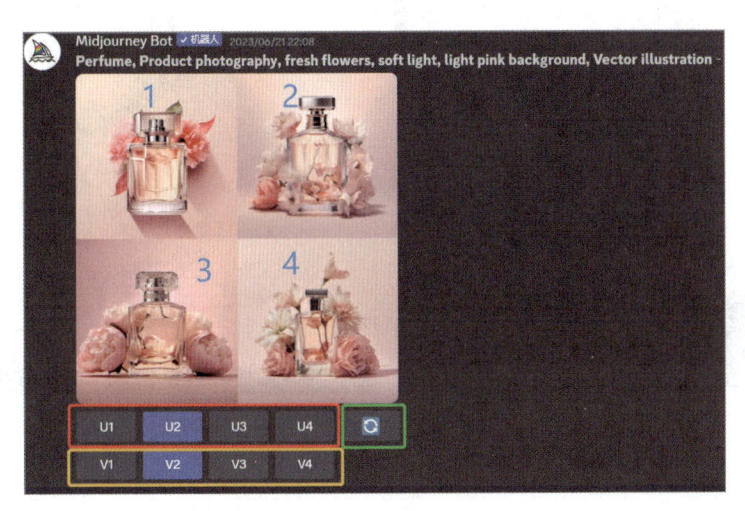

图6-45 图片生成后的操作按钮

如果运营者对生成的图像并不满意，可以点击"重做"按钮以按照原始提示词生成新的图像，与原图相比产品样式、花朵大小都有了明显不同，若想拥有一张满意的作品建议反复尝试，新生成的图像效果如图6-46所示。

图6-46 新生成的图像效果

以最初生成的图像中第二张图片为例进行演示，点击"U2"按钮对这张图像进行升档。升档后的图像会变得更加清晰、锐利，也提升了图像的质量和细节，其效果如图6-47所示。

图6-47　点击"U2"按钮对图像升档后的效果

点击图像→选择"在浏览器中打开"选项→右击并选择"图片存储为"选项→点击"保存"按钮，这样就可以将刚刚制作的AI作品下载保存到电脑中（注意要先选择浏览器打开再保存图片，否则图片的尺寸会变小且显示模糊）。

在图6-48中的Make Variations是指快速生成与选中图片整体风格和构图相似的新图像，从而提供更多选择和灵感，调整后如图6-48所示。

图6-48　使用"Make Variations"后快速生成的图像效果

还是以最初生成的图像中第二张图片为例，点击"V2"按钮后，将会得到四张以图2为原型的新变体四宫格图像，不难看出虽然大体风格、构图看上去一致，但是瓶身形状、盖子样式、鲜花图案等都存在一些差异，其效果如图6-49所示。

图6-49 点击"V2"按钮后得到的图像效果

除了用提示词多生成几组图片、重复上述演示过程,还可以点击"重复"按钮,此时运营者就会看见多条生成图片的消息,等待作图,然后就可以找到自己喜欢的几张图片进行挑选,其效果如图6-50所示。

图6-50 点击"重复"按钮后生成的图像效果

3. 操作指令

经过多次版本更新和升级,Midjourney中的各种命令操作已变得越来越多样化和便捷化,使得运营者能够更加轻松地创作出惊艳的作品。但是,由于这些命令操作使用方式各不相同,如果运营者没有逐一了解它们,可能会错过一些很有用的功能。因此,本节内容将详细介绍Midjourney中所有以"/"开头的命令,帮助读者更好地掌握这些命令的使用方法,让你能够更加便捷地创作出独具特色的作品。

(1)基本指令

- **/imagine** 使用提示生成图像,这个就是生图的命令,输入关键词发送;
- **/blend** 融图,一共可以上传5张图片,发送给机器人会帮你把上传的图片融合一起生成一组新的图片;
- **/ask** 获取问题的答案,可以提一些问题让Midjourney回答;
- **/docs** 在官方的Midjourney Discord服务器中使用,可以快速生成官网用户指南中涉及的主题链接;

- **/fast**　切换到快速模式，一般还有Fast使用时长不需要切换这个命令。
- **/relax**　切换到放松模式。这个模式比Fast慢，一般付费的同学用完Fast之后会自动切换到Relax。
- **/help**　显示关于Midjourney Bot有用的基本信息和提示，帮助中心，字面意思。
- **/info**　查看关于你的账户和任何排队或运行中的工作的信息，可以查看账户的剩余作图时长等相关信息。
- **/subscribe**　为用户的账户页面生成个人链接。
- **/prefer option set**　创建或管理一个自定义选项。
- **/prefer option list**　查看你当前的自定义选项。
- **/prefer suffix**　指定一个后缀，添加到每个提示的末尾。
- **/show**　使用图像作业ID，在Discord内重新生成作业。
- **/prefer remix**　开启/关闭混音模式。

（2）常用指令详解

- **/imagine**　使用提示生成图像

该命令用于图像的生成，输入"/"，选择"imagine"，在prompt后面输入英文关键词（中文也可以，但是出图效果稍弱于英文），格式为一组关键词+，+空格+关键词，其操作效果如图6-51所示。

图6-51　/imagine的操作效果

- **/blend**　融图

该指令可以将2-5张图片进行混合生成新的图像，是一种图生图的功能（混合技巧：为获得最佳效果，请上传与想要的结果具有相同宽高比的图像），输入"/"，选择"blend"，然后会出现图6-52所示的状态。

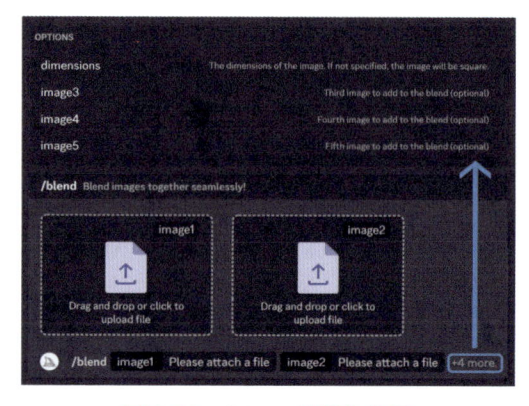

图6-52　/blend的操作效果

选择上传的图片，默认是上传两张，可以点击"增加"按钮，发送后等待出图即可。

- /settings

该指令用于查看和调整 Midjourney Bot 的设置，输入"/"，选择"settings"，直接发送，然后出现图 6-53 所示的参数设置。

图6-53　/settings 的操作效果

① **版本设置**：图 6-54 所示为可选择的绘图模式，目前 v5.2 仅适用于订阅用户，点击选中。

图6-54　选中 MJ version 5.2

Midjourney v5.2 模型是目前最新、最先进的模型，于 2023 年 6 月发布。要使用此模型，请将参数添加 --v 5.2 到提示符末尾，或使用 /settings 命令并选择 MJ version 5.2，该模型可产生更详细、更清晰的结果以及更优的颜色、对比度和构图。与早期型号相比，它对提示的理解也稍好一些，并且对整个 --stylize 参数范围的响应更加灵敏。

Midjourney v5.1 模型于 2023 年 5 月 4 日发布。要使用此模型，请将参数 --v 5.1 添加到关键末尾，或使用 /settings 命令并选择 MJ version 5.1。此模型具有更强的美感，使其更易于使用简单的文本关键词。具有很高的连贯性，擅长准确解释有关自然的关键词，产生更少的、非必要的伪影和边框，提高了图像清晰度。

Midjourney v5 模型比默认的 5.1 模型产生更多的摄影迭代。此版本模型生成的图像与关键词非常匹配，但可能需要更多的关键词才能达到想要的美学效果。要使用此模型，请将 --v 5 参数添加到提示末尾，或使用 /settings 命令并选择 MJ version 5。

NijiMode（Niji 模型）旨在制作动漫和插图风格，并具有更多的动漫、动漫风格和动漫美学知识。它擅长动态、动作镜头以及以人物为中心的构图，特点是颜色鲜艳、线条清晰。要使用此模型，将 --niji 5 参数添加到提示末尾，或使用 /settings 命令并选择 Niji version 5。Niji version 5 还可以通过参数进行微调，通过 --style 以获得独特的外观，包括 --style cute、--

style scenic、--style expressive 等，以下为不同外观参数的解释：

--style cute 创建迷人的和可爱的角色、道具和摆设。

--style scenic 制作漂亮的背景和电影角色在此刻幻想环境下的场景。

--style expressive 有一种更为复杂的插图的感觉。

综上所述，切换版本时可将 --v 4 --v 5 --v 5.1 --v 5.1 --style raw --niji 5 --niji 5 --style cute --niji 5 --style expressive --niji 5 --style original、--niji 5 --style scenic 添加到关键词的末尾，灵活运用这些参数可以得到图6-55所示的不同风格的画面。

图6-55 运用不同参数得到的不同风格画面

② **风格化程度：** 设置图片的风格化参数，不同的版本模型具有不同的风格化范围，见表6-1。

表6-1 图片的风格化参数及范围

版本 参数	version 5, 5.1, 5.2	version	Niji 5
stylize default	100	100	100
stylize Range	0–1000	0–1000	0–1000

stylize low（低风格） --s 50：该选项生成的图像较为模糊，细节不太清晰，但可以更快地生成；**stylize med（中等风格）** --s 100：该选项为默认设置，在生成图像速度和细节方面取得了更好的平衡；**stylize high（高风格）** --s 250：该选项生成的图像具有更多的细节和更清晰的轮廓，但需要更长的生成时间；**stylize very high（极高风格）** --s 750：该选项生成的图像具有最高的细节和清晰度，但需要更长的时间生成，消耗更多的计算资源，低程式化值生成的图像与关键词非常匹配，但艺术性较差；高程式化值生成的图像非常具有艺术性，但与关键词的联系较少，即数值越低越趋近于提示词，数值越高则会加入更多自己的想法。

③ **图像展示类型：** 在公共模式和隐身模式之间切换，对应于/public 和/stealth 命令。隐身模式指对于专业计划的用户（60美元/月）利用/stealth 切换到隐身模式，意思是生成的图片不在 Midjourney.com 展示，为防止其他人看到自己使用隐身模式创建的图像，在私信

或私人Discord服务器上生成图像。公共模式指对于专业计划的用户利用/public切换到公共模式，与/stealth相反，其选择界面如图6-56所示。

图6-56　图像展示类型的选择界面

Remix mode（混音模式）：**更改关键词、参数、模型版本或变体之间的纵横比，可通过/prefer remix切换。**

Remix将采用起始图像的总体构图并将其用作新作业的一部分，重新混合可以帮助改变图像的设置、照明、主题以及实现棘手的构图，启用Remix后，它允许对每个变体编辑关键词。使用指令/prefer remix或使用/settings命令切换到Remix mode，点击Make variations添加新的关键词，再按回车键生成新图，其操作界面如图6-57所示。

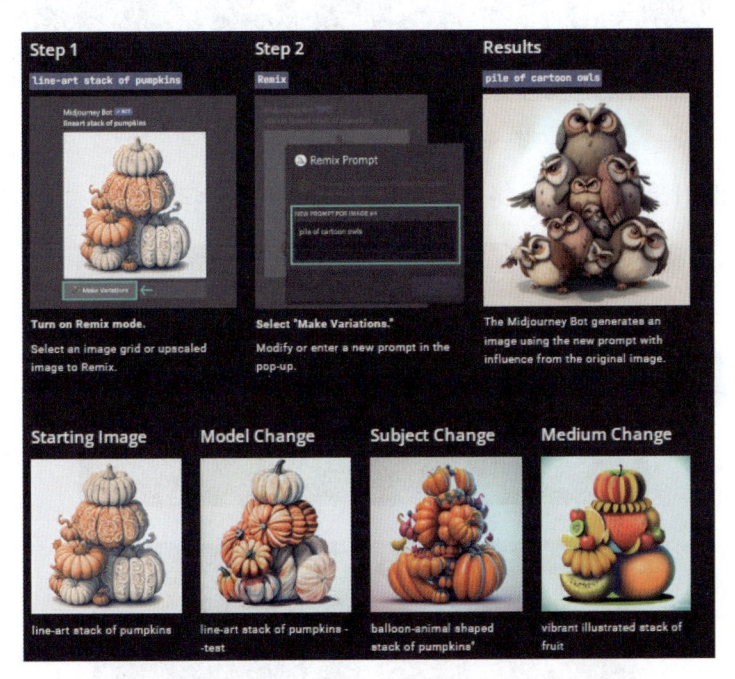

图6-57　Remix mode（混音模式）的操作界面

成像效率类型：Fast mode（快速模式）和Relax mode（松缓模式），利用/fast和/relax进行切换。

Fast mode（快速模式）可以获得更快的生成速度，但每个月会有一定的GPU时间限制。一旦用完GPU时间则需要在Midjourney网站上进行购买，使用快速模式能够极大地提高生产力，尤其是需要生成大量图像时；**Relax mode（松缓模式）**下，生成的作品不会消耗快速GPU时间，但需要更长的时间才能生成图像。因此，松缓模式更适合对时间不敏感或不需要快速生成的作品。

- **/describe**

该指令可以自动生成与上传图像相对应的文本描述。使用该命令的好处是可以快速生成相对精确、有效的提示词框架。这个命令的实现也大大简化了图像生成的过程，因为用户不再需要重新手动编写prompt，其操作流程如下：

在输入框中输入"/describe"指令，如图6-58所示。

图6-58 "/describe"指令输入界面

在弹出的图片上传窗口中，将用于生成prompt的图片拖动进去，如图6-59所示。

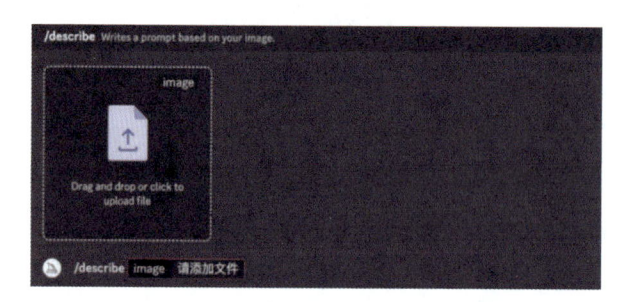

图6-59 图片拖动操作

按回车键上传后，稍等片刻 Midjourney 就会返回四段提示，可以选择其中一项生成，也可点击"imagineall"按钮生成全部，如图6-60所示。

图6-60　Midjourney返回四段prompt操作

生成结果如图6-61所示。

图6-61　生成结果展示

目前来看，通过 /describe 命令生成的提示词与原图的相似度结果是比较随机的，可能只是判断出主体的风格。如果想要追求更高的相似度，可以使用垫图+prompt 相结合的方法，并通过后续不断调整提示词得到一个更加接近原图的效果。

- **/shorten**

Midjourney 5.2 版本中帮助读者分析提示词中使用的单词和短语。突出显示prompt中一些有影响力的单词，并建议可以删除不必要单词。使用此命令可以通过关注基本术语来优化prompt，其操作如图6-62所示。

图6-62 使用/shorten来删除不必要单词操作展示

通过使用/shorten指令，显示分析每个单词的强弱，并给它们评分，分数0~1。同时还分析了可以省略的单词以及重要的单词，可以根据新的prompt测试生成新的图像。

4. 后缀参数

在使用Midjourney生成图片时，除了prompt（提示词）要写好之外，parameters（后缀参数）也是非常重要的一部分。它可以帮助运营者更加精确地控制图像生成的方式，例如：图像的宽高比、风格化程度、完成度等，是提高AI绘画能力必须了解的部分。因此，本节将系统学习下后缀参数的使用方法（见表6-2）。

表6-2 后缀参数

版本 参数	Affects initial generation	Affects variations + remix	version 5, 5.1 5.2	version 4	Niji 5
Max Aspect Ratio	√	√	any	1：2 or 2：1	any
Chaos	√		√		√
Image Weight	√		.5–2		
default=1		.5–2			
default=1					
No	√	√	√	√	√
Quality	√		.25, .5, or 1	.25, .5, or 1	.25, .5, or 1

续表

参数 \ 版本	Affects initial generation	Affects variations + remix	version 5, 5.1, 5.2	version 4	Niji 5
Repeat	√		√	√	√
Seed	√		√	√	√
Stop	√	√	√	√	√
Style			raw (5.1 and 5.2 only)	4a, and 4b	cute, expressive, original and scenic
Stylize	√		0–1000		

（1）基本后缀参数

宽高比（aspect ratios）：--aspect，或 --ar 调整图片的比例。

混乱（chaos）：--chaos <number 0–100> 改变结果的多样性。较高的值会产生更多不寻常和意外的世代。

负面提示（no）：--no 负面提示，在提示词末尾加上 --no 可以让画面中不出现某些内容。

生成质量（quality）：--quality <.25, .5, 1, or 2>，或 --q <.25, .5, 1, or 2> 要花费多少渲染质量时间。默认值为 1，值越高渲染时间越高，值越渲染时间越低。

种子（seed）：--seed <integer between 0–4294967295> 用过 Midjourney 的读者会发现在发送提示词后，MJ 最开始的图像里会有一个非常模糊的噪点团，然后逐渐变得具体清晰，而这个噪点团的起点就是"Seed"种子编号是为每个图像随机生成的，可以使用 --seed 或 --sameseed 参数指定。使用相同的种子编号和提示将产生相似的结束图像。

停止（stop）：--stop <integer between 10–100> 使用 --stop 参数在流程中途完成作业。以较早的百分比停止作业会产生更模糊、更不详细的结果。

平铺（tile）：--tile 参数生成可用作重复拼贴的图像，以创建织物、壁纸和纹理的无缝图案。

版本（version）：用 --version 或 --v 参数或使用 /settings 命令并选择型号版本来使用其他型号。不同的模型擅长处理不同类型的图像。

风格（style）：--style <4a, 4b or 4c> 在 Midjourney 模型版本 4 之间切换；--style <cute, expressive, original, or scenic> 在 Niji 5 之间切换。

风格化（stylize）：--stylize <number>，或 --s <number> 参数会影响 Midjourney 的默认美学风格应用于图像的强度。

（2）常用指令详解

● **--ar**：Aspect Ratios（宽高比），宽高比是指图像宽度与高度之间的比例关系，通常用冒号隔开的两个数字表示，比如 7∶4 或 4∶3。在 Midjourney 中使用参数"--aspect 或

--ar（简写）"，可以改变生成图像的宽高比。

这里有三点必须强调下：① --ar x:y 中的 x 和 y 必须为正数；②宽高比的改变会影响生成图像内容的形状和组成；③在使用 U 按钮（升档）放大图像时，某些宽高比可能也会略有改变。

● --chaos：该后缀参数用于影响初始四宫格出图的多样性。该参数的数值越高，生成图像的构图和风格就会更加多样化。可以使用"--chaos 或 --c（简写）"来表示，其取值范围在 0～100，而默认值为：--chaos 0（即，不写该后缀参数默认就为 0）。在实际使用时，适当地调整"--chaos"参数值可以用于获得不同的创意效果和灵感。

--c 0时，较低的值或不指定值将在每次运行作业时生成相似的初始图像网格；

--c 25时，使用中等值将生成初始图像网格，每次运行作业时，这些网格略有不同；

--c 50时，使用较高的值将生成初始图像网格，每次运行作业时，这些网格更加多样化和意外；

--c 80时，使用极高的值将生成初始图像网格，这些网格是可变的，并且在每次运行作业时都具有意想不到的构图或艺术媒介。

● --seed：Midjourney 生成图像时，最开始的图像有一个模糊的噪点，这个噪点即是种子，继而根据种子来创建一个视觉噪声场，作为生成初始四宫格图像的起点。每个图像的种子值是随机生成的，但可以使用"--seed"参数来指定。对于 v4 \ v5 \ niji 模型，相同的 seed 值和完全一样的提示词（包括空格、标点符号等）将产生完全一致的四宫格初始图像，因此读者可以利用这一点来生成连贯的、一致的人物形象或场景，但是因目前技术性限制这里所谓的"一致"还并非能做到 100%。

首先找到初始四宫格图像，鼠标悬浮后会出现图 6-63 右侧的图标，①选择"添加反应"；②在输入框内输入英文单词"envelope"；③选择"第一个信封图标"。

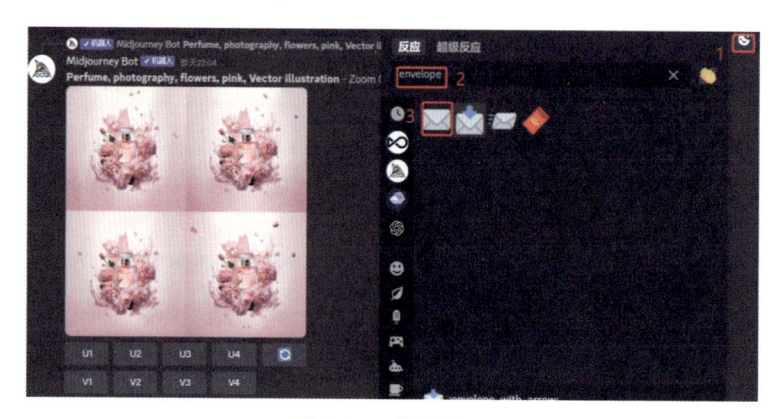

图 6-63　操作演示

此时 Midjourney Bot 会给使用者发送一条私信，会显示这张图的 seed 值是多少，点击后可以进行查看，如图 6-64 所示。

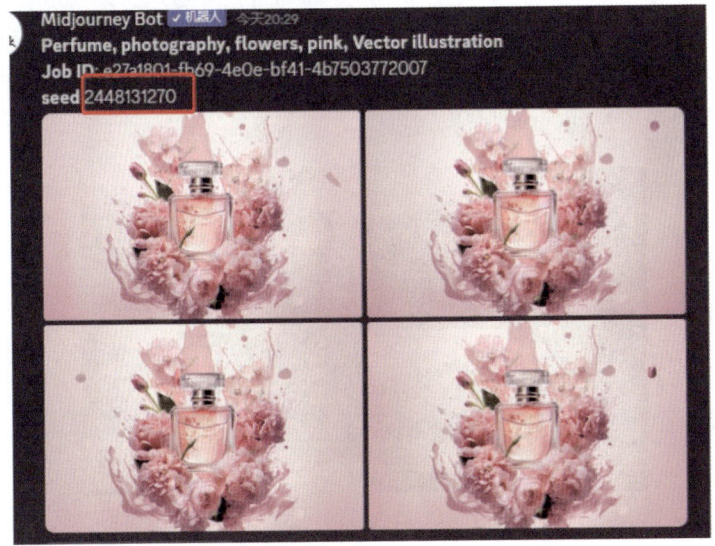

图6-64　Midjourney Bot发送的关于Seed值的私信

6.3.3　商品背景图生成 + 融合实战

Midjourney的风格化能力专业且丰富，反映出其做了很多场景的风格化学习，此外只需要很少的提示词就会给使用者呈现极强的构图和艺术效果，无论是"文生图"还是"图生图"，生成的结果都无法实现100%控制。结合跨境电商业务来看，仅用Midjourney无法保证生成图中商品样式与原图的一致，因此对于卖家而言，可以采用"Midjourney+PS"的模式，即"Midjourney做背景、Photoshop做合成"，以此实现电商主图产出的高效化、理想化、低成本化。

1. 利用Midjourney创作背景图

以亚马逊平台"train toys"为例，首先准备产品图、参考背景图等，图6-65所示的是"train toys"的产品图与参考背景图（没有实物商品故以亚马逊店家图片为例），参考背景图核心点为child以及christmas。

图6-65 "train toys"产品图与参考背景图

Midjourney 目前的功能决定了无法拼图以及生成与参考图细节完全一致的图片，如图6-66所示，以"train toys"产品图生成的AI图片整体风格与原产品图很类似，但细节上并不一致，所以只采用Midjourney生成背景图。

图6-66 "train toys"AI产品图

下面为生成图片的提示语。

输入 prompt

https://s.mj.run/4NLYhjh97jc, a small black and brown toy train is being pulled along the railroad, in the style of realistic and hyper-detailed renderings, flickering light effects, dark gray and yellow, western zhou dynasty, rtx on, dark magenta and light black, captivating light effects, --ar 16:9 --iw 2 --v 5.

中文

一辆黑棕色的小玩具火车沿着铁轨被拉动，采用写实且超精细渲染风格，有闪烁的灯光效果，颜色为深灰色与黄色，带有西周风格，开启光线追踪（RTX on），还有深洋红色与浅黑色，迷人的灯光效果，画面比例16:9，初始权重2，版本5。

2. 确定整体风格

确定商品风格大致可以分为两种方式：

第一种自主创作，即卖家根据自身商品已经构思好想要的风格和元素，如科技感、深色背景、海洋风格等，选择这种方式的卖家可以直接在"/imagine"指令的prompt中输入关键词生成背景图，通过不断迭代、优化最后得到自己满意的风格；

第二种模仿创作，即利用其他图片的灵感，或根据自己的要求找图，或直接参考其他图片，借此来形成自己背景图，选择这种方式的卖家可以先将意向背景图上传到自己的服务器中，方便后续使用，在"/imagine"指令的prompt中添加意向背景图的链接，再生成背景图。

3. 生成背景图片

上传的参考背景图一定不要包含商品，否则产出的AI图片依旧会存在商品变体（见图6-67）。所以需要对背景图做简单处理，剔除相应产品，上传剔除后的图片作为最终的背景参考图。同时利用"/describe"指令，提取一下背景参考图的描述作为辅助参考，Midjourney反馈的描述可以直接使用，也可以在此基础上做修改后备用。

图6-67 带商品变体的AI背景图

下面为生成图片的提示语。

> 输入prompt

https://s.mj.run/cWo5uvBAwVo, the child is sitting beneath a Christmas scene, in the style of traincore, collecting and modes of display, brown and black, smilecore, traditional craftsmanship, combining natural and man-made elements, back button focus --v 5--ar 16:9.

综上，针对选定的参考背景图做一个简单的修改即可，裁剪掉产品部分后如图6-68所示。

图6-68 剔除商品的参考背景图

准备就绪后开始执行"/imagine"指令,可以通过多次整体迭代或对某张图片的迭代来选择自己满意的背景图。下面为生成图片的提示语。

输入prompt

https://s.mj.run/xtNtzSpjL7U, the child is sitting beneath a Christmas scene, in the style of traincore, collecting and modes of display, brown and black, smilecore, traditional craftsmanship, combining natural and man-made elements, back button focus, 8k --v 5--ar16:9.

中文

孩子坐在圣诞场景下,采用火车核心风格,收集与展示模式,棕黑配色,微笑核心风格,传统工艺,结合自然与人造元素,背景虚化对焦,8K画质 --v 5--ar 16:9。

生成结果如图6-69所示,此处只展示部分生成结果。

图6-69 部分AI背景图展示

卖家根据自己需要自行判定选取,本文以图6-70所示的效果图作为最终的"train toys"背景图片。

图6-70 "train toys" AI背景图

4．利用Photoshop工具融合图片

背景图确定之后，就是要将背景图与产品图进行融合，对于产品图通常有以下两种方式进行确定：

第一种组织拍摄，对于手中有实物商品的卖家，可以组织进行初步拍摄，依靠自身或者团队都可以，但注意优先选取纯色作为产品背景色、避免出现大面积阴影等，方便后期处理。

第二种网站筛选，对于手中暂时没有实物商品或者由于各种原因无法自行拍摄的卖家，可以参考亚马逊同类商品图片，筛选符合自身要求的进行后期处理。

但无论采用何种方式，为保证最后成品的效果，建议都用Photoshop等修图工具做些处理，下面将以PixelCut AI为例进行讲解。

（1）PixeCut AI简介

PixelCut AI是一个virtual photo studio，即虚拟照片加工工作室，核心为一键生成产品图，卖家可以一键上传，工具会根据AI技术自动生成想要的产品效果图，除了产品图，PixelCut AI还可以做拼图、去背景、无损放大、一键去除，也能对图片进行文本、贴纸、背景的组合，对于卖家产品图的合成十分方便。

目前PixelCut AI大部分功能都是免费的，除非需要批量操作或者需要专业的图片官方才开始收费。

（2）准备商品图

由于没有"train toy"实体产品，故参考亚马逊平台的"train toy"商品图，这里卖家可以多选取一些意向图片作为备用，下面以图6-71中所示图片为例进行讲解。

图6-71 备选"train toys"产品图

结合已经生成的背景图来看，本文选取右侧图片中的"train toy"作为产品图，利用PixelCut AI提取其中的"train toy"，具体操作步骤如下：

步骤1： 打开PixelCut AI官网，选中Background Remover（背景去除）工具，其界面如图6-72所示。

图6-72 PixelCut AI官网界面

步骤2： 在打开的窗口中点击Upload a photo按钮上传图片，如图6-73所示。

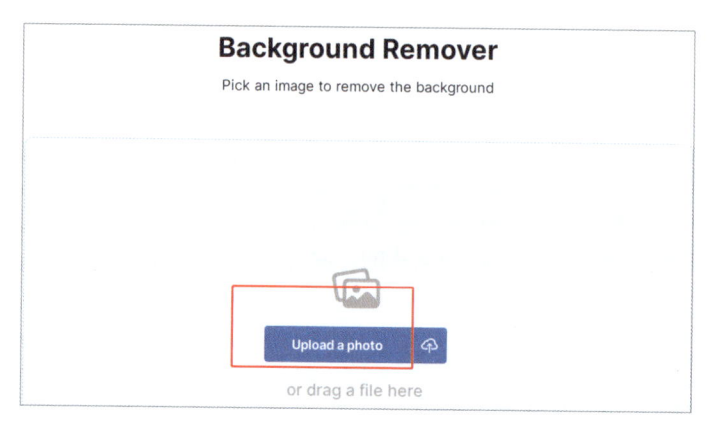

图6-73 点击Upload a photo按钮上传图片

步骤3： 点击右上角的 Download HD 按钮即可下载去除背景之后的图片。需要注意的是如果自动去除背景后还有除商品之外的部分，卖家则可以在上传前裁剪产品图，尽量保证图片中只有商品，其操作如图6-74所示。

图6-74　点击右上角的Download HD按钮去除背景之后的图片

（3）图片融合

当卖家准备好背景图及产品图之后，就可以进行两张图片的融合，具体步骤如下：

步骤1： 进入网站首页，点击右上角的"Blank Project"按钮，如图6-75所示。

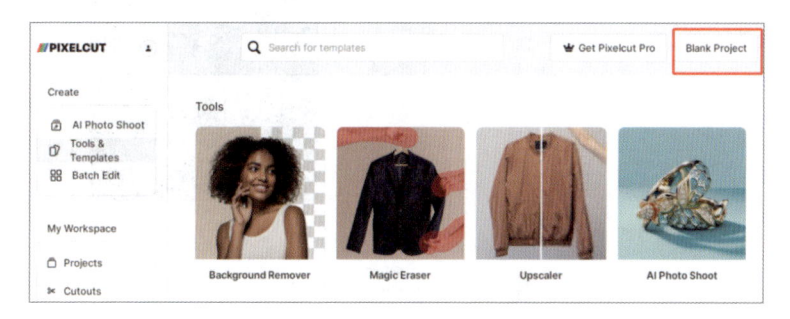

图6-75　点击"Blank Project"按钮

步骤2： 选择"Background"选项→"Replace Background"区域→"My Photos"选项→点击"Upload a photo"按钮，添加运营者的背景图片，其操作如图6-76（a）～（c）所示。

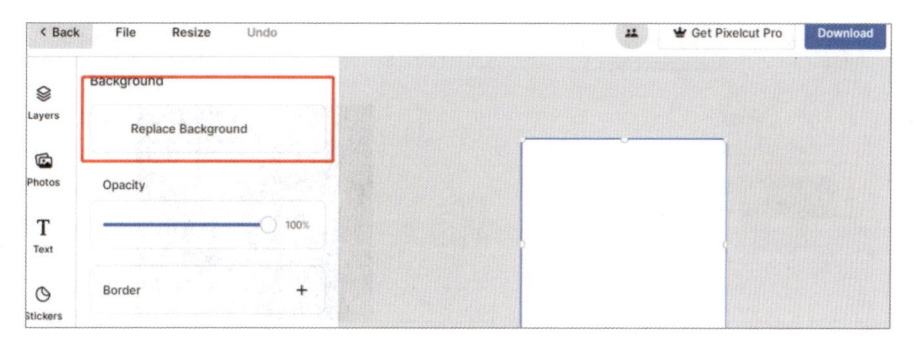

（a）

图6-76　添加背景图片

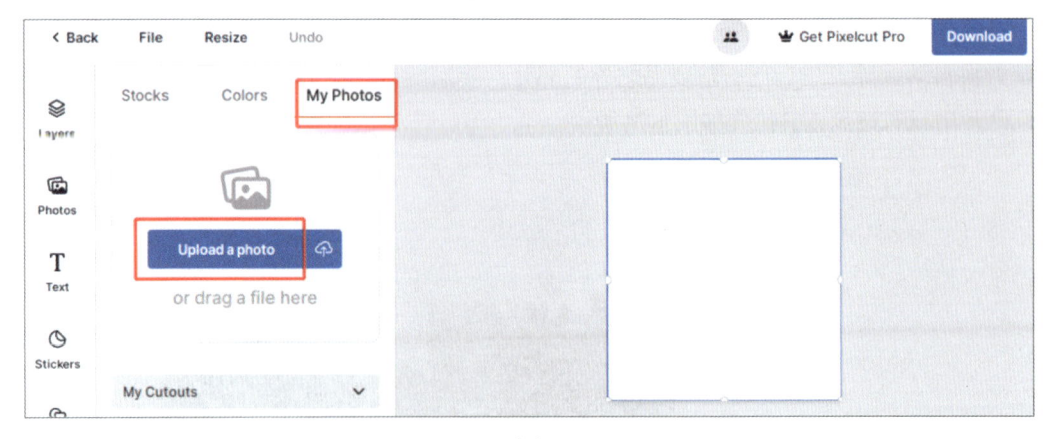

（b）

（c）

图6-76　添加背景图片（续）

步骤3：依次选择"Photos"→"My Photos"选项→点击"Upload a photo"按钮，添加运营者的产品图，产品图加入之后可以调整一下位置，如图6-77（a）~（b）所示。

（a）

图6-77　添加商品图

第 6 章 标签体系 + ChatGPT 在 listing 优化中的应用

（b）

图6-77 添加商品图（续）

步骤4：融合产品图之后可以对其进行画质的微调，使其与背景图能更好的匹配，选择"Layers"→"Image"选项，打开修改面板，如图6-78所示。

图6-78 打开修改面板

步骤5：修改面板中有许多参数，各详细用途后续讲解，本案例主要使用"Shadow"和"Adjust"参数，如图6-79所示。

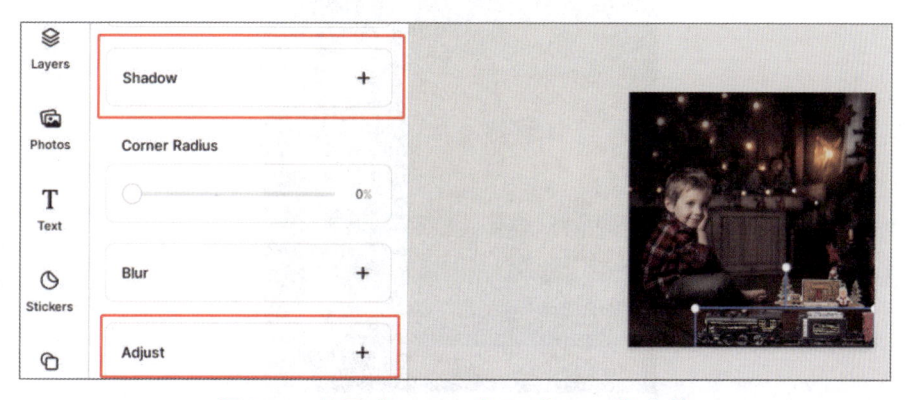

图6-79 使用"Shadow"和"Adjust"参数

175

步骤6： 打开 "Shadow" 参数面板，包括 Horizontal（水平）、Vertical（垂直）、Blur（模糊）以及 Opacity（不透明度），卖家可以根据背景图片实际情况进行实时调整，如图6-80所示。

图6-80　修改 "Shadow" 参数

步骤7： 点开 "Adjust" 参数面板，包括：Brightness（亮度）、Contrast（对比度）、Saturation（饱和度）、Vibrance（锐度）、Temperature（色温）、Tint（色调），卖家可以根据背景图片实际情况进行实时调整，如图6-81所示。

图6-81　修改 "Adjust" 参数面板

经过一系列设置的调整，生成图6-82所示的商品图，追求细节完美的卖家可以结合其他工具对生成的图片再次进行修整。

图6-82　最终生成图片效果

附录

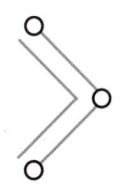

相关工具的实操方法

在附录中,笔者会列举一些AI图像增强工具和第三方数据采集器的操作方法,读者可以根据自身业务需求进行学习和参考。

附录A　AI图像增强工具的实操方法

A.1　模糊图像素提升

图片是电商产品展示的核心,要想完成转化,第一步就是让买家清晰地看到图片中产品的细节。一般来说,像素越高,图片越清晰。比如当提及某摄像头有2000万像素时,实际是指其拍摄出来的图片总共包含2000万个像素点。亚马逊图片大小在1000×500像素以上(其PC端主图参数见图A-1),也就是说图片在长度方向上有1000个像素点,在宽度方向上有500个像素点,总数就是1000×500 = 50万个像素。在单位面积上像素点越多,图片就越清晰,可以用dpi(dots per inch,每英寸像素点数)进行表示。因为人的眼睛能够识别的dpi上限在300左右,只要保证图片在300dpi以上,就相当于买家亲眼看到了商品。

然而,不论在后台上传多么清晰的图片,在前台进行展示时,亚马逊平台都会对图片进行压缩,压缩后的图片水平分辨率和垂直分辨率均为96dpi。虽然对于卖家的图片在像素层面被亚马逊平台强行拉平了像素的差距,但这并不意味着图片的清晰度没有提升的空间。比如图A-2所示的细节图中,二者虽然像素和尺寸一致,但直观上右侧的图片明显要比左侧的更清晰。这是因为右侧图片进行了降噪处理,使得裙子面料质感看起来更加细腻。

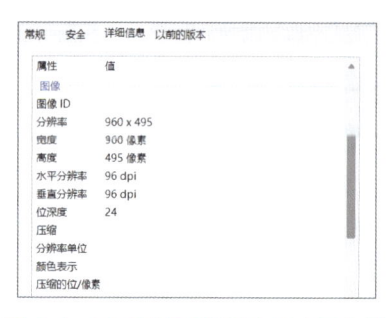

图A-1　亚马逊PC端某商品主图参数　　　图A-2　图片降噪效果对比

噪点（noise）是一种在图片中亮度或颜色信息的随机变化，常在数码格式图片的拍摄、压缩、处理等过程中产生，噪点过多会直接影响图片的成片效果，在图片画幅和dpi限制的情况下，要想提升清晰度，就需要对图片进行降噪处理。在Photoshop中，通过滤镜或者锐化等操作也可以提升清晰度，但操作比较复杂。利用AI工具，运营可以在几秒钟内实现类似效果，如图A-3所示。

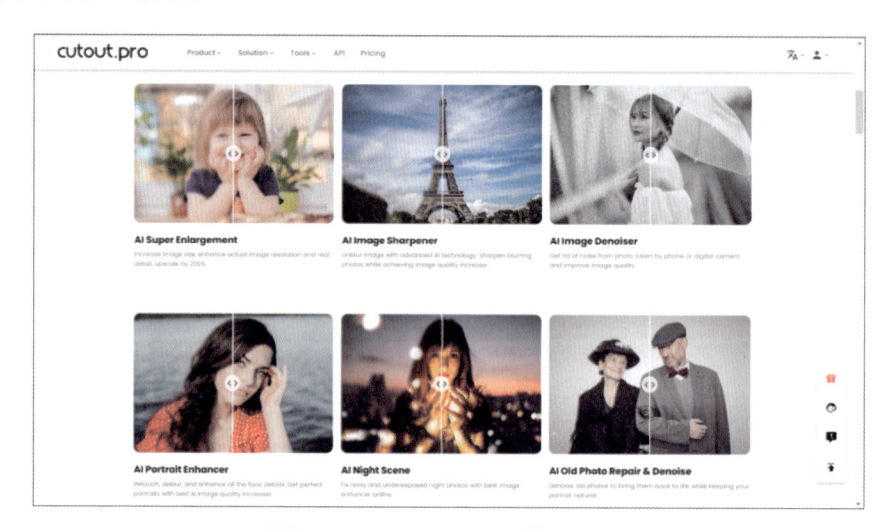

图A-3　cutout.pro工具效果展示

需要注意的是，降噪后图片的细节会有一定的损失。对于降噪功能的使用，不能一味追求更好的视觉效果，还需要参考产品真实的观感。

A.2　商品自动扣白

根据亚马逊平台要求，商品主图背景色一般为纯白色（即RGB：255，255，255）。在拍摄时可以选择白色背景板，保证产品占整张图片的80%，方便后期进行调整。虽然在商品上架时都会准备多张图片，包括产品整体图、场景图、细节图、信息图等，但在用户搜索时只能看到一张主图，因此优化格外重要。

亚马逊虽然要求白色背景的主图中只能包含销售的商品本身，但对于一些特定类目的产品而言，运营者也可以通过分析市场和产品特点，设置更符合用户潜在需求的主图，从而在前期获得点击曝光的优势。

举例来说，在进行主图优化时，运营可以关注当前产品核心关键词的搜索结果，以及top100榜单中的产品主图，简单统计最近一段时期销量及搜索排序中表现更好的listing及其图片主要构成要素。在亚马逊首页，对"baby bath toys"这个关键词进行搜索，统计前5页商品图片，可以得到数据见表A-1。

表A-1 前5页商品图片数据

页数	主图有婴儿	主图无婴儿
1	14	34
2	12	36
3	10	38
4	5	43
5	2	46

虽然主图中无婴儿的listing（商品详情页面）占比更高，但随着搜索排序的降低，以产品主图中有婴儿的listing也在逐渐减少；此外，某小类目的Best Seller（畅销商品）主图还根据季节特点，选取了穿着圣诞主题的婴儿作为背景的一部分。不难看出，单以"baby bath toys"这一关键字在2023年12月的表现而言，产品主图中包含婴儿的竞争力要远大于仅包含产品的主图。

然而，数据所代表的趋势往往缺乏时效性，而跨境电商又需要在旺季来临之前提前完成备货和优化。在市场快速变化的背景下，运营需要在前期通过对多张商品主图进行高CPC广告曝光，快速获取不同主图的点击率数据。见表A-2在Photoshop中虽然有魔棒等方法进行操作，但整个流程较为费时，不属于大部分运营擅长的领域。对于这种一次性的图片需求，运营可以利用AI工具快速完成迭代测试；在获得明确的数据结果和优化方向后，再与美工沟通完成更加的细致的调整。

表A-2 Photoshop抠图方法说明

Photoshop方法	优点	缺点
魔棒工具	操作简单，适合对背景及主体比较单一简单的图片进行抠图，调整好容差值，选择背景删除即可	容易导致主体边缘出现锯齿，不适合背景颜色复杂的图片
钢笔工具	适合复杂背景抠图，勾勒出抠图的主体，建立选区，复制图层即可	需要细心和耐心，不适合边缘模糊或细微的主体
套索工具	操作简单，可自动建立选区	依赖鼠标操作，难以顾及细节部分
背景橡皮擦	点击不需要的背景进行擦除即可	主体细节及边缘部分难以处理

Photoshop方法	优点	缺点
通道抠图	利用红绿蓝三个通道的强烈对比来完成抠图，适合处理头发、纹理、透明半透明等素材	对于背景与主体颜色相似或者稍微复杂一些的情况不太好用
色彩范围	在菜单栏-选择栏目下，点击想要选中的背景色删除即可	不适合处理背景与主体颜色相似的图片
抽出抠图、调整边缘、图层蒙版、剪切蒙版……	与其他方法使用可有效提高出图效果	操作较为复杂

当前大部分AI工具对产品和模特图，都可以做到快速扣白底，并且保证较好的出图效果。以fotor工具为例，在首页中点击编辑图片按钮，上传素材图后点击背景移除，就可以得到透明背景的素材图片。

对于产品类的图片，可以选择通用类抠图；对于模特类图片，可以选择人像模式进行抠图。如果在边缘处有需要额外保留的部分，还可以使用保留/擦除功能自行进行调整。完成后直接下载PNG透明背景的图片，即可获得图片素材，如图A-4所示。

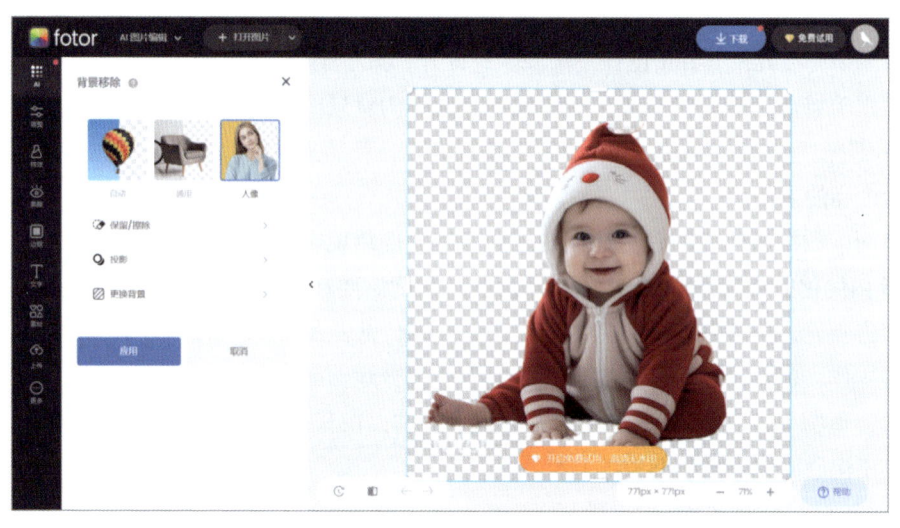

图A-4　Photoshop自动抠图后的效果展示

完成素材的收集和整理后，运营可以利用PPT等工具制作样图，然后再与美工沟通需求。明确的需求可以降低图片返工，极大提高出图效率。

A.3　背景图扩展／更换

对于玩具、运动户外等类目，产品的同质化程度日趋严重，迫使很多卖家不断压低价格进行竞争。要想摆脱低价竞争的恶性循环，除了在产品端进行创新满足用户需求之外，运营端也可以利用好用户画像，通过图文设计等方式脱颖而出。通过分析竞品的用户评论和核心需求，针对买家潜在的心理特点进行图片设计和背景优化。由于亚马逊并未对附图和A+图片提出过多限制，因此在对这部分图片的测试环节中，利用AI对背景进行调整，可以更好地突出产品卖点，有效提高listing转化率。

举例来说，对于玩具类目的遥控车"rc truck"（rc的含义为"remote contron"遥控）而言（其商品主图见图A-5），运营可以查看竞品review中的差评（Critical reviews），筛选出用户重点关注的功能和使用场景并与自身产品进行对比。如果在某一方面有明显优势，就可以针对该卖点进行重点展示。

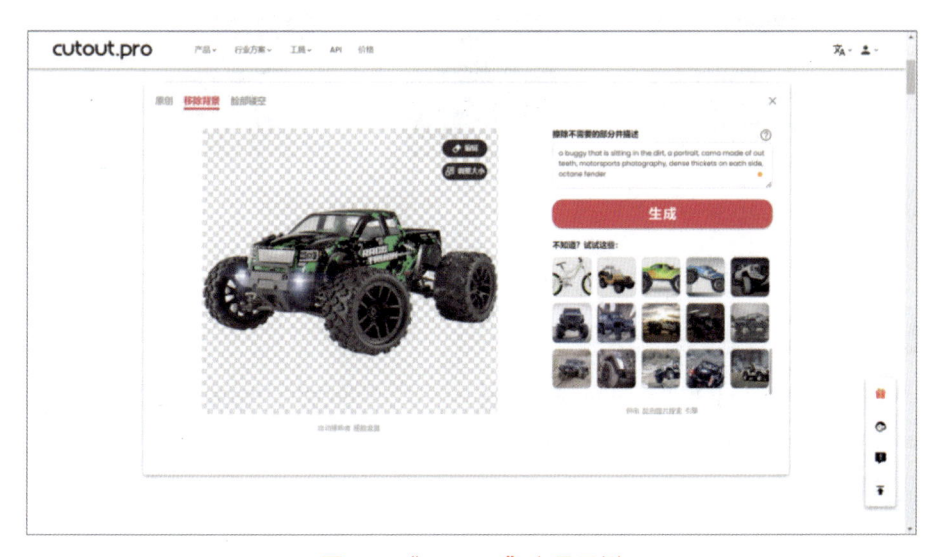

图A-5 "rc truck"商品示例

在对review进行分析后，发现用户主要以青少年和成年男性居多，使用场景大多在室外，差评反馈速度难以控制，外壳容易损坏，不适合沙石等场地，以及电池容量太小等。经过测试后发现，自身产品附带的两块700mAh电池，并且马达和轮胎的抓地力更强。针对这两个核心卖点，可以通过图片的方式进行传达。通过将遥控车放置于不同场景下，可以突出其对多地形的适应能力。

利用Photoshop对背景进行优化，一般需要结合产品本身特点寻找恰当的素材背景图，调整产品比例和光影效果，结合文案突出产品的核心卖点，从而在图片的真实感、美感度和卖点展示中取得平衡。由于背景图可能存在版权问题，在条件允许的情况下，布置场景实拍是最好的选择。当前利用AI工具，不仅可以规避版权问题，还可以显著提升整个流程的出图效率。

以cutout.pro为例，点击首页的产品→照片编辑背景，上传产品图片后将会自动完成抠图。此时在右侧输入对应的提示语，可以生成希望的背景图片。点击下方对应的图片，也可以自动填充相应图片的提示语。通过多次对提示语的调整和尝试，最终可以获得图A-6所示的图片。

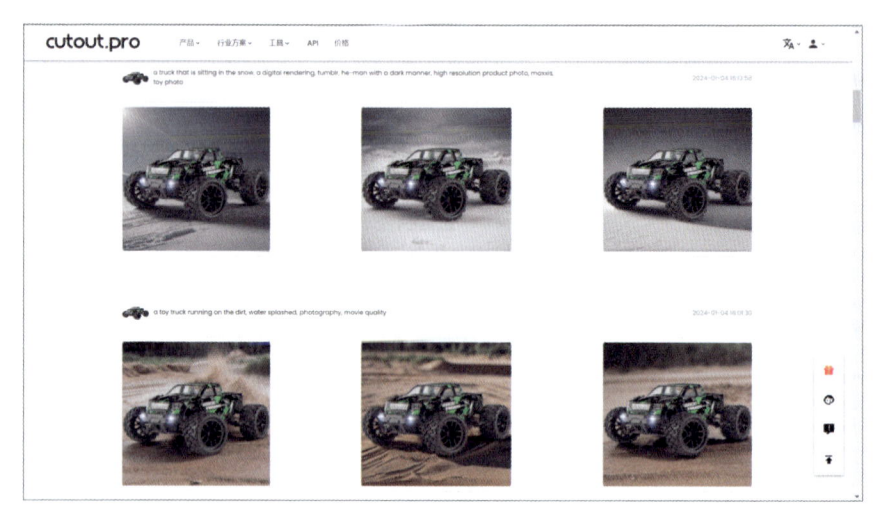

图A-6 cutout.pro生成背景图的效果展示

第一组图片的提示语如下：

输入prompt

a truck that is sitting in the snow, a digital rendering, tumblr, He-man with a dark manner, high resolution product photo, maxxis, toy photo.

中文

一辆停在雪地里的卡车，一幅数字渲染图，汤博乐（Tumblr，一个社交平台），神情冷峻的希曼（He-man，动画人物），高分辨率的产品照片，玛吉斯（Maxxis，品牌名），玩具照片。

第二组图片的提示语如下：

a toy truck running on the dirt, water splashed, photography, movie quality.

中文

一辆在泥土上行驶的玩具卡车，有水花溅起，以摄影形式呈现，具备电影般的画质效果。

两组图片虽然并没有完全满足提示语的要求，但对于氛围感和光影效果已经达标。此时运营可以创作相应的A+文案，并与美工进行沟通，完成最后的图片设计。

A.4 模特更换

对于宠物用品等类目，用户在购物时往往会"偏爱"某一类型的模特，最终影响到其点击和购买的行为。对于多站点经营的卖家来说，根据不同市场的特点进行模特的调整，也可以有效提升转化率。这类商品不论是实拍还是修图难度都比较高，因此利用AI工具就成为中小服装卖家相对容易负担的一种方式。

举例来说，宠物用品的拍摄对动物模特的要求很高，除了体型大小、健康程度之外，特定品种的宠物也能够唤起用户的购物欲望。根据美国养犬俱乐部的调查，2022年法国斗牛犬历史上首次夺得第一，结束了拉布拉多犬作为美国最受欢迎的犬种长达九十年的地位。可以猜测美国小型犬相关用品的需求将会上升。而针对这类商品的图片，也可以更多地使用法国斗牛犬作为模特进行优化。

以工具"WeShop"唯象妙境为例，此时可以在工作台中选择商品图，上传图片后将会自动选取主体。此时被选中的是画面中心的柴犬，而需要将地垫上的柴犬替换为法国斗牛犬，如图A-7所示。

图A-7　使用"WeShop"的操作界面

此时，只需要点击选区图，选择重选，使用鼠标指针重新选定宠物地垫即可。如果需要额外选中边缘部分的某些要素，也可以点击选择主体，通过画笔工具进行更加细致的调整，其操作如图A-8所示。

图A-8　点击选择主体并进行调整

完成图片主体的选择后，可以利用下方的文字描述，对将要生成的图片进行限定。此处输入"法国斗牛犬，室内，阳光"，即可点击执行生成相应图片。对于熟练使用 AI 生成图片的用户，也可以利用高级自定义功能，通过正反向 prompts 进行更加细致的调整，其操作界面如图 A-9 所示。

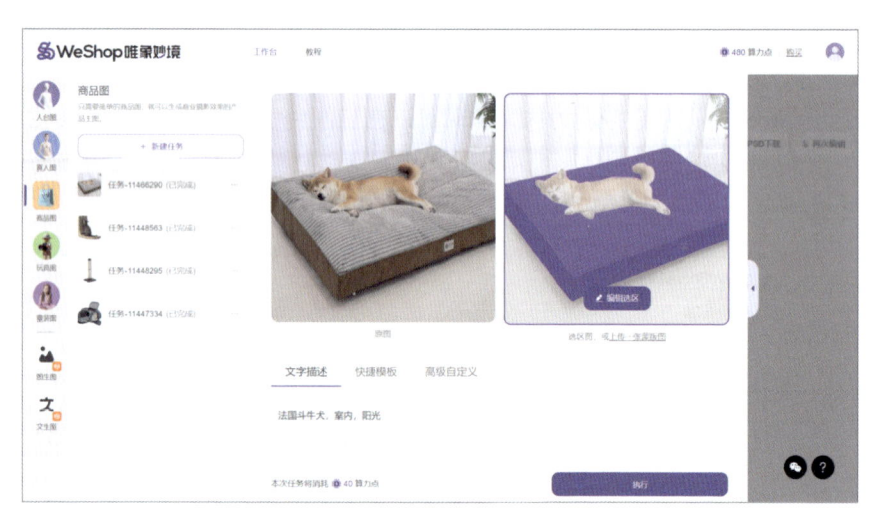

图 A-9　利用文字描述对生成图片进行限定

在图片背景优化过程中，每次可以生成 4 张图片。一般通过 1~3 轮的调整，可以获得一张较为合适的图片。可以看到，原本白色的背景窗帘被替换为了门窗，白色地面被更换为木制地板，并且有阳光照射的效果。最关键的是原先的柴犬被替换为了法国斗牛犬，而商品本身并没有变化，其最终效果如图 A-10 所示。

图 A-10　AI 更换模特后的效果展示

针对宠物服装，也可以完成较为流畅的调整。比如在图 A-11 中，可以利用高级自定义功能，将原图中的雪纳瑞更换为柯基犬。这套方法对于服装、母婴等类目也同样适用。在拍摄时先直接利用人台或玩偶替代实际的模特，再利用 AI 工具替换，同样可以达到较好的出图效果。

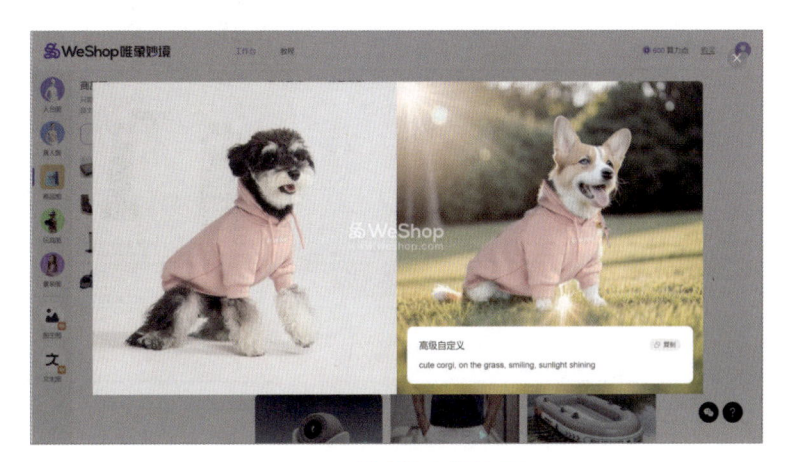

图 A-11　更换宠物主体效果展示

附录 B　第三方数据采集器的实操方法

由于在本书中多个章节提及了数据采集的任务，下面在本节将围绕"后羿采集器"讲解数据采集的相关操作。

首先搜索并下载"后羿采集器"，安装后打开可以得到图 B-1 所示的工具界面。

图 B-1　后羿采集器的工具主页

将需要采集的亚马逊网站主页复制到采集框中，需要注意的是，如果想要把亚马逊采集页面的语言转变成英语，可以在网页链接加上"&language=en_US"的后缀，其操作如图 B-2 所示。

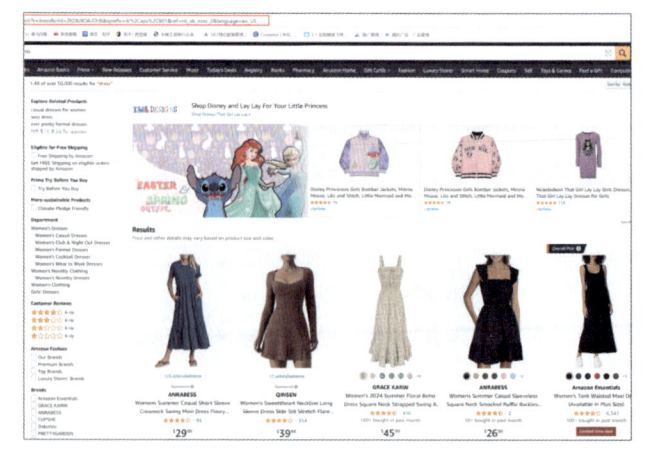

(a)

(b)

图 B-2　将需要采集的亚马逊网站链接复制到采集器输入框中

点击"智能采集"按钮，采集器读取网站信息，之后可以得到图 B-3 所示的界面。

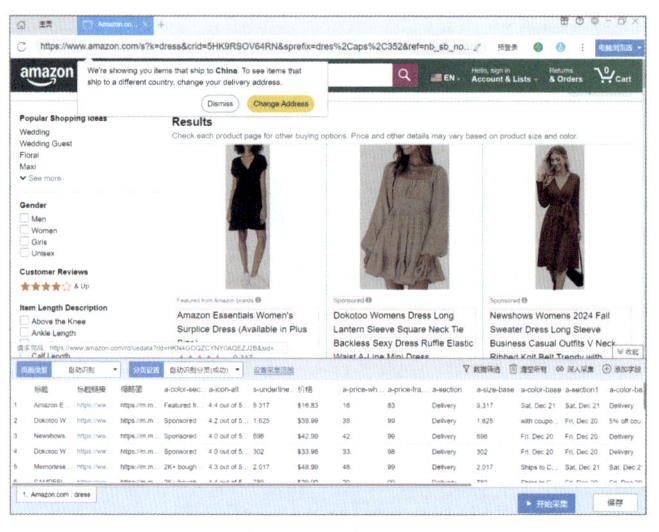

图 B-3　点击"智能采集"按钮后的操作界面

之后点击"开始采集"按钮后羿采集器就会自动抓取并读取的信息，如图B-4所示。

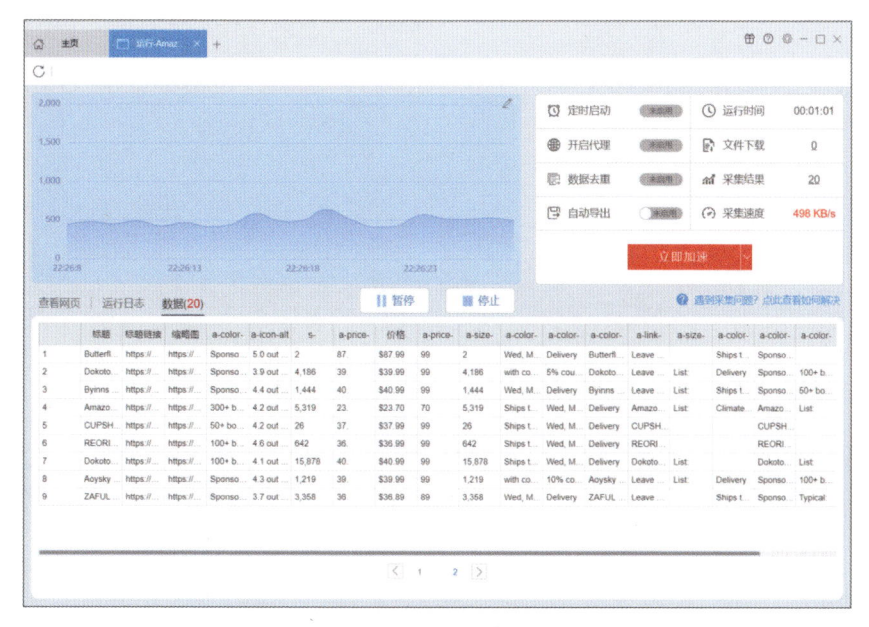

图B-4 后羿采集器采集数据的操作界面

完成采集后运营者可以导出数据，其操作界面如图B-5所示。

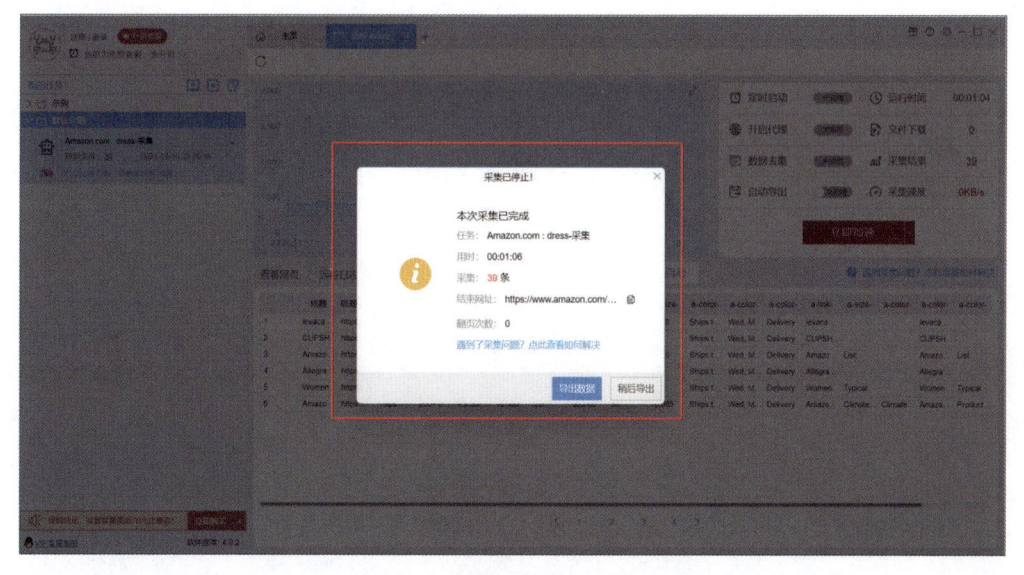

图B-5 数据导出的操作界面

后羿采集器本身还有很多进阶功能，例如深入采集、定时采集、筛选采集等，运营者可以根据需求自行探索学习。